Comment peut-on être français?

VIRGINIA HULES
WELLESLEY COLLEGE

JANE BAIER
WELLESLEY COLLEGE

Holt, Rinehart and Winston

New York • Chicago • San Francisco • Philadelphia • Montreal • Toronto
London • Sydney • Tokyo • Mexico City • Rio de Janeiro • Madrid

Acknowledgements for the use of the photographs,
illustrations, and readings that appear in this book are
on page 243.

Library of Congress Cataloging in Publication Data

Hules, Virginia T.
    Comment peut-on être français?

    1. French language—Readers—National characteristics,
French. 2. National characteristics, French—Addresses,
essays, lectures.   I. Baier, Jane.   II. Title.
PC2127.N27H8   448.6'421   81-20172
                                   AACR2

ISBN 0-03-058674-7

CBS COLLEGE PUBLISHING
Holt, Rinehart and Winston
The Dryden Press
Saunders College Publishing

TABLE DES MATIÈRES

DOSSIER **3:**

LA PATRIE

PRÉFACE

GOALS

Comment peut-on être français? is a mixed-genre reader for intermediate college students. The goals of this textbook are both linguistic and cultural: to develop reading, writing, and speaking skills, to convey information about important aspects of French society, and to promote an understanding of the forces that shape and maintain national and ethnic identity. The perspective is comparative and reflects the conviction that one's own culture is the necessary bridge to another. Therefore, the readings highlight differences and similarities between France and the United States. Accompanying activities encourage students to consider the texts not only as illustrations of a foreign reality, but also as mirrors in which to examine themselves and their culture.

DESCRIPTION

Comment peut-on être français? has been designed to be a coherent, flexible text. The first two dossiers consider national identity as it is conveyed in stereotypes, both the self-portrait of the French and their characterizations of Americans. We recommend beginning with "Autoportrait des Français" and "Comment les Français voient les Américains" for several reasons. First, these two dossiers invite students to reflect upon the nature and validity of ethnic generalizations and to increase their awareness of cultural relativism. It is our hope that instructors will use these materials to foster a critical perspective that will inform their students' approach to the following dossiers. Second, the first two dossiers introduce the basic vocabulary of opinion, characterization, qualification, opposition, and progression that students will be called upon to use throughout the reader. Third, "Autoportrait des Français" purposely contains shorter readings than subsequent dossiers so that students who have been away from the classroom can begin slowly. Dossiers 3–6 explore factors that play a crucial role in creating and maintaining cultural identity. Dossier 7 focuses on assimilation and cross-cultural adaptation. The COMPRÉHENSION DU TEXTE questions include periodic *renvois* to readings in preceding dossiers. Nonetheless, dossiers 3–7 are self-sufficient units of the same level of difficulty and can be studied in any order if these *renvois* are skipped. Within each dossier a large variety of readings and activities allows for flexible use. Instructors may assign all readings to the entire class, omit certain selections, or individualize instruction by dividing materials among students according to their interests and proficiency and to the design of the course.

ORGANIZATION

Each dossier contains:—an INTRODUCTION in English, which presents the principal themes and places the readings in an historical and/or theoretical framework;—VOCABULAIRE;—MISE EN ŒUVRE DU VOCABULAIRE exercises—À PROPOS sections, which introduce almost every reading and provide information to help students situate the text or its author;—6-9 glossed readings, followed by COMPRÉHENSION DU TEXTE questions and ACTIVITÉS;—a final À LA RÉFLEXION section, which provides an opportunity to review and synthesize the themes of the dossier.

VOCABULARY

Core vocabulary appears at the beginning of each dossier or dossier subsection for easy reference. We have selected expressions that recur in the readings and are useful for the discussions or are of particular interest to students. All words have English equivalents and the complement structure is indicated for all verbs. In dossiers 1 and 2, model sentences are provided for all expressions except adjectives. In the rest of the book, many but not all items have model sentences. In these core vocabulary lists the slash sign separates masculine and feminine forms: beau/belle; the not equal sign separates antonyms: ouvert/e ≠ renfermé/e; the radical sign indicates a paradigm substitution: chez √moi. A number of MISE EN ŒUVRE DU VOCABULAIRE exercises follow the core vocabulary and activate it. The level of difficulty of these exercises varies from directed single-answer formats (substitutions and fill-ins, for example) to semidirected and fully personalized ones (sentence completions, small-group questions, short paragraphs and dialogues, etc.). This gradation allows for different proficiency levels and enables the average student to be both successful and challenged. Students should work through these exercises before beginning the readings, as this will aid comprehension and discussion. We have systematically used the core vocabulary in the COMPRÉHENSION DU TEXTE and ACTIVITÉ sections also. Very occasionally, in order to make a difficult reading more accessible, we provide EXERCICES DE VOCABULAIRE PRÉLIMINAIRES. At times, an ACTIVITÉ will focus on reinforcing or expanding vocabulary from the preceding reading.

READINGS

The readings, each exploring a different facet of the core topic, differ in length, tone, and difficulty. They include excerpts from novels, sociological texts, magazines, newspapers, a film, interviews, songs, poems, comic strips, and cartoons. None have been adapted, but some have been edited to shorten them. We wrote those readings for which no source is given. With the exception of Jules Ferry's 1885 speech advocating colonial expansion and the selection from Vercor's *Les Silences de la mer* (1942), all readings date from the postwar period. Texts that capture spoken French predominate. Grammatical irregularities occasionally occur, particularly in transcribed conversations. We have not "corrected" the original texts, feeling that they reflect a linguistic reality.

GLOSSES

The decision to use unadapted readings led to the need for a substantial number of glosses. A double format of marginal and footnote glosses has been adopted to make the most efficient use of limited space. The footnotes contain cultural information and translate longer expressions. The marginal glosses are in French when synonyms or related expressions that students are likely to know are available. Most words and expressions not found in *Le Français fondamental premier degré* are glossed the first time they appear in a reading. Students can also consult the French-English *Vocabulaire* at the end of the book.

COMPREHENSION QUESTIONS AND OTHER ACTIVITIES

Each reading is followed by a COMPRÉHENSION DU TEXTE in which the questions move from specific details to interpretive, comparative, and personalized topics. The ACTIVITÉS offer suggestions for related work, both oral and written: composition topics, skits, small-group exercises, surveys, oral reports, further research topics. Sometimes directions are specific. At other times we do not indicate whether the work is oral or written, to be done at home or in class, or to be done by the individual or in a group. We hope this combination of directive and nondirective exercises will accommodate different learning and teaching styles. Many of the COMPRÉHENSION, ACTIVITÉ, and À LA RÉFLEXION exercises promote an active, often imaginative use of language and may stretch the intermediate student's resources. The balance between frustration in the face of difficulty and stimulation in the face of freedom and challenge is a delicate and ultimately personal one. Our goal has been to provide a variety of thought-provoking and entertaining options from which instructors can choose according to the interests, abilities, and goals of their students.

VIDEOTAPES

Five thirty-minute videotapes* are available directly from the authors for use with

---

*Produced by Virginia Hules with funding from the National Endowment for the Humanities. Examination tape available. For details, contact Virginia Hules, French Department, Wellesley College, Wellesley, MA 02181.

Comment peut-on être français? These videotapes complement the following sections of the text: Dossiers 1 and 2—*Les Idées préconçues;* Dossier 2—*Les Rapports franco-américains;* Dossier 4—*Les Plaisirs de la table* and *L'Université;* Dossier 7—*Être français aux États-Unis.*

ACKNOWLEDGEMENTS

We wish to express our deep appreciation to the many colleagues and friends who supported this project in innumerable ways. We owe special thanks to Odile Menot for introducing us to a new theoretical perspective and highly effective techniques for the teaching of pronunciation. Sylvie Rockmore, Benjamin Rockmore, Michel Grimaud, William Keylor, Andrea Levitt, Françoise Carré, and Marsha Robinson were particularly helpful. We are especially grateful for the hard work of our editorial team at Holt, Rinehart and Winston, especially Marilyn Hofer and Art Morgan. Finally we would like to dedicate this book to Kenny, Stephen, and Rosa.

Virginia Hules and Jane Baier

AUTOPORTRAIT
DES FRANÇAIS
1

Introduction

Does every people have a distinct national character that sets it apart? For centuries the answer to this question has been a resounding yes. Widespread belief in the existence of ethnic personality traits is aptly illustrated by the following anecdote: Students from different countries were all asked to tackle the same seminar report topic—"The Elephant." As the story goes, the Englishman took his gun, shot an elephant, and brought the specimen for a concrete report. The Russian, after taking a glass of vodka, wrote all night on the question: "The Elephant: Does He Exist?" The Frenchman presented a disquisition on "Love among Elephants." The German shut himself up in the library and produced a history of the elephant since primitive days, in several volumes, while the Pole delivered himself of a lyric effusion on "The Elephant and Poland" (*Dictionary of International Slurs*, p. 308).

The French have long been adept and enthusiastic practitioners of ethnopsychology, drawing their own national portrait with noteworthy consistency. As political scientist Stanley Hoffmann has stated, the French may not always know where they are going but they know very well who they are. They are, among other things, contradictory, hypercritical, individualistic, cultured, and logical.

That any of these cultural stereotypes is in fact true, that the French are quantitatively more logical, cultured, or individualistic than the British, the Spanish, or the Americans, say, remains to be proven. Many social scientists now question the objective reality of national character. How can an accurate model of such a complex issue be devised? Are personality traits really determined by such seemingly arbitrary factors as political boundaries? Aren't the traits of the individual lost in the sweep of the generalization? Yet, the subjective, psychological reality of such stereotypes is undeniable, as is their persistence. Fact or fiction, such commonly held perceptions shape the way we experience ourselves and others.

Vocabulaire de l'opinion personnelle

penser de quelqu'un ou **de quelque chose:** *to have an opinion about someone or something*   Que **pensez**-vous des Démocrates?

penser que, croire que: *to think, suppose, believe that*   Je **pense** qu'ils ressemblent beaucoup aux Républicains.

estimer que, trouver que: *to find, consider, think that*   Mes parents **estiment que** je ne travaille pas assez. Moi, je **trouve** qu'ils exagèrent!

il √me semble que: *it seems √to me that*   **Il lui semble que** les autres sont indiscrets.

pour √moi: *in √my opinion, as √I see it*   —Qu'est-ce qui est plus important, une belle carrière ou une vie privée heureuse?
—**Pour moi,** c'est la carrière.

d'après √lui, **selon** √lui: *in* √*his or her opinion, according to* √*him or her*   **D'après eux,** les rapports franco–américains sont excellents.

à √**mon avis**: *in* √*my opinion, to* √*my mind*   **À leur avis,** les études universitaires sont très utiles.

changer d'avis: *to change one's mind*   Si tu lis cet article, tu vas **changer d'avis.**

faire changer quelqu'un d'avis: *to make someone change his or her mind*   Vous pouvez parler toute la nuit. Vos arguments ne vont pas le **faire changer d'avis.**

se faire une idée de quelqu'un ou **de quelque chose:** *to form an impression about, to get some idea of someone or something*   On ne **se fait** pas **une idée** très exacte **des** Français si on va uniquement à Paris.

on dit que: *they say, people say that*   **On dit qu'**il fait toujours beau sur la côte d'Azur.

entendre dire que: *to hear it said, to hear tell that*   **J'ai entendu dire que** les Français sont très critiques. Est-ce vrai?

être d'accord que ou **avec quelqu'un:** *to agree that or with someone*   —Moi, j'ai l'impression que les Américains essaient vraiment de comprendre les Russes.
—Je ne **suis** pas **d'accord avec vous qu'**ils font un vrai effort.

MISE EN ŒUVRE DU VOCABULAIRE

A. Reformulez les phrases suivantes à l'aide des expressions données.

Modèle: Comment trouves-tu la science-fiction?
Que penses-tu de la science-fiction?

1. On dit qu'il existe beaucoup de planètes encore inconnues.
J'ai entendu dire _____ .
2. Les astrologues pensent que les étoiles ont une forte influence sur notre vie.
D'après _____ .
3. Ils croient que nous ne sommes pas entièrement libres.
À leur avis, _____ .
4. Comme toi, je crois que nous coloniserons la lune avant l'an 2000.
Je suis d'accord _____ .
5. Pour beaucoup de gens, les voyages intergalactiques semblent impossibles.
Selon _____ .
6. Nous avons l'impression que la terre devient de plus en plus petite.
Il nous semble _____ .
7. Comment imaginez-vous votre vie en l'an 2000?
Quelle idée vous faites-vous _____ ?

B. *Qu'en pensez-vous?*

Réagissez à chacune des affirmations suivantes en choisissant parmi les possibilités proposées.

- Ce que tu dis est _____ .
- Il me semble que ce que tu dis est _____ .
- Je crois/ Je pense/ J'estime que ce que tu dis est _____ .

vrai	banal	désagréable
faux	important	clair
simpliste	ridicule	douteux
fascinant	idiot	(pas) évident
intéressant	(pas) sûr	

Modèle: L'énergie nucléaire n'est pas dangereuse.
Ce que tu dis est faux.
Il me semble que ce que tu dis n'est pas sûr. Etc.

1. Les femmes sont plus intelligentes que les hommes.
2. Il faut aimer son père et sa mère.
3. La marijuana donne le cancer.
4. Les Américains ont tous de grosses voitures.
5. N'importe qui peut devenir président des États-Unis.
6. E = MC²
7. Les écologistes sont contre le progrès.
8. Le suicide est un crime.
9. On ne voit bien qu'avec le cœur.
10. Il y a des créatures intelligentes sur d'autres planètes.

Vocabulaire de la caractérisation

tout le monde: *everyone, everybody*   Aux États-Unis, presque **tout le monde** travaille jusqu'à cinq heures du soir.

les gens, on: *people*   En France, **on** rentre plus tard le soir.

le peuple: *the people constituting a cultural or political unit; nation*   L'ambassadeur dit que **le peuple** français est très travailleur.

c'est un pays où: *in this (that) country*   **C'est un pays où** beaucoup de gens rentrent déjeuner à midi.

chez √moi, chez √les Français, etc.: *in √my country, in √France, etc.*   **Chez les Français,** on prend souvent rendez-vous au café.

avoir l'air + adjectif, sembler + adjectif: *to seem, look*   Elle **a l'air** bien **sérieuse** ce matin.

moyen/moyenne: *average*   Est-ce que le Français **moyen** boit plus d'alcool que l'Américain **moyen?**

aimable, sympathique: *nice, likeable* ≠ **désagréable, insupportable:** *unpleasant, unbearable*

serviable, complaisant/e: *obliging* ≠ **dur/e:** *difficult*

abordable: *approachable;* **accueillant/e:** *friendly* ≠ **inabordable:** *unapproachable;* **froid/e:** *cold* ouvert/e: *open, frank* ≠ **renfermé/e:** *withdrawn*

confiant/e: *trusting* ≠ **défiant/e, méfiant/e:** *distrustful*

respectueux/respectueuse, tolérant/e: *respectful, tolerant* ≠ **méprisant/e:** *scornful, contemptuous*

travailleur/travailleuse: *hard-working* ≠ **paresseux/paresseuse:** *lazy*

décontracté/e: *relaxed* ≠ **inquiet/inquiète, tendu/e:** *worried, tense*

humble, modeste: *unassuming, humble, modest* ≠ **orgueilleux/orgueilleuse:** *proud, arrogant*

souple, flexible: *adaptable* ≠ **têtu/e, obstiné/e:** *stubborn*

rouspéteur/rouspéteuse: *quarrelsome*

chauvin/e: *chauvinistic*

MISE EN ŒUVRE DU VOCABULAIRE

A. Choisissez un adjectif qui complète la phrase de façon logique.

Modèle: M. Barre est toujours souriant et il appelle ses employés par leur prénom.

Il est très abordable/ouvert/toujours décontracté. Etc.

1. Michèle fera tout pour vous aider. Elle est _____ .
2. Paul parle facilement de sa vie personnelle. Je le trouve _____ .
3. Mes parents m'écoutent quand je leur parle de mes problèmes. Ils sont

_____ .
4. Rien ne fait changer Marc d'avis. Je le considère _____ .
5. Anne a peur de parler d'elle-même. Elle semble _____ .
6. La mère de Pauline m'embrasse chaque fois qu'elle me voit. Elle est vraiment _____ .
7. Les voisins ne nous disent jamais un mot. Ils ont l'air _____ .
8. Si tu n'es pas content ici, propose des changements. Brigitte accepte très facilement les suggestions. Elle est _____ .
9. J'aime manger et m'amuser, mais je déteste travailler. Mes amis me disent que je suis bien _____ .
10. Marc ne dit jamais du bien des pays qu'il visite. Je le trouve

_____ .

B. Répondez aux questions en employant l'adjectif qui correspond aux verbes en italique.

Modèle: Vous *a*-t-il bien *accueilli* hier soir?

Oui, il a été très accueillant.

Non, il n'a pas été très accueillant.

1. Peut-on *aborder* M. Dumas sans trop de précautions?
2. Votre père *travaille*-t-il beaucoup?
3. Pouvez-vous *supporter* de longues heures à la bibliothèque?
4. N'arrêtera-t-il jamais de *rouspéter*?
5. Faut-il *se méfier* des gens dans la rue?
6. Et l'examen final, il t'*inquiète*?
7. Avez-vous tendance à *vous renfermer* sur vous-même?

C. Donnez l'équivalent français des phrases suivantes:
1. I've heard that the Japanese people are hard-working.
2. Are you an average American student?
3. You seem worried today.
4. France is a country where people drink a great deal of wine.
5. In France almost everyone drives a small car.

D. Faites le portrait d'un(e) Français(e) célèbre (par exemple, Napoléon, Jeanne d'Arc, Catherine Deneuve, Maurice Chevalier, Louis XIV, Marie Antoinette, Jacques Cousteau, etc.) en employant au moins *cinq* des adjectifs de la liste de vocabulaire. Voici d'autres adjectifs utiles: **charmant/e, sexy, créatif/créative, imprudent/e, courageux/courageuse, (im)moral/e, dangereux/dangereuse.**

ACTIVITÉS

Prenez conscience de vos idées préconçues (stereotypes) *des Français.*

A. À votre avis, quels sont les cinq Français (vivants ou morts) les plus généralement connus? Pensez, par exemple, aux arts (littérature, théâtre, cinéma, peinture, mime), aux sciences, à la vie politique et militaire. Comparez vos listes et expliquez vos choix. En tenant compte de toutes vos réponses, dans quels domaines les Français ont-ils joué le plus grand rôle?

B. *Le jeu des associations.*
1. Travail oral: Essayez de faire le portrait du Français moyen ou de la Française moyenne. Voici des suggestions pour vous mettre en train:

son nez   sa vie intellectuelle
la couleur de ses yeux   son moyen de transport
sa bouche   son gouvernement
ses vêtements   son architecture ou ses édifices
ce qu'il/elle mange et boit   sa religion
sa vie sexuelle   ses rapports avec les autres

2. Récapitulation écrite: Faites le résumé de la discussion précédente en employant au moins *cinq* des expressions suivantes: **c'est un pays où, les gens, tout le monde, le peuple, chez les Français, moyen, on, sembler.**

C. *Le français chez nous.*
1. En anglais, on emploie très souvent beaucoup de mots et d'expressions d'origine française. Pouvez-vous en ajouter d'autres à cette liste partielle? Essayez de les grouper par catégories (vocabulaire militaire, de la cuisine, de la mode, etc.).

coup d'état   avant-garde
à la mode   détente
R.S.V.P.   hors-d'œuvre
laisser faire   pas de deux

2. Dans quelles catégories employons-nous le plus de mots d'origine française? En vous basant sur la nouvelle liste, quel rapport voyez-vous avec vos idées préconçues des Français?

D. Dans l'ensemble, votre impression des Français est-elle favorable ou défavorable? Quelles sont les sources de votre perception? L'image que vous vous faites des Français a-t-elle influencé votre décision d'étudier le français? Comment?

Les Français
par eux-mêmes

Un Abîme[1] de contradictions
monsieur,

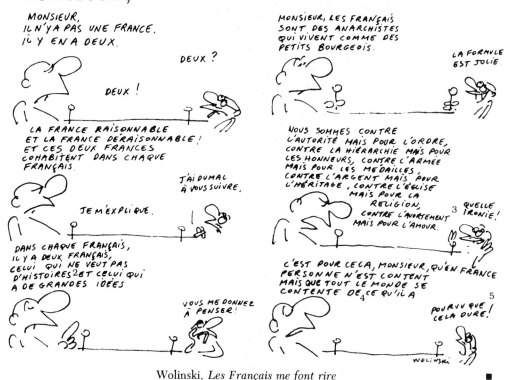

Wolinski, *Les Français me font rire* ∎

1. **un abîme:** *a mass*
2. **ne veut pas d'histoires:** *doesn't want any trouble*
3. **l'avortement:** *abortion*
4. **se contente de:** *makes do with*
5. **Pourvu que cela dure!:** *If only things stay that way!*

COMPRÉHENSION DU TEXTE

1. Où se trouvent probablement ces deux hommes? Comment le savons-nous? Est-ce que le décor correspond à un de vos clichés des Français?
2. Est-ce que ces deux hommes sont de bons amis? Expliquez.
3. Dressez une liste des oppositions que le gros monsieur mentionne.
4. Quels traits suggèrent que la France est un pays où l'on aime la stabilité? l'instabilité?
5. Quels traits suggèrent que c'est un peuple individualiste? conformiste?
6. Que dit le petit bonhomme pour montrer qu'il trouve les idées du gros monsieur difficiles à comprendre? stimulantes? bien exprimées?
7. Est-ce que vous trouvez tous les traits que le gros monsieur oppose vraiment contradictoires? Justifiez votre réponse.
8. Décrivez l'attitude du gros monsieur envers ses compatriotes. Considérez ce qu'il dit, la suite de ses idées, son visage.
9. Trouvez trois adjectifs pour décrire le petit bonhomme.
10. Le petit bonhomme réagit assez gentiment à ce que dit le gros monsieur. En vous référant à la liste du vocabulaire de l'opinion personnelle, substituez d'autres répliques plausibles.

ACTIVITÉ

À votre avis, quels sont les cinq ou six traits les plus caractéristiques des Américains? Comparez vos impressions. Est-ce qu'il y a des oppositions parmi ces traits? Si oui, adaptez ce dessin au contexte américain en faisant tous les changements que vous croyez nécessaires.

La Présence du passé

Les *valeurs-clés* restent l'*ancienneté*, la tradition, les mille sortes de *liens* qui nous rattachent à hier. Que cette affirmation soit déjà devenue[1] douteuse, que chaque mois qui passe la rende plus discutable, c'est possible. Il n'en reste pas moins vrai que la source encore vive de la mentalité française coule dans[2] le passé. Quand de Gaulle parle de l'Union soviétique, il l'appelle «la Russie», comme si les tsars régnaient encore sous les bulbes du Kremlin; (. . .) ce n'est *point* là perversité du langage ni malice politique: c'est sa plus profonde *nature* qui s'exprime. Une nature dans quoi nous nous reconnaissons tous.

key values / antiquity
bonds

pas du tout

1. **Que cette affirmation soit déjà devenue:** *That this statement may already be*
2. **la source encore vive de la mentalité française coule dans:** *the French way of thinking still comes from*

Il faut dire que nous avons l'habitude . . . Que vient-on visiter chez nous, *sinon* notre passé? Que vendons-nous, vantons-nous, mettons-nous en état et en valeur[3] sinon les huit siècles les plus accessibles de notre culture? Que nous enseigne-t-on à l'école avec *dilection*? De quoi nourrissons-nous nos références?[4] Passé des lieux et des pierres, passé des familles, passé des batailles et des *querelles,* ce sont là les réserves de notre capital.[5] On intéresse plus les lecteurs de ce temps avec une *enquête* sur les vrais ducs et les faux qu'avec l'exposé des objectifs du Plan,[6] en *dissertant sur* «nos quarante

si ce n'est pas

plaisir

disputes

study

parlant de

3. **Que . . . vantons-nous, mettons-nous en état et en valeur:** *What . . . do we brag about, fix up and exploit*
4. **De quoi nourrissons-nous nos références:** *Where do our allusions come from?*
5. **les réserves de notre capital:** *our principal assets*
6. **Plan:** *the current government plan for economic development*

mille monuments historiques» qu'en analysant la réforme du
baccalauréat.[7] L'ancienne possession, le long usage sont synonymes d'élégance et de sérieux. Tout *raffinement*, par la force   *refinement*
des choses et des habitudes, procède du passé. Posséder une
«vieille maison de famille», *meublée de* «bonnes vieilles   *furnished with*
choses», au grenier encombré,[8] aux murs couverts de portraits
d'ancêtres, aux surfaces embarrassées de bibelots hors d'âge[9]
mais «chargés de souvenirs»: voilà une *preuve indiscutée*   *unquestionable proof*
d'honorabilité.

Extraits des Français par François Nourissier

7. baccalauréat: *national exam taken at the*
end of secondary school
8. au grenier encombré: *with a cluttered attic*

9. embarrassées de bibelots hors d'âge:
cluttered with antique knickknacks

Le château de Vaux-le-Vicomte

COMPRÉHENSION DU TEXTE

1. Complétez les phrases suivantes en vous référant au texte.
   a. Les valeurs-clés des Français sont _____ .
   b. De Gaulle dit «la Russie» parce que _____ .
   c. Les Français ont l'habitude de _____ .
   d. Les lecteurs contemporains s'intéressent plus à _____
      qu'à _____ .
   e. Les Français préfèrent les maisons _____ .
   f. Ils ont cette préférence parce que _____ .
2. D'après Nourissier, comment est-ce que le passé influence la vie quotidienne des Français?
3. Quelle idée est-ce que l'exemple de de Gaulle illustre?
4. Comment le passé se manifeste-t-il dans le présent américain? Est-ce qu'il
   vous semble que le passé joue un rôle aussi important aux États-Unis qu'en
   France?

«Le Poids[1] du passé»

À propos de l'auteur: Historien à l'Institut d'études politiques à Paris, **Gérard Vincent** (né en 1933) se décrit comme «spécialiste de la France.» Il écrit sur le système d'éducation (*Le Peuple lycéen*, 1974) et sur la société française (*Les Français*, 1977). Dans *Les Jeux français* (1978), une étude de la France depuis la deuxième guerre mondiale, il explique les règles du jeu qui gouvernent la société. Une de ses thèses est que, comme les sociétés primitives, la France est dominée par des mythes: le mythe du personnage historique et le mythe révolutionnaire, parmi d'autres. Le texte suivant est tiré d'une interview parue dans *L'Express*.

L'EXPRESS: S'il vous fallait *dégager* le trait dominant de la so-   choisir
ciété française, quel serait-il?

G. VINCENT: Le poids du passé. La France ne cesse de com-
mémorer, d'évoquer, de se souvenir. *Jusque* dans le nom   Même
de ses rues. Il est significatif que, dans ce pays qui se
réclame de Descartes,[2] elles portent des noms de personnages souvent obscurs, mais, bien sûr, historiques.
Jusque dans la manière dont notre *enseignement* est   *education*
conçu. Tout, *quotidiennement*, introduit sans cesse le   *conceived* / tous les jours
passé dans le présent. Ce poids du passé est *d'autant*   encore
plus prégnant qu'il exprime la nostalgie de *l'époque*   *era*
où la France a été une très grande *puissance*. En partie,   *power*

1. **Poids:** *Weight*
2. **qui se réclame de Descartes:** *cites Descartes (as a model of clarity)*

pour des raisons démographiques. Sous l'Empire[3] nous étions la Chine de l'Europe.[4] (. . .)

L'EXPRESS: Référence constante au passé, mais vous dites, vous, poids du passé: c'est déjà un jugement de valeur.

G. VINCENT: Oui, parce que je pense qu'il limite les possibilités ou les probabilités d'inventer un nouveau modèle de société. (. . .) Dans ce poids du passé, deux éléments me paraissent fondamentaux. D'abord, le respect d'une hiérarchie *pourtant* sans cesse dénoncée. Pourquoi la structure hiérarchique, contraire à l'aspiration toujours proclamée vers plus d'égalité *se perpétue*-t-elle? Parce qu'elle satisfait notre passion *inavouée* pour la sécurité. (. . .) Et puis, deuxième élément, le passé nous a légué l'exemplarité du modèle nobiliaire,[5] c'est-à-dire, l'acceptation d'un système de privilèges. (. . .)

nonetheless

continue

unacknowledged

L'EXPRESS: Vous *constatez* la persistence et la *pérennité* de ces mécanismes dans une société qui a plus changé en 30 ans qu'en deux siècles?

trouvez / *perennial nature*

G. VINCENT: Je voudrais *souligner* d'abord un *fait à la fois* remarquable et non spectaculaire, un autre *legs* du passé: l'incessante évocation du mythe révolutionnaire. «Est-ce que la situation est révolutionnaire?» La décolonisation, les élections, Mai 68: à chaque occasion, c'est cette même phrase qui revient. Il y a bientôt cent quatre-vingt-dix ans que la France n'a pas connu de révolution sociale, et tout se passe comme si elle était sur le point d'éclater.[6] Il y a eu des révolutions politiques comme celle de 1830, des *tentatives de* révolution sociale comme en 1848 ou au moment de la Commune. Mais, si l'on entend par révolution un *bouleversement* des modes de vie et des modes de pensée, la plus grande révolution que la France ait connue s'est produite entre 1944 et 1974.

insister sur / phénomène / *both*
legacy

attempts at

changement profond

La société française de 1974 est singulièrement plus différente de celle de 1944 que ne l'était celle de 1799 par rapport à[7] celle de 1789. *Or* cette révolution-là, les Français l'ont faite sans *s'en rendre compte* et pratique-

Mais
le savoir

---

3. **l'Empire:** *the First Empire (of Napoléon I, 1804–1815)*

4. **la Chine de l'Europe:** *France had the largest population of any European nation and also a cultural tradition stretching back many centuries.*

5. **nous a légué l'exemplarité du modèle nobiliaire:** *bequeathed us the aristocracy as a model*

6. **sur le point d'éclater:** *about to break out*

7. **que ne l'était celle de 1799 par rapport à:** *than the 1799 one (society) was compared to*

ment sans en parler: c'est la mise à l'heure américaine.[8]
Nous avons *assisté à* la transformation tout à fait extraor-   vu
dinaire d'une société, avec des convulsions sociales finalement faibles.

Extraits de «Les Jeux français,» *L'Express*

8. **la mise à l'heure américaine:** *Americanization, catching up with America*

Un peu d'histoire:
Les événements «révolutionnaires»

1789	Révolution française
1799	Bonaparte met fin au Directoire, une république bourgeoise
1830	Révolution de Juillet; Louis-Philippe devient roi
1848	Début de la Deuxième République
1871	La Commune; une insurrection parisienne au début de la Troisième République qui suit l'Empire de Napoléon III
1960	Décolonisation de nombreux états d'Afrique
Mai 68	Révolte des étudiants qui provoque la réorganisation de l'université

COMPRÉHENSION DU TEXTE

1. D'après Vincent, quel est le trait dominant de la société française? Quels sont les deux exemples qu'il donne pour illustrer cette opinion?
2. Pourquoi est-ce que les Français sont si attachés au passé?
3. Quels sont les deux éléments à la base de cet attachement?
4. Comment est-ce que Vincent définit une révolution?
5. Selon Vincent, quelle était la plus grande «révolution» en France depuis celle qui avait commencé en 1789? Les Français étaient-ils conscients de cette révolution récente?
6. Quels autres événements ont été appelés «révolutionnaires» par les Français?
7. Regardez le tableau «Un peu d'histoire: Les événements «révolutionnaires.» Est-ce que le gouvernement français semble stable ou instable par comparaison avec le nôtre?
8. Dans quel sens le poids du passé fait-il obstacle au progrès? à la démocratisation du peuple français? à l'évaluation des crises?
9. Quelles contradictions est-ce que Vincent constate chez les Français?
10. Dressez une liste des expressions qui évoquent le passé et l'avenir, le changement et la stabilité. Quel vocabulaire domine? Pourquoi?

11. Employez les expressions suivantes pour faire un résumé de ce que vous avez lu: **se souvenir, les noms des rues, la nostalgie du passé, porter un jugement de valeur, le respect d'une hiérarchie, le mythe révolutionnaire, une révolution sociale, sur le point d'éclater, un bouleversement, ne pas s'en rendre compte, la mise à l'heure américaine.**

ACTIVITÉS

A. Quels sont les événements «révolutionnaires» de l'histoire américaine? Y a-t-il des événements qui semblaient révolutionnaires mais qui ne l'étaient pas? ou vice versa?

Pour vous mettre en train:

la guerre de sécession

la révolution sexuelle

le droit de vote à 18 ans

la guerre au Vietnâm

l'assassinat du président Kennedy

B. Dans votre vie privée, quel rôle ont joué les mythes personnels (votre famille vous croit artiste, gros/se, le plus intelligent des enfants, difficile, etc.) ou les événements historiques (la Grande Dépression, le Congrès vote les lois de déségrégation, un membre de votre famille a fait la guerre au Vietnâm, etc.)? Choisissez et racontez une anecdote qui illustre votre expérience.

Les Français et l'Étranger[1]

À propos de l'auteur: **Pierre Daninos** (né en 1913), écrivain et journaliste pour le journal *Le Figaro*, critique la société française contemporaine. En voyant ses titres (*Snobissimo*, 1964, *Touristocrates*, 1974) on comprend un trait essentiel de son art: son penchant pour les jeux de mots. Mariant fantaisie et journalisme, il écrit *Les Carnets du major Thompson* et *Les Nouveaux carnets du major Thompson* dans lesquels sont notées les observations humoristiques mais perspicaces de l'Anglais, le major Thompson, le porte-parole de l'auteur. Le premier et le dernier des textes suivants sont tirés des *Nouveaux carnets du major Thompson* (1973), le second des *Carnets du major Thompson* (1954).

I.   De longs *séjours* en votre pays, autant qu'une longue   *visits*
réflexion, m'ont un peu incliné (. . .) à faire cette estimation:
la Terre compte 50 millions de Français et quelque trois milliards et demi d'étrangers.[2]

---

1. l'Étranger: *foreign countries*

2. Qui tournent avec envie autour de Paris. (*Additif du Major.*)

On a la chance ou on ne l'a pas. Une charmante Américaine[3] que Paris a adoptée depuis longtemps, me l'avait déjà dit: le premier avantage d'être Français, c'est de ne pas être étranger. On *conçoit* que l'Étranger *nourrisse à l'égard de* la seule nation du monde qui soit hexagonale,[4] tempérée et pure dans ses intentions, un complexe de frustration pouvant le *mener à* des excès *hautement* regrettables.

comprend

harbors toward

lead to / très

Extrait des *Nouveaux carnets*
du major Thompson

3. Mary Blume, collaboratrice du *Herald Tribune*. *N.d.T.* (Note du traducteur)
4. qui soit hexagonale: *shaped like a hexagon. In geography classes, French schoolchildren learn that the map of France has the form of a perfect hexagon.*

COMPRÉHENSION DU TEXTE

1. Que dit le major pour nous prouver qu'il sait de quoi il parle?
2. Quels sont les avantages d'être Français?
3. Dans cette description de la France et des Français, quels commentaires sont probablement des exagérations?
4. Comment Daninos crée-t-il l'impression que les Français sont chauvins?
5. Pourquoi le major écrit-il <u>É</u>tranger et pas <u>é</u>tranger?

II.   Les Français sont persuadés que leur pays ne veut de mal[1] à personne. Les Anglais sont méprisants; les Américains dominateurs; les Allemands sadiques; les Italiens *insaisissables;* les Russes impénétrables; les Suisses suisses. Eux, Français, sont gentils. On leur fait des misères.[2]

elusive

Il y a deux situations pour la France:

Dominer le monde par son *rayonnement* (conquêtes territoriales, développement des Arts et des Lettres, etc.). Ce sont les grandes époques héroïques de la France rayonnante.

influence

Ou bien être *envahie, vaincue.* Elle est alors foulée aux pieds, meurtrie,[3] crucifiée. Ce sont les grandes époques héroïques de la France humiliée.

occupée / *defeated*

1. ne veut de mal: *bears no ill will*
2. On leur fait des misères: *People are nasty to them.*

3. foulée aux pieds, meurtrie: *trampled on, bruised*

Porte-parole de Daninos

Le premier état satisfait chez le Français son *orgueil* et son besoin de grandeur. C'est son côté Napoléon. Il *puise dans* le second les forces irrésistibles du *relèvement*. C'est son côté Jeanne d'Arc.

pride

draws from

recovery

Extrait des *Carnets du major Thompson*

COMPRÉHENSION DU TEXTE

1. Quels peuples sont décrits ici et comment?
2. Qu'est-ce qu'ils ont en commun?
3. Quelles sont les deux situations typiques pour la France? En quoi est-ce que ces deux situations se ressemblent?
4. En vous basant uniquement sur ce passage, expliquez à quoi les Français associent Napoléon et Jeanne d'Arc.
5. Que savez-vous d'autre sur ces deux personnages historiques?
6. **Synthèse.**
   A. Lesquels des adjectifs suivants s'appliquent aux Français comme ils sont décrits dans ces deux passages? Expliquez votre choix.

   Modèle: (méfiants) **Les Français sont méfiants parce qu'ils critiquent tous les autres peuples.**
   Ils semblent méfiants car ils n'acceptent pas les autres. Etc.

méfiants	vaniteux (*vain*)	têtus
tolérants	exceptionnels	victimes
chauvins	cyniques	idéalistes
méprisants	réalistes	pessimistes

B. Qu'est-ce que vous trouvez de comique dans ces deux passages?

C. À votre avis, peut-on faire les mêmes critiques des États-Unis? Si oui, choisissez un des passages et faites les substitutions que vous trouvez nécessaires pour décrire les Américains.

Les Français entre eux

En vingt-huit ans, je ne les ai vus que deux fois se parler dans la rue: le jour de la Libération[1] et le jour où le général de Gaulle est mort. On ne saurait trop conseiller[2] au visiteur d'arriver *un jour comme ça* . . . si le premier n'avait été précédé d'une *hécatombe* et le second de la *disparition* d'un grand homme.   *massacre / mort*

Tout de même . . .

Arrivez en période normale, un jour normal, par temps normal: les gens sont normalement *aigris*, normalement   *irritables* défiants, parfois prêts à mordre, toujours sur le point *de siffler*.   *of hissing* [Les gens disent, par exemple,] *Si tout le monde me demandait de* . . . *Si vous croyez que je n'ai pas autre chose à faire* . . . (. . .)

Curieux pays, qui attend le silence de la mort ou l'euphorie de la victoire pour se parler. (. . .)

Prenons, s'il vous plaît, l'ascenseur. Au niveau de l'ascenseur[3] . . . *isn't it marvelous*?, c'est la même chose. M. Requillard me l'a dit à propos de ses rapports avec les *locataires*   *habitants (lit., renters)* de son *immeuble*:   *apartment building*

—C'est très simple: on ne s'adresse la parole dans l'ascenseur que s'il tombe des cordes[4] (*Quel temps!*) ou si le soleil est radieux (*Quel temps!*). La formule reste identique, mais elle s'exprime sur deux tons, j'allais dire deux temps, très différents, catastrophique ou extasié. C'est un pays tout en nuances . . .

—Mais . . . le reste du temps . . . que se passe-t-il?

—Rien.

Très impressionné par le coup de l'ascenseur,[5] j'ai voulu, pour en avoir le cœur net,[6] obtenir confirmation de M. Taupin. Il ne me l'a pas donnée; il est allé beaucoup plus loin:

1. **la Libération:** *the liberation of occupied Paris by Allied troops, Aug. 25, 1944*
2. **On ne saurait trop conseiller:** *You couldn't recommend too strongly*
3. **Au niveau de l'ascenseur:** *As far as the elevator goes*
4. **s'il tombe des cordes:** *if it's raining cats and dogs*
5. **le coup de l'ascenseur:** *the elevator story*
6. **pour en avoir le cœur net:** *to get it clear in my own mind*

«Prenons, s'il vous plaît, l'ascenseur. »

—Vous ne le croirez pas, mon cher major, mais moi qui vis depuis trente-deux ans dans le même immeuble, je mourrai, vous m'entendez, je mourrai, ou mon voisin de palier[7] le fera à ma place, non seulement sans que nous ayons jamais pénétré l'un chez l'autre,[8] ça bien sûr . . . mais sans que nous nous soyons jamais adressé la parole! On se salue,[9] naturellement . . . Un petit coup de chapeau,[10] et c'est fini. Chacun chez soi!

—Vous êtes *fâchés*?   en mauvais termes

---

7. **mon voisin de palier:** *my neighbor on the same landing*
8. **sans que nous ayons jamais pénétré l'un chez l'autre:** *without ever having set foot in each other's apartments*
9. **On se salue:** *We greet each other*
10. **Un petit coup de chapeau:** *You tip your hat*

—Absolument pas, c'est comme ça.

—Mais voyons . . . Vous habitez bien au cinquième?

—Oui.

—Alors, si vous prenez l'ascenseur en même temps?

—Eh bien, nous montons . . . mais on ne se parle pas. S'il m'a fait entrer avant lui, je le laisserai sortir avant moi; en attendant, et on attend beaucoup, car cet ascenseur n'en finit pas de vous laisser[11] en tête à tête, on joue avec ses clefs. On regarde en l'air. On regarde par terre. On regarde sa montre. On fait semblant de[12] lire pour la dix-millième fois les *Instructions pour la manœuvre* (ÉLOIGNER LES ENFANTS DE LA PAROI LISSE[13]). On *tripote* son chapeau. On le fait tourner. On *soupire*. On regarde le bout de ses chaussures. On *jette un coup d'œil sur* le journal—sans le lire, parce que ça, vraiment, ça ne serait pas poli. Mais on ne se parle pas.

joue avec
sigh
regarde

11. **n'en finit pas de vous laisser:** *keeps you endlessly*
12. **On fait semblant de:** *We pretend*
13. **Éloigner les enfants de la paroi lisse:** *Keep children away from the wrought-iron gate.*

In French buildings, many older elevators have wrought-iron grillwork instead of solid walls.

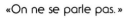
«On ne se parle pas.»

«M. Taupin et son voisin monteront un jour au ciel . . .»

—Mais le temps . . . M. Requillard m'a dit que *tout de même* s'il fait très très mauvais . . .   all the same

—Et bien . . . il a de la chance! Moi j'ai dit une fois: «Il fait *une de ces chaleurs*!» Mon voisin m'a répondu: «Pffh!»   très chaud
Un autre jour j'ai dit: «Il fait un de ces froids!» Il m'a répondu: «Sssss!» Depuis, je ne dis plus rien.

Et c'est ainsi que, d'étage en étage, M. Taupin et son voisin monteront un jour *au ciel* pour y *goûter* la paix du   au Paradis / connaître
silence éternel.

Extraits des *Nouveaux carnets du major Thompson*

COMPRÉHENSION DU TEXTE

1. *Jeu des mots-clés*.
   À partir des expressions suivantes dites tout ce que vous pouvez à propos de l'extrait:

normalement	se saluer
prendre l'ascenseur	être en tête à tête
s'adresser la parole	jeter un coup d'œil sur le journal
Quel temps!	le silence éternel
un voisin de palier	

   Modèle: (normalement) **Le major dit que normalement les Français sont aigris et défiants.**
   Le major dit que les Français sont normalement désagréables.

2. Selon cet extrait, comment sont les rapports entre les Français?
3. Comment le major communique-t-il sa surprise devant l'attitude et le comportement (*behavior*) des Français?
4. Racontez l'expérience de M. Requillard dans l'ascenseur.
5. Racontez l'expérience de M. Taupin. En quoi est-elle différente de celle de M. Requillard?
6. Montrez comment l'anecdote de l'ascenseur illustre les généralisations des quatre premiers paragraphes.
7. Pour appuyer l'opinion que ce portrait des Français est une caricature (c'est-à-dire, une description comique ou satirique basée sur l'accentuation de certains traits), trouvez les exemples d'exagération.
8. Lesquels des adjectifs suivants décrivent l'attitude du major? celle de Daninos? Justifiez votre choix.

innocente	snob
malicieuse	choquée
naïve	neutre
sérieuse	critique

9. Quelles sont les marques de politesse dans le texte? La politesse américaine est-elle différente dans cette situation? Quelles salutations (formelles et informelles) connaissez-vous en français?

10. Comment vous comportez-vous dans l'ascenseur avec votre voisin(e) de palier? avec un(e) inconnu(e)?

ACTIVITÉ

Les Rites.

La rencontre dans l'ascenseur est une des nombreuses situations ritualistes de la vie de tous les jours. Voici quelques autres activités qui sont programmées de la même façon:

    la classe de français
    la visite chez le dentiste
    le repas au restaurant
    la visite chez les grands-parents
    la fête religieuse ou familiale
    le premier rendez-vous (*date*)

Reconstituez le scénario d'une de ces activités. Que font et que disent les gens?

Les Grandes Traditions
et . . .

Vous savez, il y a une caricature de la France qui est très *répandue* aux États-Unis *de même qu'*en France on se représente votre pays d'une manière quelque peu déformée. J'ai eu souvent à dire que la France a de très grandes traditions, de bons vins, des parfums excellents, une haute couture incomparable, de jolis châteaux sur la Loire, que naturellement nous sommes *fiers* de cet héritage, mais que la France est aussi un pays moderne, qui dans bien des domaines a une technologie avancée, qui a un très haut *niveau* de *recherche* scientifique, et que, *par surcroît*, le peuple français est un peuple qui travaille dur . . . peut-être le peuple qui travaille le plus en Europe. Je me suis donc efforcé, si vous voulez, de[1] rectifier l'image un peu trop facile qu'on avait *parfois* de la France.

widespread / comme

proud

level /*research*
en plus

quelquefois

Extrait de «Interview avec Jacques Kosciusko-Morizet» (ambassadeur de France aux États-Unis), *Contemporary French Civilization*

1. **Je me suis donc efforcé . . . de:** *I have therefore tried hard to*

«Une haute couture incomparable»   «De bons vins»

COMPRÉHENSION DU TEXTE

1. D'après l'ambassadeur, quelle idée les Américains se font-ils des Français?
2. L'ambassadeur essaie de combattre une caricature de la France faite par les Américains. D'après ce qu'il dit, quelle est cette caricature?
3. Parmi les traits qui contribuent à l'image de la France telle qu'elle est présentée ici (vraie et fausse), lesquels avez-vous mentionnés dans votre discussion des Français (Activité, p. 6)?
4. Est-ce que l'ambassadeur a la même vision de la France et des Français que Nourissier («La Présence du passé,» pp. 8–10)? Expliquez.

Les «Monologues juxtaposés»

À *propos de l'auteur:* Directeur du Centre des études européennes à Harvard University, **Stanley Hoffmann** (né en 1928) y enseigne la science politique depuis 1955. Élevé en France, il est diplômé de l'Institut d'études politiques de Paris.

La double perspective d'un Européen «transplanté» enrichit ses nombreux livres et articles sur la théorie du pouvoir de l'État et les relations internationales (*Sur la France*, 1976, *Primacy or World Order: American Foreign Policy since the Cold War*, 1978). Les deux passages suivants sont tirés d'une interview dans laquelle Hoffmann compare la France et les États-Unis.

C'est très drôle, vous savez, le style des discussions est tellement différent. Ici [aux États-Unis], on minimise les oppositions. Ce qui donne des choses *ahurissantes*. Par exemple, on *engage* des projets où on laisse très *soigneusement* tous les problèmes importants pour la fin parce qu'on sait qu'on n'est pas d'accord. Alors on commence par les questions secondaires, qu'on règle.[1] Ensuite, une fois le climat *créé*, on *en vient* aux problèmes importants, qui, en principe, commandent tout le reste. On procède comme une *écrevisse*, on fait tout *à l'envers*. En France, c'est le contraire. Le résultat, c'est que, comme on commence par ce qui divise les gens, on arrive très souvent à rien. Du point de vue de la

incroyables

commence / *carefully*

établi

arrive

crayfish

backwards

1. **qu'on règle:** *that you settle*

La révolte des étudiants

Graffiti de Mai 68

satisfaction de l'esprit, c'est plus logique, mais pas très *efficace*. *effective*
Ici, c'est parfaitement exaspérant du point de vue intellectuel,
mais *ça marche*. *it works*

Prenez le style des discussions en France, ce sont toujours des monologues juxtaposés. Et on maximalise les
différences entre les gens. Ici ce sont des *méandres* intermi- *détours*
nables; personne n'y trouve son compte.[2] Je suppose que les
gens apprennent cela à l'école. Je ne sais pas, je ne suis pas
allé à l'école en Amérique. Mais je suppose que cela doit venir
de la façon dont on apprend aux enfants de travailler ensemble,
de minimiser les questions de personnes.[3] La facilité, à
l'Université, qu'ont les gens qui se détestent de travailler ensemble n'a pas, après vingt ans, fini de m'étonner. On met ça
entre parenthèses. Cela explique, par exemple, que vous pouvez avoir des *phénomènes de contestation*, comme ceux de *confrontations*
68–70, et que cela ne laisse pas beaucoup de traces. Or, quand
on revient de l'Université française, on a l'impression que tout
reste comme empoisonné par les prises de position d'il y a
huit ans.[4]

Extrait de «Entretien avec Stanley Hoffmann», *Tel Quel*

2. personne n'y trouve son compte: *no one is satisfied*

3. les questions de personnes: *personality conflicts*

4. les prises de position d'il y a huit ans: *(ideological) stances taken in 1968 (at the time of the student riots)*

COMPRÉHENSION DU TEXTE

1. Selon Hoffmann, que fait-on aux États-Unis pour éviter le conflit?
2. Comment est-ce que Hoffmann décrit l'art de discuter en France?
3. Quels sont les avantages et les désavantages des deux approches?
4. Croyez-vous qu'il décrit avec justesse la façon dont les Américains travaillent ensemble? Est-ce exact que «les gens apprennent cela à l'école»?
Quelles en étaient vos propres expériences?
5. Qu'est-ce qui étonne encore Hoffmann à l'université américaine?
6. Avez-vous l'impression qu'il prend position en faveur d'un des deux styles?
Expliquez. Lequel vous semble avoir le plus de mérite? Pourquoi?
7. Quels points de ressemblance voyez-vous entre ce portrait des Français
et celui de Daninos («Les Français entre eux,» pp. 17–20)?

L'Individualisme

QUESTION: *Et* les Américains *et* les Français ont tendance *both*
à *revendiquer* le concept d'individualisme comme trait *claim*

de caractère national. Peut-on comparer l'individualisme dans les deux pays?

S. HOFFMANN: (. . .) Il y a des points communs et puis des différences. Je crois que le point commun c'est, dans les deux cas, une méfiance assez grande à l'égard de[1] l'État. Une méfiance qui va très loin dans les deux pays contre toute *espèce*   sorte de totalitarisme. Je crois qu'*au fond* c'est une des raisons pour   essentiellement lesquelles, finalement, le fascisme n'a jamais très bien marché en France. C'est-à-dire que l'individu est là pour se décider tout seul sans que les autorités extérieures lui disent quoi faire. Mais je crois qu'il y a des différences assez profondes. Jusqu'à il n'y a pas si longtemps,[2] je crois que c'est en train de changer, il y avait la même réticence en France à l'égard des groupes, des associations, une certaine tendance à opposer l'individu, non seulement à l'État, mais à la société, alors qu'aux États-Unis, ça n'a jamais été le cas. Ça a toujours été—de Tocqueville[3] en parlait déjà—une société où des gens se groupaient entre eux. Alors qu'il y avait une méfiance à l'égard de l'État, vous avez, en échange, un très fort conformisme social, ce qu'il appelait la tyrannie de la majorité, c'est-à-dire, une très forte tyrannie des petits groupes. Je crois que ça *risque de*   could changer en France dans la mesure où[4] la société française devient beaucoup plus urbaine, plus organisée. Mais c'était une assez grosse différence. *Si bien qu'*une des choses qui a   So that toujours frappé le visiteur français aux États-Unis était justement la tendance des Américains à se grouper, à former toutes sortes d'associations, que ce soient les parents–élèves, ou les associations de *quartier*.   neighborhood

Extraits de «Entretien avec Stanley Hoffmann,» *Tel Quel*

1. **à l'égard de:** *with respect to*
2. **Jusqu'à il n'y a pas si longtemps:** *Until recently*
3. **de Tocqueville:** *a famous nineteenth-* *century historian and political writer, observer of the United States and author of* De la démocratie en Amérique
4. **dans la mesure où:** *to the extent that*

COMPRÉHENSION DU TEXTE

1. Comment Hoffmann décrit-il l'individualisme américain?
2. En quoi l'individualisme français lui semble-t-il similaire? différent?
3. Qu'est-ce qui vous frappe le plus dans cette présentation de l'individualisme français?
4. Existe-t-il aux États-Unis (comme le disent Hoffmann et de Tocqueville) une «tyrannie de la majorité»? une «tyrannie des petits groupes»? Expliquez. Ces deux tyrannies, sont-elles pour vous les mêmes, comme le dit Hoffmann? Expliquez.

5. À votre avis, comment se manifeste le sens civique chez les Américains? et chez vous, en particulier? Est-ce un de leurs traits caractéristiques?
6. Êtes-vous conformiste? Est-ce que le conformisme social est une force qui influence votre vie? la vie des gens que vous connaissez? Si oui, comment?

ACTIVITÉ

De quels groupes, clubs, ou associations faisiez-vous partie quand vous étiez plus jeune? Et maintenant? Pourquoi? Quels aspects de ces expériences vous semblent positifs? négatifs? En vous comparant à vos camarades de classe, est-ce que vos expériences sont typiquement américaines?

À la Réflexion

1. Wolinski présente le Français comme un abîme de contradictions. En vous basant sur les textes que vous venez de lire, évaluez la justesse de cette image.
2. Consultez la liste des traits des Français que vous avez élaborée dans le jeu des associations (p. 6). Quels traits sont confirmés dans les textes que vous avez lus? Quels autres traits sont illustrés? Dans l'ensemble, est-ce que la plupart des traits sont positifs ou négatifs?
3. D'après certains de ces textes, le passé joue un rôle significatif dans la vie des Français. Quelle est l'influence du passé et comment se manifeste-t-elle? Trouvez-vous que le passé joue un rôle très différent chez nous? Expliquez.

COMMENT LES FRANÇAIS VOIENT LES AMÉRICAINS

2

Introduction

The French vision of America was at first highly idealized. The New World, set in opposition to the Old, held an almost mythical appeal. Eyewitness reports and literary works alike reflected the reigning European taste for the bucolic life. In the sixteenth and seventeenth centuries, the French envisioned America as the home of the noble savage living in harmony with a benevolent environment. During the eighteenth century, they saw America as the embodiment of frontier vigor, simplicity, liberty, tolerance, and reason. However, less flattering characterizations began to surface during the Revolutionary War period when, for the first time, large numbers of French, mostly soldiers, actually came to America. They judged Americans to be materialistic and lacking in refinement, taste, tact, and maturity. Contradictory sets of stereotypes have coexisted ever since.

The impact of economic and political interests on French attitudes toward the United States and its people has also been considerable. For instance, during the Civil War, the official French stance was neutrality. But when the Union blockade of southern ports crippled France's textile industry, pressure to recognize and aid the Confederacy mounted. Relations with Washington grew strained and French public opinion was sharply divided. More recently, the United States' rise as a major world power has been paralleled by France's relative decline. This shift in the balance of power has caused understandable anxiety and animosity. Ironically, the very strength that made the United States an invaluable ally in two world wars has become a source of friction. The desire to maintain independent policies in such areas as nuclear arms and relations with the Third World has led to ever harsher criticism of the United States.

Although disagreement with American foreign policy was strongest during the Vietnam war and has since subsided, a recent study found that high school textbooks used in France continue to present generally unfavorable images of Americans. The results of this study further indicate that long-held stereotypes still color French attitudes, just as they color ours. The French still learn to think of Americans as materialistic, conformist, uncultured, naive, friendly, optimistic.

Vocabulaire de la qualification et de l'opposition

peut-être (que): *perhaps*   (a) Vous avez **peut-être** raison. (b) **Peut-être que** vous avez raison.

vouloir dire: *to mean*   Je ne comprends pas. Qu'est-ce que tu **veux dire?**

c'est-à-dire: *that is*   C'est une caricature, **c'est-à-dire** un portrait satirique basé sur l'accentuation de certains traits.

cela dépend (de): *that depends (on)*   —Vous aimez les villes?
—**Cela dépend de** la ville. Il y en a qui sont intéressantes et d'autres qui le sont moins.

absolument: *absolutely*   —Tu t'intéresses aux maths?
—**Absolument** pas!

tout à fait: *entirely, altogether*   Je suis **tout à fait** de votre avis.

bien, drôlement (*fam.*), **fort, vachement** (*fam.*): *very*   Ton idée est **fort** intéressante.

pas du tout: *not at all, not in the least*   Ce livre n'est **pas du tout** difficile à comprendre.

d'habitude, en général: *usually*   **D'habitude** je me lève à 8 heures du matin.

souvent: *often*   J'ai **souvent** envie d'être seul.

parfois: *occasionally, sometimes* ≠ **rarement:** *rarely*   **Parfois** je fais de longues promenades, **parfois** j'écoute de la musique dans ma chambre.

bien que, quoique: *although*   **Quoique** votre argument soit convaincant, je ne vais pas changer d'opinion.

cependant, pourtant: *yet, nevertheless, however*   Le nombre de divorces augmente. **Pourtant** on dit que la famille n'est pas en danger aux États-Unis.

d'une part . . . d'autre part. . .: *on the one hand . . . on the other hand*   **D'une part,** beaucoup d'Américains profitent d'un niveau de vie très élevé; **d'autre part,** une minorité importante est très pauvre.

alors que: *whereas*   Ils disent une chose **alors qu'**ils font le contraire!

au contraire: *on the contrary*   —Vous devez être contente de vivre à New York.
—Moi? **Au contraire,** je regrette de ne pas avoir trouvé un emploi à Seattle.

au contraire de, à la différence de: *unlike, as opposed to*   **Au contraire des** autres candidats cet homme était Indépendant.

contrairement à ce que: *as opposed to*   —L'examen est drôlement difficile, n'est-ce pas?
—Non, **contrairement à ce que** tu penses, il est très facile.

(mais) si: *yes (contradicts a preceding negative comment)*   —Je n'aurai pas une bonne note à l'examen.
—**Mais si!** Tu connais bien la matière.

MISE EN ŒUVRE DU VOCABULAIRE

A. Répondez en exprimant une opinion contraire. Employez un minimum de *dix* mots dans la phrase.

Modèle: L'énergie nucléaire n'est pas dangereuse.
  Mais si! On lit des horreurs dans le journal tous les jours.

1. Les femmes sont plus intelligentes que les hommes.
   Contrairement _____ .
2. Il faut aimer son père et sa mère.
   Cela dépend _____ .
3. La marijuana donne le cancer.
   Au contraire, _____ .
4. Les écologistes sont contre le progrès.
   Quoique _____ .

5. N'importe qui peut devenir président des États-Unis.
   Pourtant, _____ .

6. Les Américains ont tous de grosses voitures.
   Peut-être que _____ .

B. Revoyez l'exercice B (p. 4) et employez **absolument, tout à fait, bien, drôlement, fort,** et **vachement** pour nuancer votre réaction.

C. *Variations sur un thème.*

1. Jouez la conversation suivante:
   Sujet: Fumer ou ne pas fumer
   Contexte: Deux camarades de chambre déjeunent ensemble.

MARCEL(LE): Tu fumes trop, tu sais. *On dit que* les cigarettes donnent le cancer.

JEAN(NE): Oui, c'est peut-être vrai, mai *pour moi,* le plaisir de fumer c'est le plus important.

MARCEL(LE): Mais tu n'as qu'un corps, qu'une vie. Il faut les soigner!

JEAN(NE): Tu ne me feras pas *changer d'idée.*

MARCEL(LE): Écoute! Ne sois pas *tout à fait* impossible! Pense à l'avenir.

JEAN(NE): *Je ne suis pas d'accord,* moi. Je vis dans le présent.

2. Substituez des expressions équivalentes aux expressions en italique dans le dialogue ci-dessus. Consultez le Vocabulaire de l'opinion personnelle (pp. 2–3) et le Vocabulaire de la qualification et de l'opposition.

3. Préparez une conversation dans laquelle vous employez les expressions suivantes dans ce même ordre: **on dit que, peut-être, pour moi, changer d'idée, tout à fait, je ne suis pas d'accord.**
   Sujet: Faire ou ne pas faire des études universitaires
   Contexte: Deux ancien(ne)s camarades de lycée prennent un verre de vin ensemble. L'un(e) est maintenant étudiant(e), l'autre travaille dans un grand magasin.

D. Écrivez une scène (sujet et contexte de votre choix) et incorporez au moins *six* expressions de la liste de vocabulaire. Votre conversation peut prendre la forme d'une discussion ou d'un argument. Donnez votre scène à un autre groupe, qui la jouera.
Voici des suggestions pour vous mettre en train:
—l'adolescent(e) qui veut rentrer après minuit et son père qui ne le lui permet pas
—se marier ou ne pas se marier
—passer la soirée à étudier ou sortir
—deux personnes veulent la même table réservée à un restaurant

Vocabulaire de
la progression des idées

commencer par: *to begin by* ≠ **finir par:** *to end up*   Ils **ont commencé par** manger des croissants tous les matins; ils **ont fini par** ne plus pouvoir les voir.

au début: *in the beginning, at first* ≠ **à la fin:** *finally, ultimately* Hier au cinéma l'absence de sous-titres me dérangeait **au début**, mais je m'y suis habituée **à la fin.**

d'abord: *first* J'ai **d'abord** pensé que c'était facile.

après, ensuite, puis: then —Que veux-tu faire aujourd'hui? —Allons d'abord à la piscine. **Après** nous déjeunerons, **puis** nous irons voir le film qui passe cette semaine sur le campus. **Ensuite**, nous pouvons étudier.

enfin: *finally, lastly* Après une journée fatigante nous avons pu **enfin** nous reposer.

alors, donc, par conséquent: *therefore, so, consequently* Je n'aime pas voyager seul. **Alors**, je veux que Philippe m'accompagne en France.

tirer la conclusion (de): *to draw the conclusion (from)* Quelle **conclusion** **tirez**-vous **de** cette discussion?

(en) bref, en somme: *all in all, in short* **En somme**, je crois que nous devons repenser la question.

MISE EN ŒUVRE DU VOCABULAIRE

A. Complétez l'histoire à l'aide des expressions suivantes:

finir par	commencer par	par conséquent
puis	alors	tirer la conclusion
ensuite	bref	

Ce matin je me suis levé du mauvais pied (*on the wrong side of the bed*). J'ai _____ tomber en sortant du lit; _____ j'ai trouvé qu'il ne restait plus de café. _____ je suis allé prendre le petit déjeuner au café. Là je me suis assis à la terrasse. En mangeant je n'ai pas fait attention et _____ j'ai renversé le café sur mon pantalon. _____ j'ai laissé tomber le plateau de croissants. Tout le monde m'a regardé. J'avais l'air d'un idiot. _____ c'était terrible! Après tout cela, j'ai _____ que j'aurais dû rester au lit et je suis rentré à la maison où j'ai _____ me recoucher. Ouf!

B. *Histoire à reconstituer: l'Inspecteur Clouseau et la mort du baron.*
Ni les expressions de la colonne A ni les phrases de la colonne B ne sont dans le bon ordre. Employez les expressions données de la colonne A pour établir un ordre logique. Il y a plusieurs possibilités. Comparez vos histoires en classe.

Modèle: Au début **Au début, l'assassinat du baron Brossetil semble le crime le plus mystérieux de l'année.**

A	*B*
ensuite	L'assassinat du baron Brossetil semble le crime le plus mystérieux de l'année.
d'abord	Le mystère s'explique et Clouseau passe pour un prodige.
au début	Il se met à interroger tous les suspects.
donc	Il interroge les associés du baron au Ministère de la Santé.
enfin	Le célèbre inspecteur Clouseau décide de mener lui-même l'enquête (*investigation*).
puis	Le maître d'hôtel (*butler*) du baron vient dire qu'il est l'assassin.

par conséquent   Clouseau interroge la femme du baron, une charmante
dame qui a l'air si innocente.

C. *Histoire à inventer*.

1. Choisissez *cinq* expressions de la liste de vocabulaire de la progression
   des idées et écrivez une courte histoire.
2. Transformez votre histoire en une «histoire à reconstituer.» Mettez
   chaque phrase sur un bout de papier et donnez-les à un(e) camarade
   qui reconstituera votre histoire. Il/Elle vous passera la sienne. L'auteur
   de chaque histoire doit en vérifier la reconstitution.
   Voici des suggestions pour vous mettre en train:
   —un accident de voiture
   —des criminels volent un tableau célèbre de Picasso
   —l'examen final a mystérieusement disparu
   —un dîner au restaurant et vous n'avez pas assez d'argent

Comment les Français voient les Américains

Les Rapports franco-américains: première partie

À *propos de la conférencière: Françoise Giroud* (née en 1916) est une des femmes
les plus connues de France. Pendant la Deuxième guerre, elle est arrêtée par
les Allemands pour sa participation à la Résistance et elle passe deux ans en prison.
En tant que journaliste elle dirige successivement les magazines *Elle* et *L'Express*
(qu'elle fonde avec Jean-Jacques Servan Schreiber en 1953). Une des premières
femmes à occuper au gouvernement un poste important, elle est de 1974 à 1977
Secrétaire d'État à la Condition Féminine et ensuite à la Culture. En plus de
ses adaptations et dialogues pour le cinéma et de ses éditoriaux, elle est l'auteur de
plusieurs livres, dont des mémoires (*Si Je mens* . . . , 1972, et *Ce que je crois*, 1978).
Les propos suivants viennent de son «*commencement address*» à l'Université du
Michigan en mai 1976.

Je viens, vous le savez, d'un pays *lointain* qui s'appelle   faraway
la France, qui est sans doute la plus vieille nation du monde,
avec la Chine, et que la *plupart* d'entre vous ne connaissent   majorité
pas.

Je voudrais vous dire, aujourd'hui, ce que votre pays a
représenté et ce qu'il représente pour une Française de ma
génération.

Françoise Giroud

Quand j'avais votre âge, la France et la Grande-Bretagne, l'empire français et l'empire brittanique *régnaient* encore *sur* *ruled* le monde. Et, de ce monde, Paris était la capitale.

Nous avions gagné ce que vous appelez maintenant la *World War I*. Et qu'on appelait alors la dernière.

Quelquefois, en se promenant dans la campagne française, on voyait un champ de croix blanches. Alors, on expliquait aux enfants que sous ces croix dormaient des soldats américains, qui étaient venus nous aider, en 1917, à libérer notre territoire.

Mais nous étions pleins d'orgueil et de superbe.[1] Arc-boutés sur[2] leur littérature, qui était la plus riche du monde, sur leur passé, qui était le plus glorieux du monde, sur leurs vins, qui étaient les meilleurs du monde, sur leurs femmes, qui étaient les plus élégantes du monde, et sur deux mille ans d'Histoire, la plupart des Français considéraient alors les États-Unis comme un pays de braves garçons[3] naïfs et un peu

1. **pleins d'orgueil et de superbe:** *full of pride and arrogance*

2. **Arc-boutés sur:** *Confident in*
3. **braves garçons:** *good fellows*

frustes, qui *mâchaient* du chewing-gum, qui buvaient du lait, qui avaient peur de leurs terribles *épouses*, et qui n'avaient qu'un dieu: l'Argent. *N'importe quel* garçon un peu énergique pouvait y devenir John Rockefeller en commençant par vendre des journaux. L'Amérique était pavée d'or. *sans culture / chewed*
femmes
any

C'était stupide? Certainement. Mais je suis sûre qu'à l'époque la majorité des Américains avait des Français une vue aussi superficielle.

Ce qui est curieux, c'est que nous avons été, d'une certaine façon, plus loin les uns des autres, à cette époque, qu'en 1790.

Les Français du vingtième siècle, qui sont encore si fiers de la Révolution française, ne savaient pas, ne savent toujours pas, par exemple, que votre Tom Payne [*sic*], l'auteur de «Common Sense», était député de la Convention[4] en France au moment de la Révolution. Vous-mêmes, le savez-vous? Ils ne savent pas que les rédacteurs de[5] la fameuse Déclaration des droits de l'homme avaient demandé à Thomas Jefferson, qui était alors votre ambassadeur à Paris, de *corriger* cette déclaration. *lire et commenter*

Le saviez-vous?

Ils ne savent pas qu'une des clefs de la Bastille, dont la *prise* a été le symbole de la Révolution française, a été donnée à George Washington en hommage et qu'elle est, aujourd'hui encore, à Mount Vernon. *storming*

Moi, il se trouve que mon père avait été envoyé en mission par le gouvernement français *auprès du* gouvernement américain. Il en était revenu impressionné. *au*

Là, disait-il, était l'*espoir* d'un monde meilleur, et les hommes assez vigoureux pour le réaliser.[6] Là étaient la démocratie et la liberté. Là étaient la puissance, le dynamisme, l'endurance, la santé. Ceux qui avaient fondé l'Amérique avaient drainé toutes les énergies révolutionnaires de l'Europe, et avaient donné une *issue* à ces énergies. Le nouveau monde dont l'Europe rêvait depuis si longtemps s'édifiait sous les cieux américains. (. . .) *hope*

outlet

Aujourd'hui, quand les États-Unis réussissent un exploit technique, quand ils envoient Armstrong sur la Lune, les Européens ne savent plus applaudir *de bon coeur*. Parce qu'ils se voient trop petits, trop faibles, trop incapables de *soutenir* la compétition, et cela les rend *maussades*. *avec enthousiasme*
maintain

Ils *se conduisent* comme les pères qui vieillissent[7] et qui *ne supportent pas* de découvrir que leur fils est devenu plus fort qu'eux.(. . .) *act*
cannot stand

---

4. député de la Convention: *elected by the French people as a representative to the first elected legislative body*

5. les rédacteurs de: *those who drafted*
6. pour le réaliser: *to make it a reality*
7. les pères qui vieillissent: *aging fathers*

COMPRÉHENSION DU TEXTE

1. Dans le premier paragraphe de son discours (*speech*), comment Mme Giroud présente-t-elle son pays?
2. D'après Mme Giroud, comment les Français se voyaient-ils entre les deux guerres? Comment voyaient-ils alors les Américains? Comparez ces deux portraits. Lequel vous semble le plus flatteur? Pourquoi?
3. Appuyez (*confirm*) ou contredisez (*refute*) les affirmations suivantes en vous basant sur le texte.
   a. Les Français se faisaient l'idée que les Américains pouvaient facilement devenir riches.
   b. La Première guerre mondiale avait rapproché les Francais et les Américains.
   c. Il y avait peu de contacts entre les deux pays vers la fin du dix-huitième siècle.
   d. Mme Giroud critique l'attitude des Français vis-à-vis d'eux-mêmes après la Première guerre mondiale.
   e. Pour son père, l'Amérique, c'était l'utopie.
   f. Le complexe de supériorité des Français est devenu complexe d'infériorité.
4. Quels mots de Mme Giroud jouent sur l'opposition traditionnelle entre «la vieille France» et «les jeunes États-Unis?» Par exemple, elle dit que la France est la plus vieille nation du monde avec la Chine.
5. Trouvez les éléments du texte qui nous rappellent (a) que c'est un discours, et (b) que ce discours s'adresse à de jeunes Américains.

Les Rapports franco-américains: deuxième partie

C'est un Français, Louis Lumière, qui l'avait inventé [le cinéma]. Mais il semblait que vous ayez inventé le bon cinéma, comme nous avions inventé la bonne cuisine.

Brusquement, *à travers* les *centaines* de films américains qui passaient sur nos *écrans*, nous entrions dans la vie américaine, et elle pénétra chez nous. Nous dansions avec Fred Astaire, nous chantions avec Cole Porter, les jeunes filles étaient amoureuses de Clark Gable et de Gary Cooper, et *se coiffaient* comme Katharine Hepburn. (. . .)

À travers ces films, une image fabuleuse des États-Unis *s'est répandue*, aussi fausse sans doute que les images précédentes, *car* tout ce monde était jeune, beau, gai, heureux, bien *nourri*, et *circulait dans* des voitures gigantesques et splendides comme nous n'en avions jamais vu. (. . .)

by means of / *hundreds*

screens

wore their hair

spread

parce que

fed / conduisait

Ce fut le moment où[1] beaucoup de jeunes Français com-
mencèrent à rêver de venir voir de leurs yeux[2] ce qu'était un
gratte-ciel, et l'une de ces universités américaines d'où sor-   *skyscraper*
taient les champions qui gagnaient toutes les compétitions
sportives. Mais nous n'avons jamais été un pays d'émigrants,
ni même de voyageurs. Peut-être parce que tous comptes faits,
nous étions bien chez nous.[3] Et puis ce fut la guerre, encore
la guerre, et la longue nuit d'humiliation, de malheur et de
désespoir où la France fut plongée.   *despair*

Pour ce pays fier, et parfois arrogant, dont la civilisation
avait rayonné à travers[4] le monde, qui avait une longue tradition militaire, et qui se croyait invincible, l'invasion allemande fut un désastre moral *autant que* matériel. (. . .) il ne   *as much as*
pouvait y avoir qu'une chance de *salut:* l'intervention américaine.   *salvation*
(. . .)

Mais les jours ont été longs, *jusqu'à ce que* Pearl Harbor   *until*
vous jette *à votre tour* dans la guerre. Les choses étaient telles   *in your turn*
que ce jour sombre de l'histoire de votre pays a été un jour
d'espoir pour nous. Comme nous vous avons attendus, alors,
avec quelle *angoisse*, avec quelle impatience . . . Les habi-   *anxiété*
tants d'un pays dont le territoire n'a pas été occupé ne peuvent
pas l'imaginer. (. . .)

1. **Ce fut le moment où:** *It was then that*
   (passé simple *of* être)
2. **voir de leurs yeux:** *see with their own eyes*
3. **tous comptes faits, nous étions bien chez**

nous: *all things considered, we were
comfortable at home*
4. **avait rayonné à travers:** *had spread
throughout*

Jour J, 6 juin 1944. Les Alliés
débarquent en Normandie.

L'*ivresse* de la Libération, l'*affolement* heureux devant   *exhilaration* / agitation
ces produits dont nous avions oublié jusqu'au goût[5] et dont
vos poches étaient pleines: le chocolat, les cigarettes, le lait
concentré . . . Les enfants vous acclamaient, les femmes vous
aimaient, les hommes vous enviaient. Vous étiez les héros,
vous étiez les libérateurs.

5. dont nous avions oublié jusqu'au goût: *whose very taste we had completely forgotten*

COMPRÉHENSION DU TEXTE

1. Quelle image des États-Unis le cinéma donnait-il pendant les années
   trente? Quelle était alors la réalité économique?
2. Comparez cette image «fabuleuse» aux images évoquées dans la première
   partie du discours (pp. 32–34).
3. Pourquoi les jeunes Français voulaient-ils visiter les États-Unis? Qu'est-ce
   qui les en a empêchés?
4. Dans quels termes Mme Giroud décrit-elle la Deuxième guerre mondiale?
   Quelle image d'eux-mêmes a été détruite pour les Français? Quelles
   émotions exprime Mme Giroud?
5. Qu'est-ce qui a obligé l'Amérique à intervenir dans la guerre?
6. Quels sentiments les Français éprouvaient-ils pour les soldats américains
   au moment de la Libération?
7. Que dit Mme Giroud pour évoquer la privation (*deprivation*) dont les
   Français souffraient?

FAITS FRAPPANTS: LE SAVIEZ-VOUS?

	Français morts	Américains morts
Guerre de 1914–18	1.353.800	126.000
Guerre de 1939–45	4.300.000	292.131

Entre 1944 et 1954, la France a reçu des États-Unis 2 milliards et demi de dollars. Entre
1948 et 1954, le plan Marshall a organisé la distribution de fonds aux seize pays dévastés
par la guerre, y compris la France et l'Allemagne.

Les rapports franco-américains: troisième partie

Les Français de ma génération en ont été marqués pour
toujours [par la Libération] et vous en gardent une réelle

reconnaissance.[1] Mais pour leurs enfants, et surtout leurs pe-
tits-enfants, c'est de l'Histoire. Ce n'est pas leur histoire.[2]

Ceux que nous appelions nos libérateurs, ils les appellent
des impérialistes. Ils sont fascinés par l'Amérique. Ils boivent
du Coca-Cola, que personnellement je trouve *écœurant;* ils   dégoûtant
mâchent du chewing gum. Ils portent des T-shirts où sont
imprimés, en grosses lettres, les noms d'universités américaines
ou de clubs sportifs américains. Ils sont habillés en blue-jeans
du matin au soir. À la télévision, ils raffolent des feuilletons
policiers américains.[3](. . .) Ils copient tout ce qui vient
d'Amérique, les attitudes fécondes comme les attitudes bêtes.
Parce que vous avez créé l'archétype de la modernité.

Mais ils savent obscurément que ce qu'ils ne peuvent
pas emprunter aux États-Unis, c'est le rôle moteur[4] que votre
pays joue dans le monde depuis trente ans.(. . .)

Une nouvelle Amérique commençait à se former dans
la mythologie des Français.(. . .) Sur toute la planète on *re-*   avait peur de / *pressure*
doutait la *pression* de votre armée et de votre argent. Mais   force
l'Amérique avait un formidable *pouvoir* d'attraction.(. . .)

1. **vous en gardent une réelle reconnaissance:**
   are still truly grateful to you
2. **Ce n'est pas leur histoire.:** *It has nothing
   to do with them.*
3. **ils raffolent des feuilletons policiers
   américains:** *they are crazy about American
   detective series*
4. **le rôle moteur:** *the leading role*

Alors, ceux qui ne vous aimaient pas ont commencé à vous accuser de vouloir dominer le monde, et de *viser* notre colonisation économique.

chercher

Ceux qui vous aimaient, et qui étaient les plus nombreux, disaient: «Les États-Unis sont impérialistes *malgré* eux. Il est dans la nature de la puissance de *s'étendre* quand rien ne lui fait obstacle. Faisons les États-Unis d'Europe, et nous relèverons le défi américain.»[5] Nous étions quelques-uns *à avoir honte* quand on entendait des Français crier, dans les rues de Paris, «*U.S. go home!*»(. . .)

in spite of
to spread, take over

who were ashamed

Dans le discours de ceux qui *vantaient* le modèle communiste, l'Amérique était le pays de la Mafia, du racket, du kidnapping, de l'alcoolisme, de l'hypocrisie sexuelle, des femmes frigides et de l'oppression des Noirs.

praised

Quant à la famille américaine, elle se composait, selon eux, d'enfants braillards et irréductibles,[6] d'adolescents délinquants et drogués, d'une épouse tyrannique et d'un mari harassé vivant dans une maison surchauffée, et qui finissaient une fois sur deux par un divorce.(. . .)

As for

À l'abri de votre parapluie atomique,[7] les Européens pouvaient se permettre d'avoir l'air de prendre leurs distances. En même temps, les familles françaises qui en avaient *les moyens* envoyaient leurs fils au M.I.T. ou à la Harvard Business School, d'où ceux-ci revenaient perplexes. L'Amérique, ce n'était pas du tout ce que leurs camarades étudiants leur avaient dit, en France.

l'argent

J'ai toujours pensé que si l'on pouvait payer à tous les jeunes Européens un voyage aux États-Unis et un voyage en Union soviétique, il y aurait moins de communistes chez nous.(. . .)

Même ceux qui *souhaitent* publiquement *l'abaissement* de votre pays le redoutent secrètement, parce qu'ils savent que, si vous laissiez tomber de vos mains le *flambeau* de la liberté, il *s'éteindrait* peut-être pour des siècles.

wish for / humbling, decline

torch
would go out

Deux cents ans après votre naissance, c'est votre Renaissance que nous souhaitons bientôt saluer.

Extraits de *L'Express*

5. **nous relèverons le défi américain:** *we will meet America's challenge*
6. **braillards et irréductibles:** *howling and uncontrollable*
7. **À l'abri de votre parapluie atomique:** *In the shelter of your atomic umbrella, i.e., nuclear weapons*

COMPRÉHENSION DU TEXTE

1. Comment est-ce que l'influence des États-Unis se manifeste chez les jeunes Français d'aujourd'hui?
2. À votre avis, est-ce que Mme Giroud regrette cette influence?
3. Parmi les choses que les jeunes Français adoptent, lesquelles vous semblent représentatives de la culture américaine?
4. La France a-t-elle une influence sur votre vie? Dans quels domaines (vêtements, cuisine, philosophie, loisirs, etc.)? Expliquez.
5. Pourquoi les jeunes Français veulent-ils copier l'Amérique?
6. Pour vous, est-ce que l'américanisation et la modernisation sont nécessairement synonymes? Expliquez.
7. Quels reproches est-ce que les américanophobes adressaient aux États-Unis?
8. Quel argument est-ce que les Français américanophiles leur opposaient?
9. Quels Français étaient les plus critiques?
10. Pourquoi les Français pouvaient-ils se sentir libres de critiquer l'Amérique? Savez-vous si la situation a changé depuis 1976?
11. Selon Françoise Giroud, est-ce que les Français qui sont hostiles au pouvoir des États-Unis sont véritablement antiaméricains? Pourquoi?
12. Parmi les pays suivants, lesquels est-ce que certains Américains accusent de vouloir dominer le monde? de viser notre colonisation économique? d'être hostiles aux États-Unis? Lesquels sont plutôt considérés comme des amis? Pourquoi?

le Canada	l'Espagne	le Japon
la Chine populaire	la Grande-Bretagne	le Nicaragua
la Corée du nord	l'Iran	l'Union soviétique
l'Égypte	l'Israël	le Viêtnam

Synthèse des trois parties.

1. D'après ce discours, quelles sont les causes principales de l'antiaméricanisme en France?
2. Dans l'ensemble, l'attitude de Mme Giroud envers les États-Unis semble:

   Modèle: hostile

   > **Son attitude n'est pas hostile parce qu'elle veut une renaissance des États-Unis.**
   >
   > **Elle n'a pas une attitude hostile parce que son père était impressionné par les États-Unis. Etc.**

enthousiaste	méfiante	arrogante
condescendante	conciliatoire	ambiguë

3. Choisissez une des oppositions suivantes et montrez qu'elle joue un rôle important dans ce discours: l'amitié / la critique; la puissance/la faiblesse; la vieillesse/la jeunesse.
4. *Récapitulation écrite.* Résumez ce que dit Mme Giroud des rapports franco-américains aux époques suivantes: (a) vers la fin du 18e siècle; (b) pendant les années trente; (c) à la fin de la Deuxième guerre; (d) plus récemment (les années 60 à 76).

5. Que diriez-vous si un(e) étudiant(e) français(e) vous disait:—J'ai entendu dire que l'Amérique c'est le pays (a) de la Mafia; (b) du racket; (c) du kidnapping; (d) de l'alcoolisme; (e) de l'hypocrisie sexuelle; (f) des femmes frigides; (g) de l'oppression des Noirs?

Modèle: la Mafia **C'est vrai que la Mafia existe, mais c'est seulement une toute petite minorité.**

La Mafia existe dans d'autres pays aussi. Etc.

L'Amérique vue par Anne,
12 ans

What does America mean to me?

I never went to America, so I can't really say something on it, but I know many people who have been there and I have seen many American films. In all of them, there is a gun.

I think that American people are "always" fighting for something or an other. This vast country is populated by beautiful and rich ladies and thieves, like in Chicago...

America is a very rich country: it is the Americans who first went on the moon, American TV has 13 channels. The Americans are very intelligent but not very organized; the president is always killed or kicked out....

I can describe America like this: The men, who have their little brief-cases and their hat. The rich women, The cinema, the big cars, all the gadgets, the big towns, the thieves, the hot-dogs and the base-ball...

Que représente l'Amérique pour vous? C'était le thème proposé, le mois dernier, par le professeur d'anglais aux élèves de 5ᵉ de l'École bilingue, à Paris. Voici la réponse d'une petite Française de 12 ans, Anne.

«Je n'ai jamais été en Amérique. Aussi, je ne peux pas vraiment en parler, mais je connais beaucoup de gens qui y ont été, et j'ai vu beaucoup de films américains. Dans tous, il y a un pistolet . . .

«Je crois que les Américains sont toujours en train de se battre pour une raison ou pour une autre. Ce vaste pays est peuplé de dames riches et belles et de bandits, comme à Chicago.

«L'Amérique est un pays très riche. Ce sont les Américains qui ont été les premiers dans la Lune. La TV américaine a treize chaînes. Les Américains sont très intelligents, mais pas très organisés. Le Président est toujours tué ou chassé.

«Je peux décrire l'Amérique comme ceci: les hommes, qui ont un chapeau et une petite mallette, les femmes riches, le cinéma, les grosses voitures, tous les gadgets, les grandes villes, les bandits, les hot-dogs et le base-ball.»

L'Express

COMPRÉHENSION DU TEXTE

1. Quelles sont les sources d'information d'Anne sur l'Amérique? Laquelle semble l'avoir surtout influencée? Expliquez.
2. Quels objets associe-t-elle aux États-Unis? Quelles activités lui semblent typiques? Quels sont ses aperçus sur les classes sociales? À quels événements historiques fait-elle allusion?
3. Comparez ce que dit Anne des États-Unis et vos propres idées sur l'Amérique. Que dit-elle que vous ne diriez pas? Qu'est-ce qu'elle ne dit pas que vous considérez important?
4. Pensez-vous que l'âge d'Anne influence son portrait des Américains? Comment?
5. Quand vous aviez 12 ans, comment auriez-vous décrit la France?

«L'Américain, un être profondément normal»

À propos de l'auteur: Pour beaucoup de Français, le nom de **Raymond Cartier** (1904–1975) rappelle l'intellectuel de la droite modérée qui a consacré une trentaine d'années à la revue populaire *Paris-Match*. Ses voyages autour du monde lui fournissent la matière de nombreux articles et livres. À l'époque où l'empire colonial français déclinait, ses articles expriment le «cartiérisme», doctrine qui conseille l'abandon des colonies devenues trop coûteuses. Deux de ses livres parlent des États-Unis, qu'il connaît bien par ses longs séjours. Il est frappé par la diversité des états qui sont pour lui autant d'«états d'esprit» et de «paysages politiques différents». Dans *Les Cinquante Amériques* (1961), Cartier étudie tous les états en essayant de définir l'originalité de chacun. Le texte suivant provient de sa conclusion.

Ce fut pendant longtemps un axiome en Europe que l'Amérique était un pays extravagant peuplé par des *demi-frénétiques*. On commençait par New York qui n'est pas «à l'échelle humaine»[1]—comme si New York avait été construite par d'autres créatures que des hommes mesurant généralement entre 5 *pieds 6 pouces* et 5 pieds 10 pouces *de hauteur*. On continuait par les New-Yorkais et les autres Américains. Ils devaient être, de toute nécessité, agités, inconstants, *incultes*, infantiles, prisonniers du matérialisme, pourvus de compétences et dépourvus d'idées[2] générales, capables de vivre mais incapables de réfléchir, plus *proches d'*un robot que d'un *cerveau*. Ils vivaient au milieu d'un extrême bien-être, mais dans un ennui que le surmenage accroissait au lieu de[3] le combattre, ce qui expliquait les *nervous breakdown* dont leur vie était *jalonnée*. Ils étaient notoirement *des refoulés* et des obsédés sexuels. Ils cherchaient des évasions désespérées dans l'alcool et la psychanalyse, *si bien que* la moitié des Américains *gisaient* au pied de leurs bars à 7 heures du soir, *tandis que* les Américaines passaient leur journée *allongées* sur un divan, parlant de l'amour au lieu de le faire. Ils n'avaient pas de vie familiale, la femme et l'homme vivant chacun dans son club, et les *foyers* étant sans cesse *disloqués* par le divorce. En expiation de cette existence *insensée*, ils mouraient jeunes, d'une maladie de cœur. (. . .)

La monotonie de l'Amérique est un autre thème chéri des Européens. J'ai entendu un homme politique français, malheureusement parmi les plus importants, dire à New York qu'il ne souhaitait pas visiter l'Amérique «parce qu'il n'y a rien à y apprendre, tout y étant pareil.» C'est, dit-on, partout le même drug-store, la même *pompe à essence* et le même «juke box»—comme s'il existait des différences si frappantes entre les épiceries, les *bistrots* et les pianos mécaniques français. L'unité économique a effectivement donné à l'Amérique une certaine uniformité, mais la variété naturelle et humaine *demeure* son trait dominant. Le pays qui *enferme* des déserts sahariens, des forêts scandinaves, la Bretagne dans le nord, la Guinée dans le sud, les Alpes à l'ouest, des plaines immenses, des villes gigantesques, toutes les races du monde avec leur comportement et leurs problèmes, (. . .) —ce pays peut, semble-t-il, être n'importe quoi, *sauf* monotone. «C'est vrai,» me disait quelqu'un qui venait d'avoir[4] la bonne fortune

It was

half-crazed people

five feet six inches / tall

pas éduqués

comme
brain

punctuated / inhibited people

so that / étaient couchés
while
couchées

familles / séparés
folle

gas pump

cafés

est toujours / contient

excepté

---

1. «**à l'échelle humaine**»: *on a human scale*
2. **pourvus de compétences et dépourvus d'idées**: *possessing technical skills and lacking ideas*
3. **le surmenage accroissait au lieu de**: *overwork increased instead of*
4. **qui venait d'avoir**: *who had just had*

de le *parcourir* pendant des mois, «mais on ne rencontre   *visiter*
jamais une frontière, *de sorte que* l'on n'a pas la sensation de   *so that*
changement.» Je dois à cet homme une *reconnaissance* infinie: *debt of gratitude*
il m'a fait découvrir un sentiment que je n'aurais jamais
soupçonné: la nostalgie du passeport. (. . .)   *suspected*

      L'esprit d'aventure, le *goût* immodéré du risque, la tur-   *amour*
bulence, la témérité des Américains constituent une autre
légende. (. . .)

      Aucune nation n'est aujourd'hui plus avide de sécurité.
Le *souci* de cette sécurité s'étend à toutes les formes du risque.   *obsession*
La vitesse des automobiles est limitée d'une manière rigide
et *tâtillonne*. Les ascenseurs doivent être inspectés chaque   *meddling*
année. Le nombre limite de personnes pouvant être admises
dans un restaurant ou un lieu public *quelconque* est toujours   *any*
fixe à une unité près.[5] Les *règlements* sanitaires concernant   *regulations*
la nourriture et les médicaments entrent dans les précautions
les plus strictes. Les dispositifs de sûreté[6] dans l'industrie, les
transports publics, etc., sont les plus minutieux du monde.

---

5. fixe à une unité près: *specifically limited*   **6. dispositifs de sûreté:** *safety precautions*

Les fameux sports-spectacles qui épouvantaient jadis[7] les visiteurs, comme le football et le rodéo, ont été beaucoup adoucis.[8] (. . .)

On *entrevoit* naturellement quelques raisons pour lesquelles les Américains paraissent «jeunes» aux yeux des Européens. Avec des moyens beaucoup plus vastes, ils conservent plus de *hardiesse* et d'optimisme. Ils sont, en règle très générale, complètement *dépourvus du* cynisme qui fait partie intégrante du caractère français. (. . .) La *malveillance* qui pénètre les rapports sociaux européens, existe à un degré infiniment *moindre* chez les Américains. Ceux-ci prennent ainsi un certain air d'ingénuité qu'ils accentuent fréquemment par une gaité démonstrative et par une extrême générosité dans leur appréciation de l'*esprit*. On n'est pas fondé toutefois d'en tirer ce qualificatif de[9] «grands enfants» qui, pour tant d'Européens, résume d'une manière absolument satisfaisante les Américains et leur psychologie.

comprend un peu

courage
sans le
ill will

lesser

wit

Extraits des *Cinquante Amériques*

7. **épouvantaient jadis:** *used to terrify*
8. **ont été beaucoup adoucis:** *have become much milder*

9. **pas fondé . . . d'en tirer ce qualificatif de:** *not justified in calling them*

COMPRÉHENSION DU TEXTE

1. Relevez les clichés mentionnés dans le premier paragraphe. Lesquels vous étaient inconnus? Lesquels vous surprennent? vous irritent? vous amusent?
2. Est-ce que ces clichés sont présentés comme les propres idées de l'auteur? Expliquez.
3. Pourquoi Cartier critique-t-il l'homme politique français?
4. Quelles sont les différentes régions géographiques que Cartier mentionne?
5. Comment est-ce que l'immensité des États-Unis influence la perception que les Européens en ont?
6. Quel aspect du voyage en Europe a manqué au touriste avec qui Cartier a parlé?
7. Comment savons-nous que Cartier estime les précautions prises par les Américains excessives? Quelle est votre opinion là-dessus? Justifiez ou critiquez chaque précaution.
8. Comment Cartier décrit-il les rapports sociaux européens? le caractère français? Comparez sa présentation du caractère français avec celle faite par Daninos («Les Français entre eux», pp. 17–20).
9. Dressez une liste des traits qui composent le portrait des Américains. Pour chaque trait, décidez si Cartier le présente sous une lumière positive, négative, ou neutre. Dans l'ensemble, est-ce que ce portrait est négatif ou positif?
10. Comparez l'attitude de l'auteur à celle de Mme Giroud («Les Rapports franco-américains I, II, II», pp. 32–39).

ACTIVITÉS

A. *Exercice de vocabulaire.*

Voici une liste d'adjectifs. Trouvez le nom dans le texte qui correspond à l'adjectif, puis employez l'adjectif pour reformuler ce que dit Cartier des Américains.

Modèle: matérialiste   **le matérialisme**

Les Américains sont extrêmement matérialistes.

1. compétent/e
2. alcoolique
3. uniforme
4. téméraire
5. hardi/e
6. optimiste
7. cynique
8. malveillant/e
9. ingénieux/ingénieuse
10. gai/e

B. *Jeu de miroirs.*

«En décrivant les autres on se décrit soi-même—indirectement, par opposition.» Donnez le contraire de chacune des caractéristiques que les Français attribuent aux Américains.

Modèle: Les Américains seraient incultes, agités, et prisonniers du matérialisme. **Donc, les Français seraient cultivés et tranquilles. Ils ne s'intéresseraient pas aux choses matérielles; ils seraient intellectuels.**

Le Changement

Je crois qu'une différence essentielle, c'est que l'Américain est habitué au changement. On l'a programmé au changement *dès* son plus jeune âge comme étant une valeur positive. Or, *starting from* la plupart des Français ne pensent pas, ne pensent vraiment pas toujours au changement comme étant un progrès. Le changement existe, est vu comme un progrès, par exemple, dans le domaine technologique, mais pas dans tous les domaines. Par exemple, ici tu as des titres comme *Creative Divorce*. C'est impossible en France. Je veux dire, qui va penser à un divorce comme étant une chose positive? *Quelqu'un de* *Une personne* très malheureux, peut-être. Tu vois ce que je veux dire? *Changing, moving*, ça, c'est toujours positif, ou présenté de manière positive par les *mass media*, par tous ces *bouquins* *livres* qui se vendent par centaines finalement. *How To Be Happy, How To Do This, How To Do That* . . . euh . . . Et puis les Américains s'adaptent bien, beaucoup mieux aux changements que les Français parce qu'ils en ont l'habitude. Ils *déménagent* *move* souvent, changent de poste. La mobilité de la famille américaine n'a pas d'équivalent en France, où c'est une société beaucoup plus stable.

Interview avec Victor, professeur, 40 ans, vivant en permanence aux États-Unis

COMPRÉHENSION DU TEXTE

1. D'après Victor, qu'est-ce qui distingue l'Américain du Français?
2. Quels exemples donne-t-il pour illustrer son argument?
3. Êtes-vous d'accord ou pas d'accord avec son portrait des Américains? Pourquoi?
4. Revoyez le texte de Nourissier («La Présence du passé,» pp. 8–10). Quels autres arguments contre l'aspect positif du changement ferait probablement Nourissier?

ACTIVITÉ

Dans les cas suivants est-ce que le changement est synonyme de progrès? Pourquoi?

1. Des astronautes ont marché sur la Lune et vécu dans l'espace.
2. Les gens peuvent vivre ensemble sans se marier.
3. Beaucoup de gens ont quitté la campagne pour vivre et travailler dans les grandes villes.
4. De plus en plus de femmes deviennent médecin et avocat.
5. La pillule permet de choisir d'être ou ne pas être parent.
6. Les autoroutes nous permettent de voyager partout en voiture.
7. L'agriculture est devenue très mécanisée.
8. Le nombre de divorces augmente.
9. L'énergie nucléaire et l'énergie solaire se développent.

«Une Présentation unilatérale»

La télévision et la presse la plus influente, en particulier «Le Monde», ne donnent en général que les faits les plus négatifs du présent et du passé des États-Unis. Quelle influence exerce cette présentation unilatérale? Les questionnaires des instituts de *sondage* sont souvent, eux aussi, fort unilatéraux. Ainsi, une enquête de la Sofres[1] sur la perception de l'évolution de la politique mondiale procède par division entre communisme et capitalisme et n'utilise jamais le mot liberté.   *survey, opinion poll*

Dans la liste proposée des événements importants, on trouve «la défaite américaine au Vietnam» et «la révolte des étudiants dans un grand nombre de pays occidentaux.» Mais la répression (effectuée par qui?) en Hongrie et en Tchécoslovaquie *s'applique à* des «événements». Quand l'Ifop[2]   *applies to*

1. **Sofres = Société française d'enquêtes et de sondages:** *an opinion poll organization*

2. **Ifop = Institut français des opinions publiques:** *an opinion poll organization*

présente une liste des «choses qui sont venues des États-Unis»
pour demander «quelles sont celles qui vous paraissent le plus
typiquement américaines?» on trouve le chewing-gum et le
T-shirt, le motel et le snack-bar, aucune invention technique,
aucune découverte scientifique, aucune production culturelle.
L'antiaméricanisme, comme le nouvel antigermanisme, *traduit*   manifeste
en partie une sorte d'insécurité: on *s'affirme* contre parce qu'on   se déclare
doute de la capacité à s'affirmer tout court. Le cocorico[3] peut
exprimer l'angoisse refoulée[4] aussi bien que la vanité
irréfléchie. . . .

Alfred Grosser, *Les Occidentaux*

3. le cocorico: *cock-a-doodle-doo, i.e,*
    bragging

4. l'angoisse refoulée: *repressed anxiety*

COMPRÉHENSION DU TEXTE

1. Quelle critique Grosser fait-il des media et des instituts de sondage en France?
2. Quels exemples offre-t-il pour appuyer son argument?
3. Qui a effectué la répression en Hongrie et en Tchécoslovaquie? Est-ce que Grosser trouve que cette répression est un événement important? Qu'en pensez-vous?
4. Pour Grosser, quelle est la source de l'antiaméricanisme en France?
5. Avez-vous l'impression que la télévision et la presse américaines font un portrait surtout positif des autres pays du monde? Quelles sortes de situations internationales est-ce que les media présentent aux Américains?

ACTIVITÉ

Vous écrivez une lettre à l'Ifop pour dire que vous trouvez insuffisante la liste des «choses qui sont venues des États-Unis.» Dans cette lettre, vous donnez une liste plus complète des inventions techniques, des découvertes scientifiques, et des productions culturelles qui vous semblent particulièrement importantes. Voici un début et une formule de fin de lettre pour vous mettre en train:

Messieurs,

Je viens de lire les résultats de votre enquête et je dois dire que cette liste est très insuffisante. Par exemple, . . .

Veuillez croire, Messieurs, à l'expression de mes sentiments les plus respectueux.

Table ronde: 1979

Tous les participants sont des étudiants français venus aux États-Unis faire des études.

ALAIN: Quelles idées est-ce que tu avais sur les Américains avant de venir?

JEAN-PIERRE: J'avais des idées bien définies sur le Middle West, le Far West, les grands cowboys, les gens bronzés, Colombo, New York, San Francisco . . .

ALAIN: Les Américains sont grands?

MICHÈLE: Grands, athlétiques, du lait, du chewing-gum plein la bouche. Puis un autre cliché qu'on a en France, c'est que les Américains, ils sont naïfs, pas sérieux, et qu'ils aiment bien rire. Ce sont de grands enfants.

ALAIN: Et quoi d'autre, Michèle?

MICHÈLE: Qu'est-ce qu'il y avait d'autre pour moi? Je voyais

«C'est notre McDonald's à nous.»

le méchant Américain[1] et le problème noir. Ça m'avait vraiment *choquée*, ça. Les Américains, ils sont vachement racistes. Alors qu'en France on l'est autant, mais on ne le dit pas. C'est tout.   *shocked*

ALAIN: Et d'où sont venues tes idées préconçues, à toi, par exemple?

JEAN-PIERRE: Par les media . . . parce qu'en fait en France, tous les films, tous les programmes à la télévision sont américains. Puis, il y a aussi la musique.

MICHÈLE: Tout ce qui est rock, folk, en général, est américain. C'est la grande vogue.

ALAIN: Moi, je me rappelle avoir beaucoup appris sur les États-Unis à la fin des années 60 quand tout ce qui s'y passait était dans les journaux français. Et on avait vraiment l'impression que les Américains faisaient beaucoup plus de choses que nous.

MICHÈLE: On a toujours cette impression.

JEAN-PIERRE: Plus tellement. Quand on était petit, les professeurs nous disaient: «L'Amérique a dix ans d'avance sur nous.» C'est pour ça qu'on regardait toujours l'Amérique pour savoir comment on allait être dans dix ans. Mais en fait, maintenant, c'est fini. Bon, nous, on les a vite rattrapés,[2] ou eux, ils ont *reculé*.   *fallen back*

1. **le méchant Américain:** *the ugly American*   2. **les a vite rattrapés:** *quickly caught up with them*

ALAIN: Il faut parler aussi des touristes américains en France. Tu les reconnais tout de suite.

JEAN-PIERRE: Étant donné que³ la France est *entourée de* pays étrangers, il y a beaucoup beaucoup de touristes, mais c'est vrai que tu reconnais tout le temps l'Américain. Ils ont tous des pantalons *écossais*, roses, verts . . .   *surrounded by*   *plaid*

ALAIN: Avec une chemise *imprimée à fleurs*, trop large, et une veste verte.   *flowered*

JEAN-PIERRE: Ils sont polis, ils sont très polis . . .

ALAIN: Mais ils parlent très fort.

JEAN-PIERRE: Oui, très fort.

MICHÈLE: Moi, je me souviens d'un Américain qu'on avait vu à l'hôtel à Paris un soir. . . qui avait son énorme verre de whisky, qui était accoudé au bar,⁴ qui fumait sa cigarette, et qui parlait, mais qui parlait tout fort . . .

JEAN-PIERRE: Il s'écoutait parler?

MICHÈLE: Il s'écoutait parler, exactement. Il était tout seul. Le bar lui appartenait.⁵ C'est une image qui m'est restée.

JEAN-PIERRE: Même maintenant les jeunes, bon, tu les reconnais. Ils sont tous avec un *sac à dos*, les shorts, les *baskets*.   *backpack*   *sneakers*

3. Étant donné que: *given that, since*   **5. lui appartenait**: *belonged to him*
4. accoudé au bar: *leaning on the bar*

«Un voyageur américain de notre âge, c'est comme un voyageur français.»

MICHÈLE: Là j'suis pas d'accord. Il me semble plutôt qu'un voyageur américain de notre âge, c'est comme un voyageur français. S'il part avec ses baskets aux pieds et son sac à dos, je crois qu'il n'y a pas tellement de différence.

ALAIN: *À part qu*'ils vont tous à McDonald's à Paris, les jeunes Américains.   *Excepté qu'*

MICHÈLE: Ah, mais c'est normal, ça. Imaginez qu'on trouve un café avec un petit bar, nous, en Amérique, mais c'est le premier endroit où on *se précipiterait*.   *would rush*

JEAN-PIERRE: À New York, c'est ce que j'ai fait.

MICHÈLE: C'est la première chose qui m'a manqué[6] en arrivant ici, un café avec une terrasse.

JEAN-PIERRE: Oui, c'est notre McDonald's à nous.

6. **qui m'a manqué:** *that I missed*

COMPRÉHENSION DU TEXTE

1. Quelles idées préconçues de ces étudiants sont associées au physique? aux vêtements? aux rapports avec les autres? aux habitudes personnelles?
2. D'où viennent les idées toutes faites de ces étudiants?
3. Parmi leurs idées préconçues, lesquelles vous semblent péjoratives? flatteuses? fausses? limitées à une époque spécifique ou à une génération? Pourquoi?
4. Pouvez-vous distinguer les étrangers ou les touristes aux États-Unis? Si oui, expliquez comment.
5. Par deux fois, les participants ne sont pas d'accord. Comment marquent-ils leur désaccord? Substituez d'autres expressions pour rendre le désaccord (a) légèrement plus fort; (b) beaucoup plus fort.
6. Est-ce qu'un des participants vous semble plus compréhensif envers les Américains? plus hostile? Expliquez.
7. Relevez les phrases où *tout* et des pronoms accentués (*moi, toi, eux*, etc.) sont employés pour rendre la phrase plus forte. Écrivez trois phrases originales sur le même modèle.

ACTIVITÉ

Stratagèmes pour gagner du temps.
Quand Michèle n'a pas de réponse immédiate à la question «Et quoi d'autre?» (p. 49), elle reformule cette question: **«Qu'est-ce qu'il y avait d'autre pour moi?»** Voici un autre modèle: «D'où sont venues tes idées préconçues à toi?» **«D'où sont venues mes idées préconçues à moi?»**

1. Ne répondez pas immédiatement aux questions suivantes. (Elles vous semblent indiscrètes.) Imitez les modèles donnés pour gagner du temps.
   a. Où vas-tu ce soir?

    b. Est-ce que tu fumes la marijuana?

    c. Qu'est-ce que tu penses de moi?

    d. Où étais-tu samedi soir à minuit?

    e. Est-ce que tu veux assassiner le prof?

2. Un autre stratagème serait d'employer des mots de remplissage (*filler words*) comme: **moi. . .** ; **bon. . .** ; **euh. . .** ; **voyons. . .** ; **enfin. . . .** Voici des modèles: «**Bon, voyons**, qu'est-ce qu'il y avait d'autre pour moi?» ou «Qu'est-ce qu'il y avait d'autre pour moi, **euh . . . enfin. . . .**» Répondez aux mêmes questions en employant des mots de remplissage.

3. Fabriquez trois questions indiscrètes à poser à un(e) camarade qui doit employer ces stratagèmes pour gagner du temps.

Table ronde: 1980

Tous les participants sont des étudiants français venus aux États-Unis faire des études.

CHRISTIANE: Ce qui m'a tout de suite frappée en arrivant ici, c'est que les Américains ont tendance à lier des contacts très rapides[1] mais très superficiels. C'est ce qu'il m'a semblé.

NICOLAS: Ça, je crois que tout le monde serait d'accord pour dire que c'est vrai. Ça c'est vraiment un cliché qui est justifié. Ça ne veut pas dire que c'est mauvais parce qu'il y a aussi le cliché qui dit que les Français ne lient pas

1. **à lier des contacts très rapides:** *to strike up friendships very quickly*

«On prend des États-Unis, de la culture américaine, ce dont on a envie.»

beaucoup de contacts mais que ce sont des contacts peut-être un peu plus profonds, ou un peu plus durables.

CHRISTIANE: Tu crois que c'est un cliché? Je crois que c'est vrai.

NICOLAS: C'est vrai. Alors que ce n'est pas vrai que les Américains manquent toujours de culture ou d'éducation. Une autre idée préconçue qui serait vraiment justifiée, ce serait l'Américain obsédé par *la propreté*, qui se lave *cleanliness* trois fois par jour, comparé au Français qui, lui, ne se lave jamais et qui s'en fiche[2] s'il ne s'est pas brossé les dents le matin. Surtout avec la publicité qu'il y a ici. Si on ne s'est pas nettoyé, si on n'a pas utilisé ce produit, les gens ne vous aimeront pas. Il faut toujours que les gens vous aiment. C'est l'obsession d'être populaire.

CORINNE: C'est un curieux mélange, oui. Un mélange d'être tout à fait propre mais de porter un pantalon qui a des trous, alors que le Français ferait repasser son pantalon[3] trois fois mais il n'irait pas prendre sa douche . . . Peut-être aussi l'obsession des maladies, l'obsession du corps, l'hygiène toujours.

CHRISTIANE: Ah, oui, oui, ça me rappelle l'épisode des *screens*. J'avais *enlevé* mes *screens* parce que je *taken off* n'aime pas avoir une vue *abîmée* par les *grillages*. Un *ruined / screening* jour une amie est entrée dans ma chambre et m'a dit: «Comment est-ce que tu peux ne pas mettre des *screens*?» Et je dis: «Mais ça me dérange,[4] etc.» «Mais tu vas avoir des mouches, des insectes dans ta chambre. Quelle horreur!» Je dis: «Non, ils ne me dérangent pas du moment qu'il n'y a pas de guêpe ou de bourdon[5] qui vont me piquer.»

CORINNE: Je crois qu'une raison pour laquelle on se fait des fausses idées des États-Unis, c'est à cause de la presse française qui met toujours l'accent sur ce qui se passe en Californie. Alors on se fait une idée des Américains très libérés, originaux, sans préjugés, etc., et puis on arrive en Nouvelle Angleterre, par exemple, et c'est l'inverse. C'est l'héritage puritain qui vit encore très fortement.

NICOLAS: Oui, on ne s'en rendrait pas compte[6] justement si on ne lisait que la presse. Mais les gens sont vraiment puritains.

---

2. **s'en fiche:** *(fam.) couldn't care less*
3. **ferait repasser son pantalon:** *would have his pants ironed*
4. **ça me dérange:** *it bothers me*
5. **guêpe ou de bourdon:** *wasps or bumblebees*
6. **on ne s'en rendrait pas compte:** *you wouldn't realize it*

CHRISTIANE: Puisque pour nous, en France, on croit que le puritanisme est terminé depuis 50 ans, c'est fini, et puis ça vit encore. Ils sont *convaincus* qu'ils ont achevé la libération, la libération sexuelle, la libération des *mœurs*, alors qu'ils sont restés exactement comme ils étaient avant.

persuadés

life-style

CORINNE: Une phrase qui les caractérise bien, c'est *the hardworking puritan*. Je crois qu'ils *le sont restés*.

stayed that way

NICOLAS: Mais ça, c'est bien, parce qu'au moins ils sont *hardworking*. Ils travaillent. Alors qu'en France ce n'est pas l'habitude. On essaie de faire le moins possible.

CHRISTIANE: Oui, il y a plein de différences entre les deux pays.

NICOLAS: Tout de même, on a beau vouloir maintenir,[7] comme certains le font, que la France ou l'Europe a une certaine identité, une manière de vie. Ça se mélange un petit peu entre les pays, et après tout, la France devient un petit peu américaine.

CHRISTIANE: Oui, mais c'est très superficiel. C'est au niveau des T-shirts, des McDonald's, des films, des disques.

NICOLAS: Oui, on commence par les T-shirts, les films et les disques, mais on finit . . . C'est qu'un courant de pensée[8] met très longtemps à s'introduire dans une société et il est possible qu'on devienne comme les Américains.

CHRISTIANE: Non, je ne le crois pas.

7. **on a beau vouloir maintenir:** *it is useless to claim*

8. **un courant de pensée:** *a way of thinking*

«On commence par les T-shirts . . .»

NICOLAS: Parce qu'après tout, les Américains commencent à s'intéresser à des choses qui sont venues d'Europe. Et on va peut-être arriver à un niveau homogène. Il n'y aura pas de différences entre les Américains et les Français, les Européens.

CORINNE: Je crois qu'on prend des États-Unis, de la culture américaine, ce dont on a envie, mais ça ne veut pas dire qu'on va adopter leur mode de vie. On en prend ce qu'il y a de bien.

NICOLAS: Moi, je crois que nous, on ne l'adoptera pas parce que ça prend très longtemps, mais peut-être que dans deux générations, il y aura beaucoup moins de différences.

COMPRÉHENSION DU TEXTE

1. *Jeu des mots-clés.*
   Résumez la discussion en disant tout ce que vous pouvez à propos des expressions suivantes:

lier des contacts	les grillages
manquer de culture	puritain
la propreté	imiter l'image américaine
être populaire	un niveau homogène

   Modèle: lier des contacts
   > **Ces étudiants considèrent que les Américains lient des contacts plus vite que les Français.** Etc.

2. Quelles distinctions est-ce que ces Français établissent entre les Américains et les Français? Sont-ils neutres ou prennent-ils position pour ou contre les différents comportements? Si vous trouvez qu'ils portent des jugements de valeur, indiquez les mots ou expressions qu'ils emploient pour porter jugement.
3. Selon Nicolas, pourquoi les Américains sont-ils obsédés par la propreté?
4. En ce qui concerne l'anecdote des *screens*, quelle attitude ressemble le plus à la vôtre, celle de Christiane ou celle de son amie? Expliquez.
5. À votre avis, quelles choses venues d'Europe intéressent les Américains?
6. Ces étudiants sont-ils d'accord sur l'influence des États-Unis? Expliquez.
7. Qui mène la discussion? Comment le savez-vous?
8. Trouvez-vous ces étudiants sympa? antipathiques? bien informés? Expliquez.

ACTIVITÉS

Théâtre.
Écrivez et jouez les scènes proposées.

A. Voici la transcription d'une conversation entre deux étudiant(e)s français(e)s. Mais les commentaires d'un(e) étudiant(e) ont mystérieusement disparu. Imaginez que vous êtes cette personne et complétez la transcription. Ensuite jouez la conversation avec un(e) partenaire.

JEANN(NE)-MARIE: Certains aspects de la culture américaine m'ont vite frappé(e).

ALBERT(INE):

JEAN(NE)-MARIE: L'obsession de la propreté, par exemple. Les Américains n'arrêtent pas de se laver, de se brosser les dents, d'utiliser des déodorants.

ALBERT(INE):

JEAN(NE)-MARIE: Et tu sais, l'idée que les Américains se font de l'amitié est très différente de celle des Français, beaucoup plus superficielle.

ALBERT(INE):

JEAN(NE)-MARIE: En ce qui concerne les mœurs, les Américains ne sont pas spécialement libérés, mais ils cachent leur puritanisme. C'est une sorte d'hypocrisie.

ALBERT(INE):

JEAN(NE)-MARIE: Moi, personnellement, je crois que dans vingt ans la France et l'Europe seront complètement américanisées. Que veux-tu, ça fait partie de la modernisation. C'est terrible, mais c'est inévitable.

ALBERT(INE):

B. Imaginez cette même conversation maintenant entre un(e) étudiant(e) français(e) et un(e) étudiant(e) américain(e) et faites tous les changements que vous trouvez nécessaires.

À la Réflexion

1. En vous référant aux textes dans «Comment les Français voient les Américains», (a) relevez les différentes sources d'information sur les États-Unis qui y sont mentionnées et (b) résumez et évaluez (vraies, fausses, positives, négatives) *cinq* images des Américains et des États-Unis qui y sont présentées.
2. Dans quelle mesure est-ce que des événements historiques précis et le passage du temps semblent avoir influencé les idées que les Français se sont faites des États-Unis et des Américains?
3. *Projet de recherche collectif.*
   Consultez le *New York Times Index* et le *Reader's Guide to Periodical Literature* dans votre bibliothèque pour trouver des articles sur la France et les Français qui ont paru dans la presse américaine depuis dix ans. Quels sont les sujets des reportages? Quelles sont les attitudes des journalistes?

LA PATRIE 3

Introduction

«La patrie c'est ce qu'on aime.» *(Fustel de Coulanges, 1870)*

Feeling attachment to one's country is so natural that many people remain largely unaware of their patriotic feelings until faced with a threat or a challenge—military aggression or competition for Olympic gold. Two thousand years of turbulent history, including numerous invasions, have given the French ample opportunity to explore the depths of their patriotism. After a resounding defeat at the hands of the Prussians in 1870–71, an upsurge of nationalism and the desire for revenge buoyed the newly created Third Republic. Many symbols of French national identity were adopted at that time: the national anthem "La Marseillaise," the tricolor flag, the national holiday commemorating the storming of the Bastille in 1789. Public schools began dispensing compulsory education designed to instill national pride in the country's youth. The hardships of the First World War (1914–18) also strengthened national solidarity.

In recent history, the severest test of the country's unity came in 1940, when France fell to Hitler in a matter of weeks. After the defeat, two governments claimed to represent the nation. Collaborationists in Vichy, headed by World War I hero Marshal Pétain, signed an armistice with the Nazis. *La France Libre*, headquartered in London and led by General de Gaulle, pledged to continue the battle alongside Britain. Allied victory meant the legitimatization of the Resistance and the repudiation of the collaborationists. The memory of this traumatic schism still haunts the national conscience.

«Si les [Amé] Ricains n'étaient pas là/Nous serions tous en Germanie.» These words, sung by Michel Sardou, sum up one dilemma of contemporary France. Accustomed for centuries to being a major world power, to celebrating its military and cultural importance, France owes its very existence today to Britain and the United States. The French have had to come to terms with their postwar position and reevaluate their national self-image. De Gaulle's withdrawal from NATO, recognition of the People's Republic of China, and reluctance to admit Britain into the Common Market were all ways in which France asserted its independence from its wartime allies. Americans cannot understand modern France without appreciating its ongoing struggle to forge a new unity and rekindle national pride.

FAIT FRAPPANT: GUERRES FRANÇAISES DEPUIS LA RÉVOLUTION (1789)

la guerre de 1870	1870–1871
la guerre de 14	1914–1918
la «drôle de guerre»	Hiver 1939–1940
la Deuxième guerre	1939–1945
la guerre d'Indochine	1946–1954
la guerre d'Algérie	1954–1962

Vocabulaire du patriotisme

la patrie: *homeland*   L'hymne national chante la grandeur de **la patrie.**

la grandeur: *greatness*   De Gaulle a pratiqué une politique de **la grandeur.**

être fier/fière de quelqu'un, de quelque chose, d'être: *to be proud of someone, of something, of being* ≠ **avoir honte de quelqu'un, de quelque chose, d'être:** *to be ashamed of someone, of something, of being*   —As-tu **honte d'être** américain?
  —Bien sûr que non. Je **suis** très **fier de** ma nationalité.

la fierté, l'orgueil (*m.*): *pride* ≠ **la honte:**   *shame*

être ému/e (par): *to be moved (by)*   J'ai été **ému par** le cimetière national à Arlington.

émouvant/e: *moving, stirring*

faire appel à quelqu'un ou **à quelque chose:** *to appeal to, to call upon someone or something*   Souvent les discours politiques **font appel à** nos sentiments patriotiques.

croire à quelque chose: *to believe in something*   Beaucoup de gens **croient à** la grandeur de leur pays.

faire confiance à quelqu'un ou **à quelque chose:** *to trust in, to have confidence in someone or something* ≠ **se méfier de quelqu'un** ou **de quelque chose:** *to distrust someone or something*   Tous les candidats nous demandent de **leur faire confiance. Méfiez-vous-en!**

rester fidèle à quelqu'un ou **à quelque chose:** *to remain loyal to someone or something* ≠ **trahir quelqu'un** ou **quelque chose:** *to betray someone or something*   James Bond n'a jamais **trahi** ses compatriotes.

la fidélité: *loyalty* ≠ **la trahison:** *betrayal, treachery*

le passé: *the past* ≠ **l'avenir:** *the future*   Certains historiens croient que **le passé** explique le présent. Mais ils n'essayent pas de prédire **l'avenir.**

partager quelque chose: *to share something*   Chaque peuple **partage** un héritage culturel et historique.

se souvenir de quelq'un ou **de quelque chose, se rappeler quelqu'un** ou **quelque chose:** *to remember someone or something;* **se souvenir que, se rappeler que:** *to remember that*

le souvenir: *memory, recollection*

la mémoire: *memory* —Je garde de bons **souvenirs** de ce restaurant. Tu **te rappelles que** c'est ici qu'on s'est rencontrés pour la première fois?
  —Bien sûr que je **me le rappelle.** J'ai **une mémoire** d'éléphant.

Vocabulaire de la guerre

la guerre: *war* ≠ **la paix:** *peace*

faire la guerre (contre), mener la guerre (contre): *to make war (against)*   Les partisans révolutionnaires **mènent une guerre** de libération **contre** le régime depuis longtemps.

lutter (contre), se battre (contre): *to fight (against)*   Pendant de longues années, les Alliés **se sont battus contre** Hitler.

envahir un pays: *to invade a country*   Les Allemands **ont envahi** la France plusieurs fois.

l'envahisseur: *invader*   Les membres de la Résistance ont lutté contre **l'envahisseur** allemand.

gagner quelque chose: *to win something* ≠ **perdre quelque chose:** *to lose something*   Nous **avons perdu** une bataille, mais nous **gagnerons** la guerre.

remporter une victoire: *to win* ≠ **subir une défaite:** *to be defeated*   Napoléon Iᵉʳ **a subi une** grande **défaite** à Waterloo.

(se) défendre (contre), (se) protéger (contre): *to defend, to protect (oneself) (from)*   Ils **se sont** courageusement **défendus contre** l'ennemi.

détruire quelqu'un ou quelque chose: *to destroy someone or something* ≠ **construire quelque chose:** *to build something*   L'ennemi **a** complètement **détruit** cette ville. On est encore en train de **construire** de nouveaux bâtiments.

tuer quelqu'un: *to kill someone*   À ton avis, peut-on **tuer** son agresseur pour se défendre?

la lâcheté: *cowardice* ≠ **le courage, l'héroïsme:** *courage, heroism*   Quelquefois les pacifistes sont accusés de **lâcheté** parce qu'ils refusent de faire la guerre.

lâche: *cowardly* ≠ **courageux/courageuse:** *courageous*

le héros/l'héroïne: *hero, heroine*

MISE EN ŒUVRE DU VOCABULAIRE

A. Exprimez l'idée contraire en remplaçant les expressions en italique.

  Modèle: Nous *oublions* facilement les moments difficiles de la vie.

  Nous **nous souvenons** facilement **des** moments difficiles de la vie.

  Nous **nous rappelons** facilement les moments difficiles de la vie.

   1. Si l'armée continue à *gagner* des batailles, elle *remportera une victoire* certaine.
   2. Elle *était fière* en voyant les résultats de son examen.
   3. Benedict Arnold est célèbre parce qu'il *est resté fidèle à* son pays.
   4. C'est *l'humilité* du candidat qui fait que je *ne le trouve pas convaincant*.
   5. À quoi bon penser tout le temps *au passé?*
   6. C'est *courageux* de refuser de faire la guerre.

B. Remplacez les tirets par des expressions de la liste de vocabulaire.

  En 1812 les États-Unis déclarent _____ à l'Angleterre. Les Américains ne peuvent pas _____ la ville de Washington contre l'ennemi et les Anglais _____ beaucoup de bâtiments publics. Le Fort McHenry _____ la ville de Baltimore contre _____ . Alors, les Anglais l'attaquent. Captif sur un bâteau ennemi, Francis Scott Key regarde pendant toute la nuit le bombardement de la ville. À l'aube *(at dawn)*, il voit que les Américains n'ont pas capitulé. Key n'est pas poète mais il est si _____ par la vue du drapeau américain qu'il compose un poème patriotique _____ auquel on donne le titre «La Bannière étoilée». Les deux adversaires _____ pendant plus de deux ans avant de signer le traité de _____ en décembre 1814. Si les États-Unis ne _____ pas, ils ne _____ pas non plus. «La Bannière étoilée» devient l'hymne national en 1931. Elle exprime _____ que le peuple américain sent pour _____ .

C. *Travail en petits groupes.*

Posez les questions les un(e)s aux autres.

Modèle: —De quoi es-tu fier (fière)?

    —**Je suis fier (fière) de ma nouvelle voiture.**

1. De qui ou de quoi est-ce que tu te méfies?
2. Es-tu orgueilleux/orgueilleuse?
3. Est-ce que les gens qui ont un revolver à la maison sont lâches ou courageux?
4. Quels sont tes héros et tes héroïnes?
5. Fais-tu confiance au Président?
6. Est-ce que la grandeur des États-Unis a diminué?
7. Trouves-tu l'hymne national émouvant?
8. Quelles opinions partages-tu avec la majorité des Américains?

D. Complétez le paragraphe suivant à l'aide des expressions données:

se souvenir   un souvenir
se rappeler   une mémoire

Il est bien vrai que les vieux _____ mieux de leur enfance que de la semaine passée. Ma grand-mère, par exemple, n'a plus très bonne _____ . Des fois elle _____ à trois heures de l'après-midi qu'elle a oublié de déjeuner. Mais chaque fois que je vais la voir, elle me raconte des histoires passionnantes de sa jeunesse. Bien des années ont passé et elle ne _____ pas tous les détails. Parfois elle ne _____ pas des noms des gens. Mais ces _____ lointains sont encore très vifs. Elle me répète souvent: « _____-toi de tout ce que je te dis. C'est ton héritage.» Je _____ toujours de ma grand-mère avec beaucoup d'affection.

E. Complétez les phrases de façon logique. Le deuxième verbe est au conditionnel. Vous êtes libre d'employer votre imagination.

Modèle: Si les gouvernements voulaient vraiment la paix, . . . **il n'y aurait pas de guerre froide.**

1. Si la pollution ne détruisait pas l'environnement, . . .
2. Si nos diplomates trahissaient la patrie, . . .
3. Si nous ne croyions pas au système capitaliste, . . .
4. Si les soldats refusaient de tuer l'ennemi, . . .
5. Si l'on remportait une victoire sur la misère dans le monde, . . .
6. Si les Russes envahissaient la Chine, . . .

F. *Travail collectif: Qu'est-ce que les Américains partagent?*

«Les hommes sentent dans leur cœur qu'ils sont un même peuple lorsqu'ils ont une communauté d'idées, d'intérêts, d'affections, de souvenirs et d'espérances. Voilà ce qui fait la patrie.» *(Fustel de Coulanges)*

(a) Dressez une liste de toutes les choses que les Américains ont en commun.

Modèle: La plupart des Américains aiment **la tarte aux pommes/le football/la dinde** (*turkey*), etc.

1. La plupart des Américains associent _____ aux États-Unis.
2. La plupart des Américains croient à _____ .
3. La plupart des Américains pensent que _____ .
4. La plupart des Américains s'intéressent à _____ .
5. La plupart des Américains espèrent _____ .
6. La plupart des Américains se souviennent _____ .
7. La plupart des Américains ont honte de _____ .
8. La plupart des Américains sont fiers de _____ .
9. La plupart des Américains savent que _____ .
10. La plupart des Américains sont irrités quand _____ .

(b) Comparez vos réponses en classe. Quelles phrases ont provoqué le plus de réponses différentes? le moins de réponses différentes?

«La Patrie c'est ce qu'on aime»

«Une Certaine Idée de la France»

A propos du mémorialiste: Au moment de la défaite de 1940 le **Général Charles de Gaulle** (1890–1970) prend une décision historique. Il s'exile à Londres, où il crée le Mouvement de la France Libre, et appelle ses compatriotes à lutter contre le fascisme. Pendant trente années, ce héros de la Deuxième guerre et fondateur de la Cinquième République se fait le porte-parole (*spokesman*) de son pays—en exil comme à la tête du gouvernement (1944–46, 1958–69). De Gaulle est connu pour sa politique de la grandeur basée sur la conviction que «la France n'est réellement elle-même qu'au premier rang.» Pendant sa présidence, cette vision lui fait affirmer l'indépendance de la France face aux superpuissances que sont les États-Unis et l'Union Soviétique. De Gaulle propose pour son pays un rôle international unique qui consiste à établir et à aider la coopération et la cause de la paix dans le monde. Le premier volume de ses *Mémoires de guerre* (1954) commence par ce passage.

Toute ma vie, je *me suis fait* une certaine idée de la   ici, *have had*
France. Le sentiment me l'inspire aussi bien que la raison. Ce

Charles de Gaulle, Président de la Cinquième République de 1958 à 1969.

qu'il y a, en moi, d'affectif[1] imagine naturellement la France, telle la princesse des *contes* ou la *madone* aux fresques des murs, comme vouée à[2] une destinée éminente et exceptionnelle. J'ai, d'instinct, l'impression que la Providence l'a créée pour des succès *achevés* ou des malheurs exemplaires. *S'il advient que* la médiocrité *marque*, pourtant, ses *faits et gestes*, j'en *éprouve* la sensation d'une absurde anomalie, imputable aux[3] fautes des Français, non au génie de la patrie.[4] Mais aussi, le côté positif de mon esprit me convainc que la France n'est réellement elle-même qu'au premier *rang;* que, seules de vastes entreprises sont susceptibles de compenser les ferments de dispersion[5] que son peuple porte en lui-même; que notre pays, tel qu'il est,[6] *parmi* les autres, tels qu'ils sont, doit, sous

fables / *Madonna*

parfaits
Si / limite / actions
feel

rank, *place*

among

1. **d'affectif:** *of an emotional nature*
2. **comme vouée à:** *as destined for*
3. **anomalie, imputable aux:** *abnormality, attributable to the*
4. **génie de la patrie:** *national character*
5. **susceptibles de compenser les ferments de dispersion:** *able to compensate for the tendancy toward factionalism*
6. **tel qu'il est:** *such as it is*

*Le 28 Juillet, La Liberté
conduisant le peuple aux
barricades* (1830), tableau
d'Eugène Delacroix

peine de danger mortel, viser haut et se tenir droit.[7] Bref, *à
mon sens*, la France ne peut être la France sans la grandeur.

à mon avis

Cette *foi* a grandi en même temps que moi dans le milieu où je suis né. Mon père, homme de pensée, de culture,
de tradition, était imprégné du sentiment de la dignité de la
France. Il m'en a découvert l'Histoire. Ma mère portait à la
patrie une passion intransigeante à l'égal de sa piété religieuse.
Mes trois frères, ma sœur, moi-même, avions pour seconde
nature une certaine fierté anxieuse au sujet de notre pays.

faith

Extrait des *Mémoires de guerre*

7. **viser haut et se tenir droit:** *set high goals and stand proud*

COMPRÉHENSION DU TEXTE

1. Comment est-ce que le Général personnifie la France?
2. Comment voit-il la destinée de la France?
3. Qui ou qu'est-ce qui contrôle cette destinée?
4. Comment est-ce que de Gaulle explique la «médiocrité» de son pays?
5. Quel contraste est-ce qu'il établit entre le peuple français et le génie de la patrie? Est-ce que ce contraste vous semble logique? illogique? Pourquoi?
6. Que doit faire la France selon de Gaulle? Pourquoi?

7. Comment est-ce que les parents de de Gaulle ont influencé son attitude envers la France?
8. Quel rapport est-ce qu'il établit entre patriotisme et religion?
9. À votre avis, quelles sont les idées essentielles de ce passage?
10. Comment est-ce que l'orgueil national de de Gaulle se manifeste?
11. Comparez les deux femmes mentionnées au début du passage. Pourquoi sont-elles exceptionnelles? Quelles associations évoquent-elles chez vous?
12. De Gaulle dit que le sentiment et la raison inspirent son idée de la France. Est-ce que sa vision vous semble surtout subjective ou objective? Expliquez.

ACTIVITÉ

Quelle idée est-ce que vous vous faites des États-Unis?
1. Quelles figures allégoriques ou quels personnages historiques est-ce que vous associez aux États-Unis? (Par exemple, la statue de la Liberté, Buffalo Bill, etc.)
2. Quelles valeurs est-ce que vous associez à ces figures et à ces personnages?
3. Pensez-vous que les États-Unis ont accompli de «vastes entreprises»? Ont-ils connu des «succès achevés» ou des «malheurs exemplaires»? Si oui, lesquels?
4. Comparez votre idée des États-Unis à l'idée que de Gaulle se fait de la France. Sont-elles très différentes? très similaires? Expliquez.

Le Patriotisme est-il une vertu de paix?

À propos du baccalauréat: À dix-huit ans, Annie-Marguerite passe avec grand succès son **baccalauréat.** Rite de passage qui marque la fin des études secondaires, le bac permet de faire des études universitaires. Des programmes d'études secondaires très spécialisés mènent à 28 bacs différents. L'examen de français, qui a lieu un an avant la fin des études secondaires, se compose d'une partie orale et d'une partie écrite de quatre heures. Pour l'écrit, l'élève a le choix entre trois types de sujets: (1) résumé ou analyse plus discussion d'un texte (2) commentaire personnel d'un texte ou (3) essai qui examine une question générale ou une citation. Un Français sur quatre réussit au bac. Les notes vont de 1 à 20, mais les notes supérieures à 16 sont très rares.

Sujet de baccalauréat

Pensez-vous, comme un moraliste contemporain, que «le patriotisme est une vertu de paix autant qu'une vertu de guerre»? Quelles sont à votre avis les manifestations de ce patriotisme pacifique?

Guide pratique sur les différénts bacs

Copie d'Annie-Marguerite Garnier (18 ans)

Essai

Dans l'histoire du monde *bien des* crimes ont été commis au nom du patriotisme, bien des violences ont été faites pour l'amour d'une terre.

beaucoup de

Et pourtant si l'on considère les effets de cette forme d'attachement à un pays, on découvrira que bien loin de contribuer au bonheur de la patrie pour laquelle on a combattu, la guerre n'a apporté que[1] destructions matérielles, désespoir et scepticisme. C'est ainsi que[2] l'on peut dire que le véritable «patriotisme est autant une vertu de paix qu'une vertu de guerre» et que l'on manifeste vraiment son amour pour une patrie en essayant de lui donner un bonheur fait de *mesure* et de respect pour les hommes qui en font partie.[3] (. . .)

modération

Loin d'être le sentiment fanatique *d'appartenir à* un même sang, à une même race supérieure, et de justifier ainsi toute violence dictée par l'orgueil, le patriotisme est plutôt la joie d'appartenir à une communauté avec laquelle on partage

of belonging to

1. **n'a apporté que:** *only brought*
2. **C'est ainsi que:** *That is why*
3. **qui en font partie:** *who belong to it*

des souvenirs, tout un passé culturel, une communauté d'hommes qui cherchent une vérité qui soit universelle et qui veulent construire un avenir ensemble.

Un homme manifestera son attachement à sa patrie en luttant de tout son être pour que la guerre soit évitée, [4] pour que les conditions de vie de ses *concitoyens s'améliorent*.(. . .)   *fellow citizens improve*

Les qualités des hommes pourront être utilisées non pas en vue de combats astucieux mais plutôt pour transformer l'économie, développer les surfaces cultivées, exploiter les sources d'énergie d'une manière plus rationnelle; enfin, la vie humaine pourra être *délivrée de* certaines maladies *grâce au*   *freed from / thanks to* travail *fructueux* des chimistes, des *savants*. Bien plus, la paix   profitable / scientists entre les peuples permettra une collaboration bénéfique quant aux[5] découvertes scientifiques. (. . .)

Le patriote condamnera donc toutes les mystiques du sacrifice au nom du sang, de la race, toutes ces fausses entités. Accepter de mourir pour une abstraction qui ne renvoie à rien de[6] réel, tel que la supériorité d'une race sur une autre, n'a pas de sens. Seul l'homme en a. Une lutte qui *entraîne* la   cause destruction de l'homme est donc absurde. (. . .)

Le véritable patriotisme consistera à donner à une nation des conditions de vie satisfaisantes, à enrichir son *patrimoine*   *héritage* artistique; bien loin d'être un désir inconsidéré d'expansion il se manifestera plutôt dans les efforts faits par un peuple pour maintenir la paix et *entretenir* avec les peuples voisins des   *maintenir* relations cordiales, des *échanges* à des niveaux économiques,   *exchanges* scientifiques et culturels. De la sorte, par la solidarité, les hommes amélioreront-ils leur condition en se respectant mutuellement. Et si un jour il faut prendre les armes pour défendre un peuple attaqué, ce sera avec l'idée de lutter pour une cause juste et de *tenter* de *sauvegarder* des valeurs de   *essayer / défendre* justice et de paix menacées.

Appréciation du professeur

Le sujet est traité de façon intelligente, avec des exemples intéressants. L'expression est excellente. NOTE: 18 sur 20.

Extraits des «Meilleures copies du baccalauréat,» *Le Figaro Littéraire*

4. **en luttant de tout son être pour que la guerre soit évitée:** *by fighting for all he's worth to avoid war*

5. **bénéfique quant aux:** *beneficial in the area of*

6. **ne renvoie à rien de:** *does not correspond to anything*

COMPRÉHENSION DU TEXTE

1. Que pense Annie-Marguerite de la guerre menée au nom du patriotisme? Pourquoi?
2. En quoi consiste le vrai patriotisme, selon Annie-Marguerite? Dressez une liste des différents exemples qu'elle donne dans l'essai pour illustrer ce patriotisme. Trouvez aussi les synonymes du mot *patriotisme* qu'elle emploie.
3. Dans son essai, Annie-Marguerite oppose le bonheur à _____ , la communauté à _____ , les efforts pour améliorer la vie à _____ , les efforts pour maintenir la paix à _____ .
4. D'après Annie-Marguerite, dans quelles circonstances a-t-on le droit de faire la guerre?
5. À votre avis, lesquels des adjectifs suivants décrivent son concept du patriotisme? Expliquez.

   humaniste   idéaliste
   pacifiste   aggressif
   simpliste   égoïste
6. Lesquelles des idées exprimées dans cet essai ressemblent le plus aux vôtres? Lesquelles sont les plus différentes des vôtres?
7. Évaluez l'art de son essai: Quelle est la progression des idées dans l'essai? Y a-t-il une introduction, un développement, et une conclusion? Est-ce que le style vous semble plutôt concret ou abstrait? En général, êtes-vous convaincu(e) par la logique de son argument? Expliquez.

ACTIVITÉS

A. *Répondez aux questions suivantes.*
   1. Est-ce que tu es pacifiste? Pourquoi?
   2. A-t-on le droit de mener des guerres non-déclarées? Y participerais-tu?
   3. Avec quels pays est-ce que les États-Unis maintiennent des relations cordiales? Avec quels pays est-ce que nos relations ne sont pas bonnes? (Considérez par exemple, le Japon, le Canada, Cuba, l'U.R.S.S., le Mexique, l'Égypte, l'Iran, le Viêtnam, la Chine populaire, Israël.)
   4. Mène-t-on des guerres dans le monde aujourd'hui? Si oui, est-ce que ce sont des guerres déclarées ou non-déclarées? Sais-tu pour quelles raisons ces pays ou ces peuples se battent? Trouves-tu qu'ils luttent pour des causes justes?

B. En France, la note est basée sur l'orthographe (*spelling*), la ponctuation, l'expression, les idées, et l'organisation. D'après votre expérience, quelle est l'importance accordée à ces facteurs aux États-Unis? Y a-t-il d'autres critères chez nous? Quels critères vous semblent les plus importants? Lesquels vous semblent les moins importants? Pourquoi?

«Nos Ancêtres les Gaulois[1]»

À propos de la bande dessinée[2]: ***Astérix*** est le fruit d'une longue collaboration entre l'humoriste René Goscinny (1926–1977) et le dessinateur Albert Uderzo (né en 1927). Cette bande dessinée connaît un succès fou depuis la publication d'*Astérix le Gaulois* en 1959. Les aventures de ces «ancêtres gaulois» ne cessent d'amuser les Français de tous âges. Les albums ont été traduits en 21 langues étrangères, y compris le basque. Goscinny et Uderzo exploitent de façon humoristique l'héritage historique et culturel des Français. *Astérix le Gaulois*, par exemple, évoque les occupations romaine et allemande; *Le Tour de Gaule d'Astérix* transforme la célèbre course cycliste en une tournée gastronomique. Voici le début de la première aventure d'*Astérix le Gaulois*.

1. **«Nos Ancêtres les Gaulois»:** *"Our Ancestors, the Gauls"*

2. **bande dessinée:** *comic strip*

CLÉ DES NOMS PROPRES

Astérix = astérisque: *asterisk (*)*

Babaorum = baba au rhum: *sponge cake soaked in rum sauce*

Obélix = obélisque: *obelisk*

Petitbonum = petit bonhomme: *little man*

3. **vaincus** (inf., vaincre): *defeated*
4. **guerrier . . . qui va s'adonner à:**
   warrior . . . who is about to engage in
5. **Je serai de retour:** *I will return*
6. **y perdent leur latin!:** *don't understand a thing!*

7. **patrouille:** *patrol*
8. **j'ai assommé:** *I knocked out*
9. **menhirs à livrer:** *menhirs to deliver (huge*

stones still standing in circles and lines whose significance remains unclear)

10. **se fâcher, ils vont lancer:** *get angry, they are going to launch*
11. **cueillir le gui avec sa serpe d'or:** *pick mistletoe with his golden sickle*
12. **Tu m'as fait sursauter.:** *You startled me.*

13. **décuple les forces du consommateur:**
    greatly increases the strength of the drinker
14. **recette:** *recipe*
15. **se perd dans la nuit des temps:** *dates from*
    time immemorial
16. **la marmite étant bébé:** *the pot when you*
    were a baby
17. **me serrer la main:** *to shake my hand*

COMPRÉHENSION DU TEXTE

1. À quelle époque est-ce que cette histoire a lieu?
2. Trouvez l'image où les Germains parlent français et faites les changements d'orthographe nécessaires pour normaliser leur français.
3. Quel est le problème de César?
4. Que fait Astérix pendant son absence du village?
5. Quelle est la réaction de Caius Bonus en voyant sa patrouille?
6. Trouvez-vous l'image où ses soldats lui répondent comique? Pourquoi?
7. Quelle hypothèse trouve Caius pour expliquer la défaite de sa patrouille?
8. Quel est le secret des Gaulois?
9. Pourquoi est-ce qu'Astérix et Obélix vont voir Panoramix? Quel est son métier?
10. Quelle est la recette de la potion? À quel aspect bien connu de la culture française est-ce que les auteurs font allusion ici?
11. Décrivez Astérix, Obélix, Panoramix et les Romains (leur aspect physique, leur personnalité, leurs habitudes).
12. Trouvez des exemples de situations comiques et d'exagérations humoristiques dans cette bande dessinée.

ACTIVITÉS

A. Décrivez votre image préférée. Voici quelques expressions utiles:

L'image se trouve **à droite/à gauche.**

L'image se trouve
$\left\{\begin{array}{l} \textbf{en haut} \\ \textbf{au milieu} \\ \textbf{au bas} \end{array}\right\}$
de la page.

$\left.\begin{array}{l} \textbf{En haut} \\ \textbf{Au milieu} \\ \textbf{Au bas} \\ \textbf{Au fond } (in\ the\ background) \end{array}\right\}$
de l'image
$\left\{\begin{array}{l} \text{il y a.} \ldots \\ \text{on voit.} \ldots \end{array}\right.$

le personnage: *character*
la bulle: *balloon*

B. L'humour «neutralise» ce qui fait peur aux gens. Quelles peurs seraient neutralisées par cette bande dessinée? Comment? À votre avis, est-ce que cette bande dessinée fait appel aux sentiments patriotiques des Français? Expliquez.

C.

Imaginez une courte aventure d'Astérix et d'Obélix (environ 100 mots) qui se termine par cette image. Que font-ils ici? Que disent-ils? Qu'est-ce qu'ils viennent de faire? Quels étaient leurs problèmes?

La Marseillaise

À propos de l'hymne national: Rouget de Lisle, jeune capitaine, compose «**La Marseillaise**» en 1792, pendant la Révolution. Chantée d'abord par les soldats du bataillon de Marseille qui marchent sur Paris pour défendre la capitale contre les armées ennemies, la chanson devient vite populaire. Elle remplace le *Te Deum* chanté aux occasions officielles et devient l'hymne national de la Première République en 1795, puis de la Troisième République en 1879. Aujourd'hui, on en chante seulement les deux premiers couplets et le refrain que voici.

MISE EN ŒUVRE PRÉLIMINAIRE: VOCABULAIRE/GRAMMAIRE

A. Remplacez les tirets en employant *un impératif.* Choisissez parmi les verbes donnés.

accourir: *to hurry*	**soutenir:** *to support*	**combattre:** *to fight*
conduire: *to drive; to guide*	**former**	**marcher**

Modèle: J'ai vu un agent de police. <u>Conduis/Conduisez</u> plus lentement.
  1. Les troupes sont en danger. _____ les aider!
  2. Martine, ce garçon cherche le métro. _____ -le jusqu'au coin.
  3. Je me sens faible. _____ -moi!
  4. Nous allons danser une danse folklorique. D'abord _____ deux cercles.
  5. Cet enfant a perdu son chemin. _____ -le à un agent de police.
  6. Mes amis, les élections approchent. _____ l'inflation en votant pour Michel Debré.

B. Donnez l'équivalent français des exclamations suivantes, en employant *un subjonctif.*

Modèle: (May) God bless you! <u>Que Dieu vous **bénisse!**</u>
1. May our enemies lose! _____ !
2. May the best man win! _____ !
3. May our homeland prosper! _____ !
4. Let freedom triumph! _____ !

La Marseillaise

Allons enfants de la patrie,
Le jour de gloire est arrivé!
Contre nous de la tyrannie
L'étendard sanglant[1] est levé! (bis)[2]
Entendez-vous dans les campagnes,
Mugir[3] ces féroces soldats?
Ils viennent jusque dans nos bras
Égorger[4] nos fils, nos compagnes!

Refrain
Aux armes, citoyens!
Formez vos bataillons!
Marchons! Marchons!
Qu'un sang impur
Abreuve nos sillons![5]

Amour sacré de la patrie,
Conduis, soutiens nos bras vengeurs![6]
Liberté, Liberté chérie,
Combats avec tes défenseurs! (bis)
Sous nos drapeaux, que la victoire
Accoure à tes mâles[7] accents!
Que tes ennemis expirants
Voient ton triomphe et notre gloire!

Le défilé[8] du 14 juillet

(Refrain)

1. de la tyrannie/L'étendard sanglant: *the tyrants' bloody flag*
2. bis: *repeat*
3. Mugir: *Bellow*
4. Égorger: *Slit the throats of*
5. Qu'un sang impur/Abreuve nos sillons!: *May tainted blood drench our fields!*
6. vengeurs: *avenging*
7. mâles: *manly*
8. défilé: *parade*

COMPRÉHENSION DU TEXTE

1. À qui s'adresse cette chanson?
2. Pourquoi est-ce que la patrie est en danger?
3. Comment est-ce que le compositeur crée l'impression de danger?
4. Dressez une liste des impératifs et indiquez le sujet de chaque impératif.
5. Quels principes sont appelés à aider la cause française?
6. Dressez une liste des images violentes. Qui accomplit les actes de violence?
7. Comment est-ce que le compositeur crée chez les Français le sentiment de leur supériorité? de leur solidarité?
8. Sous quelles conditions est-ce qu'Annie-Marguerite accepte la guerre («Le patriotisme est-il une vertu de paix?»)? À votre avis, accepterait-elle les mobiles de combat qui sont présentés dans son hymne national? Pourquoi?

ACTIVITÉ

Répondez aux questions suivantes.
1. Connaissez-vous les paroles de «La Bannière étoilée» et d'autres chansons patriotiques? Si oui, comment est-ce que vous les avez apprises? Pensez-vous qu'il est important de les connaître? Pourquoi?
2. À quelles occasions joue-t-on l'hymne national?
3. Quand vous chantez ou écoutez «La Bannière étoilée» ou d'autres chansons patriotiques, quels sont vos sentiments? Dépendent-ils de l'occasion? Êtes-vous fier (fière)? ému(e)? mal à l'aise? Avez-vous l'impression de participer à un rite qui ne vous regarde pas? qui vous rapproche des Américains?

J'm'en fous d'la France[1]

À *propos du chanteur: **Maxime le Forestier*** (né en 1949), compositeur et chanteur de chansons à la Bob Dylan, naît dans une famille bourgeoise et étudie la musique depuis l'âge de sept ans. Après son service militaire, il débute modestement, chantant à la terrasse des cafés. Bien qu'il triomphe aujourd'hui, le succès a peu changé Maxime le Forestier. Il impose un credo égalitaire aux promoteurs: pas de places chères dans les salles où il chante. Cheveux et barbe longs, l'air d'un vagabond, le Forestier ne cesse de donner voix à sa philosophie de la non-violence, condamnant le militarisme, la police, les institutions, la société de consommation. La chanson suivante, écrite par Marianne Sergent, joue sur la devise (*motto*) de la République française, «Liberté, Égalité, Fraternité».

> Refrain
> J'men fous d'la France
> On m'a menti
> On a profité d'mon enfance
> Pour me faire croire à une patrie

---

1. **J'm'en fous d':** *I don't give a damn about (vulg.)*

J'demande à voir la liberté
La liberté qui était marquée
Sur le portail[2] de mon école
Liberté de chanter
Mais attention
Sorti de l'atelier[3]
Liberté de voir
Les conneries
Débitées dans France foire[4]
Liberté de penser
La même chose que la majorité

(Refrain)

J'demande à voir l'égalité
L'égalité qu'était gravée
Sur le fronton de la mairie[5]

2. **marquée/Sur le portail:** *engraved over the door*
3. **l'atelier:** *studio, workshop*
4. **Les conneries/Débitées dans France foire:** *the crap dished out in this crazy country (vulg.)*
5. **le fronton de la mairie:** *the front wall of the town hall*

Égaux ta femme et toi
Mais pas la paie de fin de mois[6]
Égaux toi et ton fils
Quand il aura fait son service[7]
Égaux les hommes et toi
Mais s'ils sont plus grands, t'as pas le choix

(Refrain)

J'voudrais voir la fraternité
La fraternité racontée
Dans le linteau[8] de cette église
Fraternel, dans les mœurs
Mais en tenant compte de[9] la couleur
Fraternel avec celui
Qu'a pu apprendre à dire merci
Fraternel, on est tous frères
Mais à la guerre comme à la guerre[10]

J'men fous d'la France
On m'a menti
On a profité d'mon enfance
Pour me faire croire à des conneries.

Marianne Sergent, Éditions de la Misère

6. **la paie de fin de mois:** *monthly paycheck*
7. **aura fait son service:** *has served in the army*
8. **linteau:** *lintel*
9. **en tenant compte de:** *taking into account*
10. **à la guerre comme à la guerre:** *you have to make the best of things*

COMPRÉHENSION DU TEXTE

1. Complétez les phrases suivantes en vous référant à la chanson.
   a. Le compositeur critique la France parce que _____ .
   b. Les trois principes que l'enfant a appris à associer à sa patrie sont
      _____ .
   c. Les endroits publics où l'on peut «voir» ces principes sont _____ .
   d. Les institutions ou les personnes qui ont probablement été responsables de l'instruction civique de l'enfant sont _____ .
   e. Les injustices que la chanson dénonce sont _____ .
   f. Dans la deuxième strophe, le chanteur s'adresse à _____ .
2. Lesquels des adjectifs suivants décrivent les Français selon le compositeur? Expliquez.

racistes	sexistes	conformistes
hypocrites	violents	cyniques
conservateurs	serviles	condescendants

3. Analysez le langage de la chanson.
    a. Comment est-ce que la dernière répétition du refrain est changée? Quel est l'effet de cette substitution?
    b. Quelles expressions montrent le désappointement et l'hostilité du compositeur?
    c. Trouvez les endroits où l'orthographe (*spelling*) imite le français parlé. Réécrivez ces endroits en français écrit correct.
    d. Dressez une liste des idées, des expressions et des structures grammaticales qui évoquent (a) la passivité; (b) l'activité. Qui est actif? Qui est passif? Est-ce qu'une impression d'activité ou de passivité domine? Pourquoi?
4. Certaines gens pourraient trouver cette chanson choquante. Expliquez cette réaction. Que pensez-vous de la chanson?
5. Comparez l'idée que de Gaulle se fait de la France («Une certaine idée de la France») et l'idée exprimée ici.

ACTIVITÉS

A. Écoutez-vous des chansons de contestation (*protest songs*)? Si oui, lesquelles? Est-ce que les chansons de contestation sont populaires de nos jours? Y en a-t-il qui vous ont influencé(e)? Pourquoi? Quels sont les chanteurs et compositeurs américains qui sont connus pour leurs chansons de contestation? Connaissez-vous une chanson de contestation qui attaque la rhétorique patriotique américaine? Les chansons de contestation sont-elles purement négatives ou jouent-elles un rôle positif dans la société?

B. Quels principes avez-vous appris à associer aux États-Unis? Où les avez-vous appris? Comment? Est-ce que votre expérience personnelle confirme ou contredit ces principes appris? Expliquez. Discutez, par exemple, la tolérance religieuse, la libre entreprise, la protection des pauvres et des faibles, la justice pour tous, etc.

C. Quand on est enfant, on se fait une certaine idée de la vie des adultes. En passant de l'enfance à l'âge adulte, quelles étaient pour vous les plus grandes désillusions? Étaient-elles d'ordre politique et social comme celles que chante le Forestier, ou plutôt d'ordre personnel? Dans quelle mesure est-ce que le monde adulte vous offre des sources de satisfaction dont vous n'étiez pas conscient(e) pendant l'enfance (l'indépendance, certaines responsabilités et certains plaisirs, etc.)?

Les Années noires

«Les Anciens Maquisards d'Auvergne»[1]

À *propos du film: **Le Chagrin et la pitié*** (1969) est un documentaire qui fait revivre l'atmosphère de l'Occupation de la France et de la Résistance. Pour montrer les réactions du Français moyen face à cette crise, les cinéastes ont interviewé de nombreux témoins (*witnesses*). Le film nous fait entendre, parmi beaucoup d'autres, la voix d'un chef du maquis, d'un fasciste français, et d'un homme politique. Cette image de «la France des années noires» est fort différente de la version officielle qui insiste beaucoup sur l'héroïsme des résistants. À sa sortie en 1971, le film provoque de vives controverses. Son directeur, **Marcel Ophuls** (né en 1927; *A Sense of Loss, Mémoires de Justice*), s'intéresse vivement au sujet. Français naturalisé d'origine allemande, il vient en France pour fuir Hitler, puis est obligé de s'enfuir à nouveau aux États-Unis.

Les témoins dans la scène suivante sont Émile Coulaudon, alias «colonel Gaspar,» ancien chef des maquis d'Auvergne, et M. Leiris, ancien résistant en Auvergne.

1. **Les Anciens Maquisards d'Auvergne:** *former underground fighters from Auvergne* *(central France). Pétain's collaborationist government was at Vichy, in Auvergne.*

Louis Grave, ancien résistant, un des témoins interviewés dans *Le Chagrin et la pitié*.

ÉMILE COULAUDON, *alias* **COLONEL GASPAR.** Moi la chose qui
m'*effare*, c'est quand je parle à des gens, qu'on sait
pertinemment qu'ils étaient plutôt avec Pétain . . . ben
tous ils me racontent ce qu'ils ont fait pour la Résistance.
Ils ont tous fait quelque chose, tous ils trouvent quelque
chose . . . Il y a des fois que c'est *invraisemblable:* «Mais
vous savez, monsieur Gaspar, si vous saviez, nous autres,
vous savez, moi-même si je vous disais ce que j'ai
fait . . .» Vas-y *Toto*, allez, raconte ta vie. *(il rit.)* Moi
je veux pas *me vexer*. Je suis marchand de postes de
T.S.F.[2] et de téléviseurs, je veux les vendre, moi, mes
téléviseurs. Je suis payé par une *maison*, pas pour faire
de la politique ni pour séparer les gens, donc je suis
obligé quelquefois de subir la chanson[3] . . . On en a les
larmes aux yeux *par moment* quand il vous dit: «Voyez
dans ce *tiroir*, là . . . Dis . . .»—le *gars* appelle sa
femme—«Viens voir là, dis que c'est vrai qu'il y avait un
revolver là, qu'était prêt là.» La femme dit: «Oh
oui . . . et puis il me faisait bien assez peur, vous savez,
mais il avait dit, il sera là *cui-là*, s'ils viennent on fera
ce qu'il faudra.» *(il rit.)* Seulement ils ont jamais fait ce
qu'il faudrait. Toute l'histoire est là! (. . .)
    M. Leiris, maire de Combronde, réagit.

M. L. Il n'y a qu'une chose que tu ne dis pas, c'est que *lorsque*

Margin glosses: stupéfie / for a fact / incroyable / Louse / me fâcher / compagnie / tears / quelquefois / drawer / guy / celui-là / quand

---

2. postes de T.S.F.: *radios*

3. subir la chanson: *to listen to the whole number*

«. . . Nous avons quand même eu, en fin de compte, dix mille hommes armés . . .»

de Gaulle, de Londres, a envoyé à tous les officiers français . . . les *pantouflards* qui étaient par là, l'ordre de rejoindre les maquis, s'ils l'avaient fait, ça . . . ça, peut-être, aurait évité des erreurs . . . il faut bien dire des erreurs, à la Résistance, . . . des erreurs à des *gamins* qui se cachaient dans les bois pour ne pas aller avec les Allemands, pour ne pas aller travailler là-bas,[4] qui étaient patriotes cent pour cent et qui se sont fait tuer sur toutes les routes de France. Je considère qu'à ce moment, s'ils avaient été encadrés[5] par des officiers français, qui se chauffaient les doigts de pieds[6] pendant que la République payait . . . (*protestations diverses et rires.*) Ah! . . . faut pas dire que ce n'est pas vrai! J'en connais . . . et j'en connais beaucoup.

stay-at-homes

kids

É. C. Ben *justement* . . .

just so

M. L. (*le coupant*) Oui, j'en connais beaucoup qui sont restés chez eux tranquillement. (*singeant un interlocuteur.*[7]) «Oh . . . je ne savais pas! . . .» Et je leur ai posé des questions *à l'époque*: «Mais mon vieux, pourquoi n'avez-vous pas fait comme *les copains*?» (*singeant à nouveau.*) «Oh ben, je ne savais pas où qu'il fallait passer pour[8] la résistance. Je ne savais pas . . . je ne savais pas . . . » (il *hausse les épaules.*) Ils ne savaient pas! Alors, moi, je savais comment! Moi, qui suis un pauvre couillon d'ici,[9] moi, je savais! . . . Mais les autres ne savaient pas! (. . .) Il y a une chose qu'on oublie trop souvent: les Allemands, les nazis, d'accord, mais les Français, est-ce qu'y en a qui *valaient mieux* que des nazis?

l'interrompant

at the time
ici, les autres

shrugs

were better

É. C. Arrête!

M L. Moi, j'ai fait fusiller une vieille,[10] là, qui avait soixante ans, qui m'avait vendu à la Gestapo pour des sous. Pour des sous, monsieur, et mon fils aussi, pour nous faire fusiller.

É. C. Ceux qui, en Auvergne, dans un pays où nous avons été des imprudents, comme en Bretagne, comme dans le Vercors,[11] comme partout, celui qui voulait vraiment trouver une *filière* de la Résistance n'avait pas beaucoup de peine, croyez-moi, s'il avait vraiment envie de se

network

---

4. **là-bas:** *there,* i.e., *in Germany*
5. **encadrés:** *trained and led by*
6. **se chauffaient les doigts de pieds:** *were warming their feet*
7. **singeant un interlocuteur:** *mimicking someone speaking to him*
8. **où qu'il fallait passer pour:** *how to join*

9. **pauvre couillon d'ici:** *poor bastard from these parts (fam.)*
10. **fait fusiller une vieille:** *had an old woman shot*
11. **comme en Bretagne, comme dans le Vercors:** *The Resistance was very strong in both Brittany and Vercors.*

battre, bien entendu ou même de lutter d'une façon
clandestine, sans être obligatoirement un homme de
corps franc.[12] (. . .) Notre *but* n'a jamais été d'être une   *goal*
armée face à une armée. Pourtant *il s'est trouvé*, par   *it happened*
l'enthousiasme qui n'a cessé de monter, que nous avons
quand même eu, *en fin de compte*, dix mille hommes   *à la fin*
armés . . .

   Extraits du Chagrin et la pitié, *L'Avant-scène du cinéma*

12. un homme de corps franc: *an underground fighter*

COMPRÉHENSION DU TEXTE

1. Qu'est-ce que Gaspar critique chez les anciens Pétainistes?
2. Quel est le métier de Gaspar à présent?
3. Pourquoi ne proteste-t-il pas quand il entend les histoires invraisemblables
   de certains clients? Le trouvez-vous hypocrite? lâche? raisonnable?
4. Qu'est-ce qu'un de ses clients dit avoir eu dans son tiroir à l'époque de
   l'Occupation?
5. Substituez un nom logique au pronom en italique: La femme dit: «Oh
   oui . . . et puis (*il*) _____ me faisait bien assez peur, vous savez, mais (*il*)
   _____ avait dit, (*il*) _____ sera là (*cui-là*) _____ ,s' (*ils*) _____ viennent
   on fera ce qu'il faudra.»
6. Qu'est-ce que Leiris reproche aux officiers français qui n'avaient pas rejoint
   le maquis?
7. Pourquoi est-ce que des jeunes gens se cachaient? Qu'est-ce qui leur est
   arrivé?
8. Quelles oppositions est-ce que Leiris établit entre ces jeunes gens et les
   officiers?
9. Comment les officiers ont-ils justifié leur comportement?
10. Pour quelle raison est-ce que Leiris a fait fusiller une vieille?
11. Résumez les différentes réactions des Français face à l'Occupation qui sont
    illustrées dans cette scène.
12. Est-ce que Gaspar et Leiris présentent les maquisards comme des héros?
13. Appuyez ou contredisez les affirmations suivantes en vous basant sur le
    texte.
    a.   Pour faire partie de la Résistance, il fallait être un homme de corps
         franc.
    b.   La Résistance est devenue de plus en plus forte.
    c.   Il était difficile de trouver une filière de la Résistance.
    d.   Gaspar et Leiris se moquent des Français qui n'ont pas résisté.

14. Faites un résumé de la scène en employant les expressions suivantes:
    Modèle: Gaspar/dire/clients/mentir
    Gaspar dit que quelques-uns de ses clients mentent en parlant de la guerre.
    a. beaucoup/patriotes/se battre/envahisseurs
    b. Allemands/tuer/gamins/cacher/bois
    c. Leiris/croire/pantouflards/lâches
    d. vieille/dénoncer/Leiris/Gestapo
    e. résistants/ne pas/vouloir/pardonner/collaborateurs
    f. maquisards/estimer/Pétainistes/trahir/patrie

FAIT FRAPPANT: LA JUSTICE ET LES COLLABORATEURS

Collaborateurs français mis à mort par la Résistance:	de 4.500 à 40.000
Français inculpés (*indicted*) devant un tribunal pendant l'épuration (*purge*):	125.000
Français envoyés en prison:	38.000
Population française en 1938:	38.000.000

ACTIVITÉS

A. *Lecture dramatique*.
   Choisissez des rôles et jouez la scène entre Monsieur Gaspar, l'ancien Pétainiste, et la femme de celui-ci. Puisque les répliques de Monsieur Gaspar ne sont pas données dans le scénario d'Ophuls, en voici quelques-unes que vous pouvez employer:
   «Je sais ce que vous avez fait. Vous me l'avez déjà dit plusieurs fois.»
   «Bien sûr que vous aviez un revolver. C'était ce qu'il fallait, n'est-ce pas?»
   Vous êtes libre d'imaginer la suite à la conversation.

B. Vous participez à un débat sur la question «Y a-t-il un code moral absolu?»
   (a) Imaginez une circonstance atténuante qui justifierait chacune des actions données. (b) Évaluez les circonstances proposées par vos camarades.
   voler quelque chose
   tuer quelqu'un
   dénoncer quelqu'un à la police
   refuser de faire son service militaire
   mentir à quelqu'un

Modèle: *voler* **(a) Je pense que vous pouvez voler du pain si vos enfants ou vos parents ont faim.**
   (b) Je suis d'accord, mais seulement si vous n'avez pas d'argent.
   Je ne suis pas d'accord. Au lieu de voler, vous devez demander de l'aide à quelqu'un.

FAIT FRAPPANT: DÉPORTATION DES JUIFS FRANÇAIS

60–65.000 Juifs déportés de France

2.800 Juifs revenus après la guerre

Juifs de nationalité française en 1938: 240.000

La Résistance passive

À propos du roman: Imprimé sur des presses clandestines et lancé sur la France par les avions de la *Royal Air Force*, **Les Silences de la mer** (1942) est le premier grand roman à paraître en France sous l'Occupation. Tous ceux qui contribuent à sa publication risquent la mort. Pour signer son livre, Jean Bruller (né en 1902) choisit le nom de plume Vercors, pour la région des Alpes françaises qui sert de centre à la Résistance. *Les Silences de la mer* combine l'art et la propagande anti-allemande. Les Allemands et le gouvernement français de Vichy promettaient que la France retrouverait sa grandeur en s'unissant à l'envahisseur. C'est en décrivant la désillusion d'un jeune officier allemand francophile que *Les Silences de la mer* expose la fausseté de cette politique. La scène suivante décrit l'arrivée de l'officier chez les Français, un vieux et sa nièce, qui sont obligés de le loger, mais qui lui opposent un silence absolu.

> *Ce fut* ma nièce qui alla ouvrir quand on frappa. Elle venait de me servir mon café, comme chaque soir (le café me fait dormir). J'étais assis au fond de[1] la pièce, relativement dans l'ombre. La porte *donne sur* le jardin, de plein-pied.[2] Tout *le long de* la maison court un trottoir de *carreaux* rouges très *commode* quand il pleut. Nous entendîmes marcher, le bruit des *talons* sur le carreau. Ma nièce me regarda et posa sa tasse. Je gardai la mienne dans mes mains.
>   Il faisait nuit, pas très froid: ce novembre-là ne fut pas très froid. *Je vis* l'immense silhouette, la *casquette* plate, l'*imperméable* jeté sur les épaules comme une cape.
>   Ma nièce avait ouvert la porte et restait silencieuse. Elle avait rabattu la porte sur le mur,[3] elle *se tenait* elle-même contre le mur, sans rien regarder. Moi je buvais mon café, *à petits coups*.
>   L'officier, à la porte, dit: «S'il vous plaît». Sa tête *fit* un petit salut. Il sembla mesurer le silence. Puis il entra.
>   La cape *glissa* sur son avant-bras, il salua militairement et se découvrit.[4] Il se tourna vers ma nièce, sourit discrètement

Glosses (right margin):
- C'était
- opens onto
- along / tiles
- utile
- heels
- j'ai vu / chapeau
- raincoat
- stood
- lentement
- a fait
- slid

1. **au fond de:** *at the far end of*
2. **de plein-pied:** *on the same level*
3. **avait rabattu la porte sur le mur:** *had opened the door all the way*
4. **se découvrit:** *took off his hat*

Affiches de propagande
allemande et vichyssoise

en inclinant très légèrement le buste. Puis il me fit face et
m'adressa une *révérence* plus grave. Il dit: «Je me nomme   *bow*
Werner von Ebrenac». *J'eus* le temps de penser, très vite: *J'ai eu*
«Le nom n'est pas allemand. Descendant d'émigré protes-
tant?»[5] Il ajouta: «Je suis *désolé*».   *sorry*

    Le dernier mot, *prononcé en traînant*, tomba dans le   *dragged out*
silence. Ma nièce avait fermé la porte et restait adossée au
mur, regardant droit devant elle. Je ne m'étais pas levé.
Je déposai lentement ma tasse vide sur l'harmonium, croisai   *J'ai mis*
mes mains et attendis. (. . .)

    Le silence se prolongeait. Il devenait de plus en plus
épais, comme le brouillard du matin. Épais et immobile.   *lourd*
L'immobilité de ma nièce, la mienne aussi sans doute, *alour-*
dissait ce silence, le rendait *de plomb*. L'officier lui-même, *made oppressive / leaden*
désorienté, restait immobile, jusqu'à ce qu'enfin je visse
naître[6] un sourire sur ses lèvres. Son sourire était grave et
sans *nulle* trace d'ironie. Il *ébaucha* un geste de la main, dont   *any / a fait*
la signification *m'échappa*. Ses yeux se posèrent sur ma nièce, *escaped me*
toujours *raide* et droite, et *je pus* regarder moi-même le profil *rigide / j'ai pu*
puissant, le nez proéminent et mince. Je voyais, entre les
lèvres mi-jointes, briller une dent d'or. Il détourna enfin les
yeux et regarda le feu dans la cheminée et dit: «J'éprouve une
grande estime pour les personnes qui aiment leur patrie», et
il leva brusquement la tête et fixa l'ange sculpté[7] au-dessus de
la fenêtre. «Je pourrais maintenant monter à ma chambre, dit-
il. Mais je ne connais pas le chemin». Ma nièce ouvrit la porte
qui donne sur le petit escalier et commença de *gravir les*
marches, sans un regard pour l'officier, comme si elle *eût* été   *monter / avait*

---

5. d'émigré protestant: *French protestants*
were forced to flee after the revocation of
the Edict of Nantes (1685).

6. je visse naître: *I saw a glimmer of*

7. fixa l'ange sculpté: *stared at the carved*
angel

seule. L'officier la suivit. Je vis alors qu'il avait une jambe raide.

    Je les entendis traverser l'antichambre, les pas de l'Allemand résonnèrent dans le *couloir*, alternativement forts et faibles, une porte s'ouvrit, puis se referma. Ma nièce revint. Elle reprit sa tasse et continua de boire son café. J'allumai une pipe. Nous restâmes silencieux quelques minutes. Je dis: «Dieu merci, il a l'air *convenable*». Ma nièce haussa les épaules. Elle *attira* sur ses genoux ma veste de velours et termina la *pièce invisible* qu'elle avait commencé d'y coudre.

                      corridor

                      decent

                      a mis

                      patch

Extraits des *Silences de la mer*

COMPRÉHENSION DU TEXTE

1. Qui raconte cette histoire?
2. Que font les deux Français ce soir-là?
3. Comment est-ce que le suspens est créé au début?
4. Quelles sont les marques de politesse de l'officier?
5. Comment est-ce que l'officier essaie d'établir le contact avec ses hôtes?
6. Trouvez tout ce qu'ils font pour refuser ses efforts.
7. Est-ce que l'officier semble apprécier la difficulté de la situation? Expliquez.
8. Que dit l'officier pour terminer cette première rencontre?
9. Quelle impression fait-il sur le vieux?
10. Faites le portrait de l'officier.
11. Comment est-ce que l'auteur nous communique la tension qui existe entre les personnages pendant cette scène?
12. Comment se manifestent l'orgueil et la résistance passive des deux Français?
13. Pourquoi pensez-vous que la description occupe une place si importante dans ce passage?
14. Pouvez-vous attribuer une importance symbolique à la pièce invisible? au café? à l'ange? Y a-t-il d'autres détails qui vous semblent importants?

À la Réflexion

1. Dans ce dossier, quels sont les facteurs qui créent et maintiennent chez les gens le sentiment d'appartenir à une communauté nationale? Donnez des exemples précis.
2. On dit que les Français sont un peuple très critique. La force de leur amour du pays ne les empêche pas de le critiquer ainsi que leurs compatriotes. Discutez en vous basant sur les textes que vous avez lus.
3. Décrivez un moment où vous avez été particulièrement conscient(e) d'être américain(e). Quelles étaient les circonstances? vos sentiments? Est-ce que cette expérience a changé votre perspective sur les États-Unis? Comparez vos expériences. Trouvez-vous des dénominateurs communs?

L'HÉRITAGE
CULTUREL 4

Introduction

Tradition, inherited patterns of thought and action, is a powerful glue that binds groups together. Tradition influences every aspect of contemporary society, from the clothes people wear and the food they eat to the schools they attend and the habits and values they learn. In order to understand a people, one must develop an appreciation of its traditions, the cultural continuity against which one can gauge change.

Many French traditions have their roots in aristocratic soil. *Haute cuisine*, literature, and the arts are aspects of French culture that flourished thanks to the patronage of the titled and the wealthy bourgeois. Parisian *savoir-vivre* was adopted by other European rulers and has strongly influenced foreigners' views of French culture, which many people still associate with elitism.

The Revolution may have brought down the aristocracy, but Paris' role as arbiter of taste and the center of intellectual life survived and was strengthened under Napoleon and the bourgeois republic. Compulsory schooling reaching all levels of society enabled the state to oversee the country's cultural heritage as never before. French, long the language of the ruling class, was the language of instruction. For some, its spread represents an important step in the process of national unification; for others, the cultural and political domination of the many by the few. The tradition of state control of language is alive and well today. The *Académie française*, founded in the seventeenth century under Louis XIII, still continues to serve as a tribunal for literary and linguistic orthodoxy. And the tradition of linguistic conservatism remains officially sanctioned, as illustrated in the campaign against *le franglais*.

Modernization has accelerated social change and caused a greater standardization of culture within France. Despite this undeniable "homogenization," the French are far from relinquishing their traditions, whether regional or national, legacies of the monarchy or the Revolution. For example, the state-run higher education system remains highly centralized after more than a decade of attempts to increase the autonomy of the universities. And the position of the prestigious *grandes écoles*, which train France's elite, is virtually unshaken. In a different vein, the fact that the majority of French people continue to have a two-

Pariscope

hour midday break, which enables them to return home for lunch, testifies to the cohesiveness of the family unit and to the importance of food in French culture. The French still say, as they have for centuries: *"Nous, on mange bien"* and *"La nourriture c'est sacré."*

La Cuisine: Monument d'orgueil national

Vocabulaire de la table

avoir faim: *to be hungry*   J'ai toujours très **faim** le matin.
avoir soif: *to be thirsty*
le plat: *dish*
la recette: *recipe*
faire la cuisine: *to cook*
faire cuire quelque chose: *to cook something*
    faire cuire quelque chose au four: *to bake something*
    faire cuire quelque chose à la vapeur: *to steam something*
    faire bouillir quelque chose: *to boil something*
    faire griller quelque chose: *to broil something*
    faire rôtir quelque chose: *to roast something*
    faire frire quelque chose: *to fry something*
    faire sauter quelque chose: *to sauté something*
    Ma **recette?** C'est très facile. Pour **faire cuire** ce **plat,** tu **fais bouillir** les pommes de terre d'abord. Puis, tu **fais sauter** les oignons. Tu ajoutes les pommes de terre et la viande et tu mets le tout **au four** pendant deux bonnes heures.
cuit/e: *cooked* ≠ **cru/e:** *raw*
frais/fraîche: *fresh* ≠ **surgelé/e:** *frozen;* **en boîte:** *canned*
    J'ai horreur de manger des légumes **en boîte** ou **surgelés;** je les préfère **frais.**
appétissant/e: *appetizing, tempting* ≠ **peu ragoûtant/e:** *unappetizing;* **dégoûtant/e:** *disgusting*
avoir l'air bon: *to seem good*
sentir bon: *to smell good*   La viande **sent** si **bon** que ça me donne de l'appétit.
servir quelque chose: *to serve something*   En France, on **sert** la salade après le plat principal.

se servir: *to be served*   Le vin rouge se sert avec le rosbif.
prendre quelque chose: *to eat something, to have a bite; to have a drink*
    prendre un repas: *to have a meal, to eat*
    prendre le petit déjeuner: *to eat breakfast*
    déjeuner: *to eat lunch*
    dîner: *to eat dinner*
    D'habitude je prends tous mes repas avec ma famille, mais ce soir je dîne chez Alain.
    prendre un verre ou un pot, boire un verre ou un pot: *to have a drink*
    Après ton cours, viens prendre un pot au café.
bouffer (quelque chose) (*fam.*): *to eat (something)*   Le mercredi je bouffe au restaurant universitaire avec les copains.
la bouffe (*fam.*): *food, grub, chow*
la nourriture: *food*
suivre un régime: *to be on a diet*
soigner sa ligne: *to watch one's weight*
maigrir: *to lose weight* ≠ grossir: *to gain weight*   Je fais très attention, mais je grossis facilement et je suis obligé de suivre un régime.

MISE EN ŒUVRE DU VOCABULAIRE

A. Comment préparez-vous les plats suivants? Faites des phrases cohérentes en choisissant une technique de préparation dans la colonne B pour chaque plat dans la colonne A.

    Modèle: les œufs durs
            Je les fais bouillir.
            On fait bouillir les œufs durs.   Etc.

A	*B*
1. un gâteau au chocolat	a. faire bouillir
2. des petits pois	b. faire cuire au four
3. des brochettes d'agneau (*lamb shish kebab*)	c. faire cuire à la vapeur
4. des côtelettes de porc	d. faire griller
5. des pommes de terre	e. faire rôtir
6. un rosbif	f. faire frire
7. des oignons	g. faire sauter
8. un bœuf bourguignon	
9. du crocodile	
10. un steak	

B. Trouvez une suite logique à chaque phrase en choisissant parmi les expressions données:

avoir faim   maigrir
avoir soif   grossir
prendre quelque chose   soigner sa ligne
    (un verre, un pot)   suivre un régime

en boîte   peu ragoûtant(e)
avoir l'air bon   faire cuire
cuit(e)   faire griller

Modèle: Merci, pas de gâteau pour moi.
         Je n'ai pas très faim.
         Je ne veux pas grossir.
         Je suis un régime depuis un mois.   Etc.

1. Vite, donnez-moi un coca! _____

2. Dis donc, ton frère a mangé tous les croissants. _____

3. Je ne pourrais jamais manger des escargots (*snails*). _____

4. Zut! Il y a encore une heure à attendre avant le départ du train.
   _____

5. Il a vraiment grossi depuis la dernière fois que je l'ai vu.
   _____

6. Garçon,   qu'est-ce   que   vous   me   recommandez   ce   soir?
   _____

7. Il n'y a pas de tomates fraîches. Je ne pourrai pas faire des spaghetti.
   _____

C. *Travail en petits groupes.*

Posez les questions suivantes les un(e)s aux autres.
1. Sais-tu préparer une omelette aux champignons (*mushrooms*)? un steak?
   un gâteau au chocolat? une soupe de poissons? une salade?
2. Aimes-tu faire la cuisine?
3. Aimes-tu manger?
4. Quel est ton repas préféré?
5. Pour toi, combien de temps dure le petit déjeuner? le déjeuner? le
   dîner?
6. Comment est la nourriture au restaurant universitaire?
7. Préfères-tu la cuisine chinoise, mexicaine, ou italienne?
8. Quels produits ou plats associes-tu à la cuisine française?
9. Manges-tu souvent la cuisine française? Pourquoi?

D. *Variations sur un thème.*

1. Jouez la conversation suivante:
   GEORGES (GISÈLE): Salut! Tu viens *boire un verre* avec moi?
   YVES (YVONNE): Merci, mais je dois *déjeuner* chez moi.
   GEORGES (GISÈLE): Dans ce cas, *prenons un pot* demain.
   YVES (YVONNE): *Dînons* ensemble plutôt. Je te ferai *un bon petit repas.*
2. Substituez des expressions de votre choix aux mots en italique. Con-
   sultez le Vocabulaire de la table.

FAIT FRAPPANT: COMBIEN D'ÉTOILES MÉRITE LE RESTAURANT?

Le *Guide Michelin*, la «Bible» des touristes en France, classe les restaurants en France selon un système d'étoiles. Les étoiles sont très recherchées par les chefs.

*** La table vaut le voyage.
** La table mérite un détour.
* Une très bonne table.

🏨 ✿✿✿ **Les Prés et les Sources d'Eugénie** (Guérard) Ⓜ 🐕, ☎ 58.19.01, Télex 540470, « Parc ombragé, fleuri », ✗. ⌇ – 🛏️📺 ♿ Ⓟ. 🅰🅴. ✗
1er avril-31 oct. – **R** (nombre de couverts limité - prévenir) (menu " minceur ", résidents seul.) 65/75 et rest **Michel Guérard** 185/220 et carte - 🛏 22 - **35 ch** 160/310, 3 appartements 380
Spéc. Homard aux oignoasses et aux mousserons, Pot-au-feu de foie gras, Tartelettes « d'une bouchée».
Vins Pomerol, Graves.

Vignette: Michel Guérard, virtuose de la cuisine française

Nous sommes à Eugénie-les-Bains, dans le sud-ouest de la France. Les clients ouvrent la carte et se trouvent devant un format exceptionnel, double: d'un côté, cuisine gourmande,[1] de l'autre, cuisine *minceur*. Un seul restaurant qui offre la possibilité de satisfaire en même temps les goûts exigeants[2] de la gastronomie et les soucis diététiques? De la science-fiction, vous dites? Mais pas du tout. C'est tout simplement que les clients se trouvent chez le super-chef Michel Guérard. Son restaurant compte parmi les dix-sept de toute la France qui ont reçu les trois étoiles du *Guide Michelin* en 1980. Par conséquent, il reçoit la visite de nombreux gourmets de toutes nationalités.

low-calorie

De sa vocation de chef Guérard dit: «Je suis *cuisinier-gourmand* de mon état[3] et par tempérament.» Il a la formation traditionnelle de son métier. Né en province en 1933, dès son bac il acquiert les bases techniques comme apprenti chez un *traiteur*. Il étudie l'art de la préparation et de la présentation des plats, apprend à choisir les meilleurs ingrédients et à fabriquer les sauces si importantes pour la cuisine française.

chef

caterer

1. **gourmande:** *for lovers of fine food; for big eaters*
2. **goûts exigeants:** *demanding tastes*
3. **de mon état:** *by trade*

TRAITEZ VOTRE GOURMANDISE AVEC LEGERETE.

Fromages allégés Sylphide. La forme, pas les formes.

Publicité pour les fromages diététiques

Après son service militaire, il perfectionne sa technique à Paris, apprenant par cœur les recettes classiques—cinq mille, *selon* les vieux chefs—qu'il faut suivre religieusement. Toute déviation est impossible, impensable. Voilà une des raisons pour lesquelles il s'installe à son compte[4] dans la *banlieue* parisienne. Dans ce premier restaurant, le Pot-au-Feu, il se met à créer des recettes originales. *Rompant* avec les lourdes sauces, il invente des plats qui *mettent en valeur* les ingrédients simplement, sans beaucoup de *garniture*. Les combinaisons sont parfois nouvelles, comme le foie gras chaud accompagné de navets.[5] De ces efforts, naît la nouvelle cuisine. Les

d'après

suburbs

breaking

accentuent

garnish

---

4. **s'installe à son compte:** *sets up his own business*

5. **le foie gras chaud accompagné de navets:** *hot liver pâté with turnips*

résultats coûtent cher. «C'est vrai, dit Michel Guérard. Mais nous pratiquons un des derniers métiers d'art.»

C'est sa femme Christine, patronne d'une station thermale[6] à Eugénie-les-Bains, qui *dirige* son imagination vers sa deuxième innovation: la cuisine minceur. *Soucieuse de* la ligne de son mari, elle lui dit: «Nous ne grossirons pas ensemble.» Et Guérard, reconnaissant l'importance de la lutte contre les kilos, cherche des moyens *d'alléger* encore plus ses recettes sans perdre qualité ou goût. *À force d'*expérimenter des substitutions ingénieuses, il crée des plats appétissants qui font maigrir tout en plaisant aux critiques les plus sévères; le fromage blanc *maigre* remplace la crème dans les sauces, les pâtisseries calorifiques font place aux sorbets,[7] il y a plus de plats cuits à la vapeur. Guérard lui-même finit par perdre six kilos la première année à son nouveau restaurant.

directs

Concerned about

to lighten

By

low-fat

Manger à Eugénie-les-Bains n'est pas à la portée[8] de tout le monde puisque les repas *à prix fixe* coûtent de 185 à 220 francs. Mais Guérard ne garde pas pour lui ses *trouvailles*. En 1976 il publie son livre de recettes originales minceur. Et pour mieux rendre cette cuisine accessible au grand public, il prend soin d'éliminer ce qu'il appelle le «jargon de Métier» aussi. Car il est persuadé que cette cuisine légère «deviendra la cuisine de tous les jours. Une cuisine où les *impératifs* de la vie de tous les jours, donc de la ligne, seraient réconciliés avec les joies du *palais*.»

fixed price

inventions

besoins

palate

---

6. **patronne d'une station thermale:** *owner of a thermal spa*
7. **les pâtisseries calorifiques font place aux**

   sorbets: *calorie-filled pastries are replaced by sherbet*
8. **à la portée:** *within the means*

COMPRÉHENSION DU TEXTE

1. Quelle est l'originalité du restaurant de Guérard? Est-ce que cette approche vous semble contradictoire? intelligente?
2. Quels principes de la cuisine traditionnelle est-ce que Guérard a appris?
3. Expliquez quelques innovations de la nouvelle cuisine telle qu'elle est pratiquée par Guérard.
4. Quel rôle joue la femme du chef dans la création de la cuisine minceur?
5. Que fait Guérard pour alléger les repas?
6. Combien coûtent les repas à prix fixe à Eugénie-les-Bains? Combien est-ce en dollars américains (1 franc = environ 20¢)?
7. En général, acceptez-vous de dépenser cette somme pour manger au restaurant? Pourquoi?

8. Si vous étiez en France, est-ce que vous aimeriez dîner chez Guérard? Si oui, quelle carte choisiriez-vous—minceur ou gourmande? Pourquoi?

9. Est-ce que la cuisine de Guérard est à la portée de tout le monde? Expliquez.

ACTIVITÉ

Rôles.

Un nouveau restaurant vient de s'ouvrir près de chez vous. Vous y allez déjeuner avec des amis. En ouvrant la carte, vous vous trouvez devant le format double suivant. Choisissez des plats de la Colonne A *ou* de la Colonne B. Expliquez votre choix et commentez ou critiquez celui des autres.

Modèle: Je prendrai la soupe aux légumes. Je déteste la viande.
      Tu prends le poulet frit? Bonne idée. Ça a l'air bon.
      Mais c'est horrible pour la santé. Tu t'empoisonnes! Etc.

Expressions utiles:

les aliments naturels: *health foods*
sans colorant ni conservateur: *without artificial coloring or preservatives*
sucré: *sweet;* **gras/se:** *fatty*
avoir de bonnes (mauvaises) habitudes de manger
la santé: *health*
s'empoisonner: *to poison oneself*

A	*B*
le hamburger «maison»	la soupe aux légumes et la salade de légumes
le steak	le ragoût de soya (*soybeans*)
le poulet frit	l'omelette aux champignons
(tous servis avec des frites et des chips)	(tous servis avec du pain complet—*whole wheat*)
la glace au chocolat ou à la vanille	les fruits
	le yaourt nature
le Coca-Cola	le jus de fruit
le thé	l'eau minérale
le café	

La Pause de midi

À propos du texte: **La Pause de midi** vient d'un ouvrage sociologique, *Les Français tels qu'ils sont* (Fayard, 1975). Dans cet ouvrage, des résultats de sondages (*surveys*) se combinent avec de multiples portraits individuels pour peindre différents aspects de la vie et de la mentalité françaises contemporaines. Un des sujets traités, c'est les habitudes de manger. La scène suivante présente le déjeuner à Haybes. Gros village assez typique de la province, Haybes se trouve dans les Ardennes, région du nord-est, près de la frontière belge. La Meuse est le fleuve principal.

    Entracte. À midi, tout s'arrête. La sirène. les ateliers soudain *se figent.* (. . .)   *Intermission*

                                                              s'immobilisent

    Flux des hommes et des femmes qui rentrent à la maison. Bonnes odeurs de cuisine, bruit de casseroles, voix *pointues*   *shrill*
des mères qui rappellent *leur progéniture* et dont les cris *se*   leurs enfants
répercutent comme un écho.   *reverberate*

    Spectacle sans surprise et pourtant *surprenant.* 69% des   bizarre
Français déjeunent à la maison, 12% s'offrent[1] même une petite sieste avant de reprendre le travail.

    Pour les Parisiens et les habitants des grandes villes, qui
grignotent sur un *tabouret de bar,* sur une chaise de *cantine,*   *nibble / barstool /* cafétéria
ou qui *défilent* interminablement avec leur *plateau* de plas-   marchent / *tray*
tique devant les *étalages* en technicolor des self-services, c'est   *displays*
déjà un tableau d'une autre époque.

    Haybes, dans les Ardennes. Ni une ville, ni un village.
Un gros *bourg, coincé* entre la Meuse, la *voie* de chemin de   *town / wedged in /* route
fer et la forêt.(. . .)

    Au bord de la Meuse, M. Louis Villeval, *dit* «Loulou»,   appelé
44 ans, *agent de travaux* au ministère de l'Équipement,[2] range   inspecteur

1. s'offrent: *treat themselves to*   **2. ministère de l'Équipement:** *Department of Public Works*

ses outils,[3] s'installe dans son *Break* Ami-6 «qui-n'en-a-plus-pour-très-longtemps»[4] et *remonte* chez lui.

station wagon
rentre

Midi c'est midi. Ici les femmes n'attendent pas. Le déjeuner non plus.

Louis Villeval s'arrête devant sa maison, (. . .) *ôte* ses bottes, se lave les mains et *jure* à l'attention de sa femme Janine: «Alors, nom de Dieu, c'est prêt!» Ce qui est manifestement un signe de bonne humeur.

takes off
crie

Évidemment c'est prêt. «Loulou» se laisse tomber sur sa chaise, sort son couteau au manche de bois sombre,[5] se coupe une énorme *tranche* de pain et un petit bout de *saucisson*. Avec des gestes lents et précis, il *taille* en même temps dans le pain et le saucisson, coince le tout entre son *pouce* et la lame et mâche doucement, le nez sur la toile cirée,[6] avant de «pulvériser» le contenu de son assiette, le «truc» solide[7] qui lui permettra de «*tenir*» jusqu'au bol de café au lait et les six tartines[8] de 5 heures.

slice
sausage / coupe
thumb

durer

Pommes de terre, saucisse. Pommes de terre-côtelette, pommes de terre-*lapin*, pommes de terre-*boudin*, etc. Les Villeval «*font*» leur 750 kilos de pommes de terre par an. Le congélateur est plein *à ras bord*. Avec même des cuisses de grenouilles, des grives, du chevreuil et du marcassin[9] pour les grandes occasions.

rabbit / *blood sausage*
mangent
to the brim

Chez eux, le déjeuner ne *dépasse jamais* la demi-heure. *Y compris* le dernier *coup de rouge*, le petit café et la «lecture» ultra-rapide du journal.

dure pas plus que
Including / verre de vin rouge

3. **range ses outils:** *puts away his tools*
4. **«qui-n'en-a-plus-pour-très-longtemps»:** *that isn't going to make it much longer*
5. **au manche de bois sombre:** *with its dark wood handle*
6. **le nez sur la toile cirée:** *staring at the oil cloth*
7. **«truc» solide:** *substantial thing* (fam.), i.e., *meal*
8. **tartines:** *slices of bread and butter*
9. **des cuisses de grenouilles, des grives, du chevreuil et du marcassin:** *frogs' legs, thrushes, kid, young wild boar*

COMPRÉHENSION DU TEXTE

1. Que font les gens de Haybes à midi?
2. Qu'est-ce qu'un observateur se promenant à Haybes à midi verrait? entendrait? sentirait?
3. D'après ce texte, quel pourcentage des Français déjeunent chez eux?
4. Comment est-ce que Haybes diffère des grandes villes?
5. Pour quels Français est-ce que le «spectacle» du déjeuner à la maison est probablement surprenant? Pourquoi?
6. Quels détails nous sont donnés sur la pause de midi chez les Villeval?
7. Qu'est-ce que nous apprenons sur les façons de manger des Villeval?

8. Appuyez ou contredisez les affirmations suivantes en vous basant sur la lecture.
   a. En ce qui concerne la pause de midi, Haybes est plus représentative de la France que Paris.
   b. Louis Villeval est un bourgeois.
   c. Les Villeval sont des gourmets.
9. Est-ce que la présentation du déjeuner au paragraphe 4 («Pour les Parisiens . . . d'une autre époque.») vous semble favorable ou défavorable? Et le portrait de Louis Villeval au paragraphe 9 («Évidemment c'est prêt . . . les six tartines de 5 heures.»)? Réécrivez les deux paragraphes en substituant des expressions plus objectives.

ACTIVITÉS

A. Comparez les habitudes de manger de Louis Villeval à celles de son équivalent américain (quelqu'un qui fait le même type de travail, qui a le même niveau de vie). Dressez des listes des ressemblances et des différences et discutez-les en classe.

B. Vous êtes un observateur invisible d'un dîner de famille chez vous *ou* d'un dîner typique au restaurant universitaire. Décrivez ce que vous voyez, entendez, sentez. Quelles conclusions pourriez-vous tirer des habitudes de manger aux États-Unis?

Le Pays du vin

Le vin, boisson préférée des Français, est aussi un de leurs produits nationaux les plus importants. Plus de trois millions de Français *gagnent leur vie* dans l'industrie *viticole*   *earn a living / wine* et les revenus sur les marchés domestique et étranger sont impressionnants. Mais si la France est le pays du vin, ce n'est pas seulement parce qu'elle produit et consomme beaucoup de vin, c'est surtout qu'elle en produit de très haute qualité. Le champagne, les grands crus[1] de Bordeaux et de Bourgogne, par exemple, sont connus et appréciés dans le monde entier.

L'importance accordée au vin *remonte* loin. Pendant la   *goes back* période de l'occupation romaine, la culture de la *vigne se*   *grapevines* *répand*. Plus tard, au moyen âge, avec l'encouragement de   *spread* l'Église, la consommation du vin se popularise et son commerce prospère. Chaque monastère a son propre *vignoble* et   *vineyard* fabrique son vin *de messe*.   *for mass*

Un système complexe de classification des vins se développe au cours des années. En 1855, les marchands de Bordeaux comparent des centaines de vins de la région et

1. **grands crus:** *great wines*

Le pays du vin

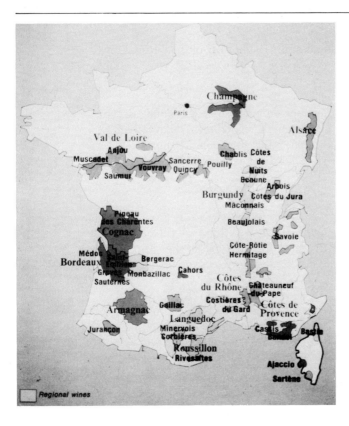

classent les meilleurs en cinq grands crus. En 1935, le gouvernement crée les lois d'Appellation d'Origine[2] pour *protéger*   défendre
l'industrie contre la fraude. Ces règles sévères contrôlent
toutes les conditions de production. Elles fixent de façon
précise la nature des terrains, les cépages,[3] le degré alcoolique
minimal, le rendement à l'hectare,[4] et les méthodes de culture. Les vins d'appellation d'origine, dont on compte plus de
250, sont les meilleurs et les plus chers. Le gouvernement a
établi d'autres catégories aussi. Les principales sont: les vins
délimités de qualité supérieure (V.D.Q.S.), les *vins de pays*   *defined as / local wines*
(qui portent sur l'*étiquette* une indication géographique), et   *label*
les vins de table (qui ne portent pas d'indication géographique).
En général, plus cette indication est précise, plus le vin sera
de bonne qualité. Par exemple, une Appellation Pauillac Contrôlée serait supérieure à une Appellation Bordeaux Contrôlée,

---

2. Appellation d'Origine: *mark of origin*   (*a hectare is approximately equivalent to 2½*
3. cépages: *types of grapevines*   *acres*)
4. le rendement à l'hectare: *yield per hectare*

Pauillac étant un village alors que Bordeaux est une région toute entière. Le vin de table occupe la place la plus basse de cette hiérarchie. L'indication de l'année de production est aussi un signe de qualité. Un vin dont l'année est marquée sur le *col* de la bouteille sera plus cher qu'un vin sans indication d'année de production.

neck

    Aujourd'hui le marché mondial du vin est en pleine expansion et le prix des vins augmente. Pourtant, les Français, eux, en boivent moins. En vingt-cinq ans, la consommation du vin a diminué de 40%. Cela ne veut pas dire que le Français moyen consomme moins d'alcool, mais seulement que ses habitudes sont en train de changer. La consommation de la bière et surtout du pastis[5] et du whisky a augmenté. «Autrefois, on *buvait* rouge; on boit de plus en plus jaune. On *trinquait* en mangeant; on trinque sans manger» (*Nouvel Observateur*, 21 juin 1980). Pourquoi ces changements? Une des hypothèses proposées est que boire de la bière et des cocktails, du whisky de préférence, c'est se distinguer d'une France vieillie, provinciale, en adoptant des habitudes américaines. Les promoteurs du vin ont contre-attaqué avec une publicité qui fait appel aux valeurs du passé pour vendre leur vin de table.

buvait

    Si les Français boivent moins de vin en général, ils boivent plus de vins de bonne qualité. La *hausse* récente du niveau de vie[6] en France permet à un plus grand nombre de Français de boire *en connaisseur*. Le cérémonial du vin— choisir les vins, les *déguster*, les sélectionner pour compléter les plats—reflète une longue tradition. Voici quelques-unes des règles:

increase

as experts
goûter, apprécier

Ce qu'il faut boire avec vos plats favoris

Le choix d'un vin est déterminé par le genre de viande et la façon de la préparer. Si la viande est délicate, le vin est léger. On boit du vin blanc avec les poissons, *les crustacés et les coquillages* et les viandes blanches.

shellfish

Viandes rôties ou grillées

Les volailles se mangent avec un vin rouge léger, délicat. *L'agneau* est accompagné de vins rouges, fins et peu *corsés*. Les viandes rouges comme le mouton et le bœuf demandent des vins rouges riches et *bouquetés*.

Poultry
Lamb / hearty

aromatic

---

5. **pastis:** *a strong licorice-flavored apéritif, drunk mixed with water*

6. **niveau de vie:** *standard of living*

«Plus de trois millions de Français gagnent leur vie dans l'industrie viticole . . .»

Viandes en sauces ou *farcies*   *stuffed*

Les volailles préparées en sauce à la crème se mangent généralement avec des vins blancs secs ou du champagne. Le poulet peut être préparé au vin blanc ou au vin rouge. On l'accompagne du vin de la même appellation que celui de la préparation. Avec la volaille farcie, buvez un vin corsé si l'*assaisonnement* est très fort. Le porc *en ragoût* demande   *seasoning / stew* des vins rouges rustiques et corsés.

Comment servir le vin

En général le vin blanc se sert *frais*, le vin rouge *chambré*.   *chilled / at room temperature* On boit d'abord le plus léger des vins, ensuite les plus corsés. Chaque région a son propre type de verre, mais si vous êtes limité à un seul verre, choisissez le «verre à Bordeaux».

LE FRANÇAIS BOIT DEUX FOIS PLUS QUE L'AMERICAIN

Consommation annuelle en litres d'alcool pur par adulte

27 litres	24 litres	5 litres	18 litres	9 litres	12 litres	8,5 litres	10,5 litres	5 litres	7,5 litres
1951	1978	1951	1978	1951	1978	1951	1978	1951	1978
FRANCE		**ALLEMAGNE**		**ETATS-UNIS**		**G. BRETAGNE**		**SUEDE**	

COMPRÉHENSION DU TEXTE

1. Pourquoi est-ce que l'industrie viticole est importante en France?
2. À quelle époque est-ce que la consommation du vin se popularise? Pourquoi?
3. Nommez trois conditions de production qui sont contrôlées.
4. Quelles sont les principales catégories du vin?
5. Comment sait-on distinguer la qualité d'un vin?
6. Quelles boissons sont en vogue de nos jours? Quelle hypothèse a été proposée pour expliquer cette vogue?
7. Quels facteurs contribuent à changer les habitudes des Français en ce qui concerne le vin?
8. Qu'est-ce qui détermine le choix d'un vin?
9. Quel vin boit-on avec un bifteck? un poisson? un poulet? un rôti de bœuf? le porc en ragoût?
10. Quelles sont deux règles qu'il faut suivre quand on sert du vin?
11. Résumez la lecture en employant les mots-clés suivants dans des phrases complètes.

    l'industrie viticole   les habitudes de consommation
    classer les vins   boire rouge/boire jaune
    protéger contre la fraude   boire en connaisseur
    le vin de table   servir le vin

ACTIVITÉS

A. *Sondage sur la boisson:* Divisez la classe en petits groupes. Choisissez un chef de groupe qui notera les réponses que vous donnerez oralement. Quand vous aurez terminé le sondage, chaque chef résumera les résultats de son groupe pour la classe. Imaginez les conclusions qu'un sociologue tirerait des résultats de toute la classe.

Modèle: Avec mes repas, je bois **de temps en temps du Coca.**

1. Avec mes repas, je bois

	toujours	surtout	de temps en temps	je ne bois jamais de
a. du Coca				
b. du vin				
c. du vin coupé d'eau				
d. de l'eau minérale				
e. de l'eau du robinet (*tap water*)				
f. du lait				
g. du jus de fruits				
h. de la bière				

2. À une soirée, je prends

	toujours	surtout	de temps en temps	je ne prends jamais de
a. du punch				
b. un cocktail				
c. une bière				
d. du Coca				
e. du jus de fruits				
f. de l'eau minérale				
g. de l'eau du robinet				
h. du vin				

3. Quand je sors avec des amis, je commande

	toujours	surtout	de temps en temps	je ne commande jamais de
a. une bière pression (*draught beer*)				
b. du Coca				
c. du vin				
d. du jus de fruits				
e. de l'eau minérale				
f. un café				
g. un thé				

4. Dans mon état d'origine, on peut acheter de l'alcool légalement à l'âge de _____ ans.

5. Je suis pour/contre cette limite d'âge parce que
   a. les jeunes gens ont besoin de limites.
   b. l'alcool est dangereux et il faut limiter le plus possible sa consommation.
   c. la loi n'empêche pas les jeunes gens de boire.
   d. le gouvernement n'a pas le droit d'empêcher les jeunes gens de boire.
   e. à 18 ans on peut voter et devenir soldat.
   f. autre: _____

6. Dans ma ville d'origine, on peut acheter du vin
   a. chez le marchand de vin.
   b. au supermarché.
   c. dans un magasin tenu (*run*) par l'état.
   d. On ne peut pas en acheter.

7. Je bois de l'alcool surtout parce que
   a. c'est une habitude.
   b. l'alcool me relaxe.
   c. c'est une nécessité sociale.
   d. j'aime le goût de certaines boissons alcoolisées.
   e. autre: _____

B. Quelle est l'importance du vin dans votre vie? dans la vie de l'Américain(e) typique? Joue-t-il un rôle social? religieux? autre? Expliquez.

Les Traditions linguistiques et intellectuelles

Vocabulaire du langage

s'exprimer (en): *to express oneself (in)*   Tu **t'exprimeras** mieux **en** français après un bon verre de vin.

le langage courant: *ordinary, everyday speech*   On emploie beaucoup d'expressions idiomatiques dans le **langage courant.**

le langage familier: *colloquial speech*   Les étudiants emploient un **langage familier** entre eux.

le langage soigné: *careful, formal speech*   D'habitude, on se sert d'un **langage** plus **soigné** en écrivant qu'en parlant.

parler couramment: *to speak fluently*

la langue étrangère: *foreign language*

la langue maternelle: *native language*   Je **parle couramment** l'anglais puisque c'est ma **langue maternelle,** mais je lis bien deux **langues étrangères:** l'allemand et le russe.

bilingue: *bilingual*   Beaucoup de Canadiens anglophones deviennent **bilingues** à l'école.

MISE EN ŒUVRE DU VOCABULAIRE

A. Donnez un équivalent en français du monologue suivant.
I'm majoring in English and French. I want to become a bilingual secretary. I'm learning to speak both languages fluently. Our teacher emphasizes (*mettre l'accent sur*) formal French, the language one uses in a professional context. Since many Americans don't speak a foreign language, I hope to find a job (*un poste*) easily.

B. *Questions à se poser les un(e)s aux autres.*
1. Quelle est votre langue maternelle? Connaissez-vous d'autres langues étrangères en plus du français? Si oui, lesquelles?
2. Avez-vous des parents ou des amis aux États-Unis dont la langue maternelle n'est pas l'anglais? Si oui, sont-ils devenus bilingues? Pourquoi, à votre avis?
3. En ce qui concerne vos études de français, préférez-vous vous exprimer oralement ou par écrit? Expliquez.
4. Si vous écriviez à l'office de tourisme national à New York pour demander des brochures sur Paris emploiriez-vous un français familier ou soigné?

Le Gouvernement francise[1]
les mots techniques

À partir de ce 18 janvier [1973], plusieurs centaines de mots ou d'expressions d'origine anglo-saxonne sont expressément bannies (ou déconseillées)[2] de notre langue.

    Il est vrai qu'ils font presque toujours partie des vocabulaires scientifiques, professionnels ou techniques (. . .) et que le langage courant n'en sera pas trop *bousculé*.   *changé*

    Cette révolution, car c'en est une, n'a été effective qu'après les travaux des différentes commissions ministérielles de terminologie, travaux qui ont dû d'abord recevoir l'accord de l'Académie des sciences avant d'être *soumis* en dernier   *donné* ressort à l'Académie française.[3] (. . .)

    L'Académie française est intervenue au titre de[4] gardienne de la langue—sa vocation traditionnelle (. . .) parce qu'elle considère que les termes étrangers de telle ou telle[5] discipline sont un obstacle à la communication.

    Il ne *saurait* donc être question d'une *chasse aux sor-*   *could not* *cières*, l'hérésie provenant d'outre-Manche[6] ou d'outre-Atlan-   *witch hunt* tique. (. . .)

    Aussi faut-il juger cette entreprise sur les buts immédiats qu'on cherche à *atteindre*— il n'est pas question de savoir si   *achieve* tel équivalent est ou n'est pas le meilleur possible—et sur l'esprit qui a animé ses promoteurs: montrer que le français est *susceptible* de s'adapter à la nécessité de donner des noms   *capable* aux découvertes et autres nouveautés techniques ou des sciences modernes; que notre langue est capable de répondre à l'espoir des francophones—en particulier des Canadiens, submergés par les anglicismes—qui *attendent de* la langue   *expect from* française qu'elle forge des mots nouveaux dont ils ont besoin.

    Les *arrêtés* publiés au *Journal officiel* comportent deux   *decrees* listes:

    La liste 1 est composée de mots qui seront utilisés obligatoirement par l'administration: *contresignés* par le ministre   *countersigned*

1. **francise:** *Frenchifies*
2. **bannies (ou déconseillées):** *banned (or their use is discouraged)*
3. **l'Académie française:** *France's oldest learned society, created in 1635 under the protection of Louis XIII. Its major role is the compilation of its authoritative dictionary.*
4. **est intervenue au titre de:** *intervened in its capacity as*
5. **de telle ou telle:** *of any given*
6. **provenant d'outre-Manche:** *coming from across the English Channel*

de l'éducation nationale, les arrêtés qui les concernent en imposent l'emploi dans l'enseignement.

Ainsi un immeuble n'a plus de «standing» mais de la classe; une «kitchenette» devient une cuisinette; un «cameraman» un cadreur. (. . .) «Hit-parade» *s'efface* devant palmarès; «show-business» devant industrie du spectacle. (. . .) *makes way*

La liste 2 présente les mots qui n'ont pas été soumis aux académies (les plus nombreux) ou les quelques *vocables* qui *termes* n'auraient pas été *retenus* par l'Académie française. L'usage *kept* de ces termes est simplement conseillé. (. . .)

Postsonorisation est préférable à «play-back», (. . .) récepteur de poche à «pocket-radio», retour (en) arrière à «flash-back». (. . .)

Une Entreprise vivante et moderne

Bigre! *Gosh*

Tout était *à craindre.* Des corps constitués,[7] une *to be feared* législation, des *décrets* et des arrêtés pour dire aux Français *decrees* comment ils doivent parler et écrire. Surtout qu'il y a des précédents. L'Académie française *a* par exemple *interdit aux* *forbade* astronautes d'Apollo d'alunir.[8] Ils n'ont été autorisés qu'à *atterrir* sur la Lune. (. . .) *land*

Mais rapidement les choses *prirent tournure*: il devint *took shape* évident qu'on ne voulait pas *appauvrir*, mais enrichir la *to impoverish* langue. Il n'était pas question en particulier de bannir systématiquement tous les termes étrangers. (. . .)

Conscient de ce que peut avoir d'artificiel une procédure légale dans le domaine si vivant de la langue, les partisans des arrêtés de terminologie ont choisi de n'en rendre publique qu'une première partie, celle où il était le plus facile d'exercer une contrainte:[9] le vocabulaire des transports, du bâtiment, des travaux publics et de l'urbanisme, de l'audio-visuel, des techniques spatiales et nucléaires ainsi que du *secteur pétrolier.* *oil industry* Dans tous ces domaines l'influence de l'État et de ses agents est prépondérante. L'emploi de mots adéquats par les *fonctionnaires* a donc de bonnes chances de les imposer à l'usage *civil servants* courant.

L'entreprise que l'on pouvait craindre *poussiéreuse* et *stuffy* réactionnaire *se révélait* au contraire vivante et moderne. Il *se montrait* n'y a plus qu'à applaudir. (. . .)

Extraits du *Monde*

---

7. **corps constitués:** *government agencies and the courts*

8. **alunir:** *land on the moon*

9. **exercer une contrainte:** *exercise control*

EXTRAITS DES LISTES OFFICIELLES DE TERMINOLOGIE

BÂTIMENT
Liste N° 1

Bardeau: shingle
Classe: standing
Dérivation: by-pass
Cuisinette: kitchenette
Salle de séjour: living-room
Vestiaire: dressing-room
Oriel: bow-window

Liste N° 2

Toiture à redents: shed
Stalle: box

TRAVAUX PUBLICS
Liste N° 1

Chargeuse: loader
Épandeuse: spreader
Finisseur: finisher
Niveleuse: grader
Remblayeuse: back filler
Tombereau: dumper
Trancheuse: ditcher

Liste N° 2

Bouteur: bulldozer (L'Académie française admet «bouldozeur».)
Bouteur biais: angledozer
Décapeuse: scraper

Extraits des listes officielles, *Le Monde*

COMPRÉHENSION DU TEXTE

1. Complétez les phrases suivantes en vous référant au texte précédent.
   a. L'Académie française est intervenue parce que _____ .
   b. Les promoteurs de la francisation veulent _____ .
   c. La liste 1 et la liste 2 sont différentes parce que _____ .
   d. Les domaines dont la terminologie sera influencée sont _____ .
   e. Ces domaines ont été choisis parce que _____ .
2. Appuyez ou contredisez les affirmations suivantes en vous basant sur la lecture.
   a. Le langage courant sera influencé par ces décrets.
   b. Il y a des précédents pour ces arrêtés.
   c. Cette francisation s'inspire d'un chauvinisme regrettable.
   d. Les effets de ces arrêtés ne se limitent pas à la France.
   e. L'auteur critique l'action du gouvernement.

ACTIVITÉS

A. *Les noms et les verbes.*
   1. Remplacez les tirets par le nom ou le verbe de la même famille que vous trouvez dans le texte précédent.

   Modèle: l'accord   **accorder**

Noms	Verbes
	_____
a. l'intervention	
b. _____	garder
c. _____	communiquer

d. _____	équivaloir
e. l'animation	_____
f. une adaptation	_____
g. une imposition	_____
h. _____	employer
i. une interdiction	_____
j. _____	influencer
k. une révélation	_____

2. Faites des phrases avec *six* des mots que vous avez trouvés.

B. Francisez la conversation téléphonique suivante en substituant les mots conseillés dans les listes Bâtiment et Travaux Publics aux mots en italique.
—Salut. Ici Anne. Oui, ça va très bien. Je suis allée visiter le chantier (*construction site*) de mon nouvel appartement. C'est un deux-pièces dans un immeuble qui a *du standing*. *Le living-room* est grand et clair. Le *bow-window* laisse entrer beaucoup de lumière. Malheureusement, il n'y a pas de *dressing-room* à côté de la chambre. *La kitchenette* est petite mais moderne. La construction sera terminée dans un mois, mais pour le moment tout est en désordre. De la fenêtre on voit *des bulldozers* et *des dumpers* qui travaillent encore.

C. Qui ou qu'est-ce qui a modelé votre façon de vous exprimer—parents, ami(e)s, profs, media, etc.? Comment? Avez-vous jamais lutté contre ces influences? Expliquez pourquoi et, si oui, comment.

Le Parisianisme

— *Maintenant, je voudrais vous poser la question que doivent se poser tous nos téléspectateurs : Comment votre concept onirique à tendance kafkaïenne[1] coexiste-t-il avec la vision sublogique[2] que vous faites de l'existence intrinsèque ?[3]*

*Les gloses 1 à 3 se trouvent à la page 113.

À propos du dessin: **Jean-Jacques Sempé** est un artiste dont les dessins humoristiques sont très connus. Celui-ci a paru dans *Le Nouvel Observateur,* magazine que lisent surtout les intellectuels de gauche. Voici les réactions de Gisèle, professeur français vivant en permanence aux États-Unis, à cette caricature:

Ma première réaction c'est que le dessin suggère bien le contraste entre Paris et la province, Paris et la campagne. Le langage du dessin, ça fait penser au phénomène du parisianisme. C'est la langue de Paris que la télévision vient introduire dans des milieux où elle est complètement *déplacée.* *out of place*
Ça crée immédiatement un effet *de grotesque.* Les deux personnages à la télé sont justement habillés en *smoking.* Enfin, *tuxedos*
ils *font* très intellectuels parisiens. Je pense immédiatement *ont l'air*
à Paris en les écoutant parler. D'abord, presque toutes les *émissions* sur les trois *chaînes* françaises viennent de Paris. Il *programs / channels*
n'y a pas beaucoup d'émissions régionales. Et puis, tous les mouvements intellectuels importants prennent place à Paris et non en province. Dès que quelqu'un veut faire partie de l'élite, il s'en va à Paris. Il ne reste pas à la ferme. C'est la centralisation. La France a toujours été intensément centralisée sur Paris.

Le dessin illustre aussi la mystique de la télévision: tout ce qu'on met à la télé doit être regardé, même si on n'y comprend strictement rien, enfin. C'est vrai qu'en province la télévision est pour beaucoup de gens une *espèce* d'objet *sorte*
sacré. Une amie à moi, par exemple, qui a une certaine culture et des prétentions intellectuelles et qui habite un petit village dans les Alpes, était justement indignée parce que chez elle on met toujours la télévision pendant les repas mais les autres membres de la famille ne la regardent pas. «Tu te rends compte![4] Ils pourraient se cultiver, ils pourraient apprendre tout un tas de choses et ils n'écoutent même pas ce qu'on dit à la télévision.» Ce qui la choquait c'est qu'ils refusent de se cultiver en regardant la télévision. Alors, dans ce dessin, ces paysans acceptent de s'instruire. Ils regardent. Ils sont tous tournés vers la télévision. Comme à l'école. On dirait un peu l'école.[5] Mais, on n'a pas l'impression qu'ils vont faire beaucoup de progrès!

1. **votre concept onirique à tendance kafkaïenne:** *your Kafkaesque fantasy (Franz Kafka [1883–1924] was an Austrian novelist in the absurdist tradition. He portrayed people as alienated beings living in an incomprehensible world.)*

2. **sublogique:** *This word does not appear in the dictionary.*

3. **intrinsèque:** *intrinsic, inner*

4. **Tu te rends compte!:** *Can you imagine!*

5. **On dirait un peu l'école.:** *It looks a bit like a classroom.*

COMPRÉHENSION DU TEXTE

1. Décrivez le dessin en faisant au moins *quatre* phrases avec les éléments donnés. Choisissez une expression de chaque colonne et faites tous les accords nécessaires.

			le dix-neuvième siècle
			l'indifférence
			une société urbaine
			la passivité
Le décor	des personnages		le snobisme
L'expression	à la télé	évoquer	la stupidité
La posture	de la maison	montrer	la prétention
Les vêtements	des paysans	suggérer	la déférence
			l'intérêt
			l'intelligence
			une société rurale
			le vingtième siècle

2. Lesquels des adjectifs suivants décrivent le langage des personnages à la télé? Expliquez votre choix.

simple — clair
courant — mystificateur
technique — soigné
incompréhensible — affecté

3. Est-ce que le dessinateur Sempé emploie les mêmes techniques pour se moquer des personnages à la télé et des paysans? Expliquez.
4. Quelle est la première réaction de Gisèle en regardant le dessin?
5. Qu'est-ce que c'est que le parisianisme?
6. Quels exemples donne Gisèle pour illustrer la centralisation en France?
7. Où prennent place les mouvements intellectuels aux États-Unis?
8. Comment Gisèle réussit-elle à reconnaître les personnages à la télévision?
9. En quoi consiste la mystique de la télévision?
10. Qu'est-ce qui choquait l'amie de Gisèle?
11. À qui Gisèle compare-t-elle les paysans dans la caricature? Avez-vous cette même impression? Pourquoi?

ACTIVITÉ

Questions à se poser les un(e)s aux autres.
1. Est-ce que la télévision joue un rôle important dans la vie américaine?
2. D'où viennent les émissions américaines? Existe-t-il autant de centralisation qu'en France?
3. Y a-t-il une «mystique de la télévision» aux États-Unis?
4. En général, est-ce que les Américains regardent la télé pour s'instruire?
5. Et vous, regardez-vous la télé (a) pour vous cultiver? (b) pour vous amuser? (c) parce que c'est une habitude? (d) parce que les autres la regardent?
6. Quelles émissions sont les plus populaires aux États-Unis? À votre avis, pourquoi? Et quelles sont vos émissions préférées?

Vocabulaire de l'instruction

suivre un cours (de): *to take a course (in)*   Nous **suivons un cours** d'histoire de l'art ensemble au Louvre.

sécher un cours: *to cut a class*   **Séchons** ce **cours** et allons au cinéma!

être étudiant/e (en), faire des études (de): *to be a student, to study*   Martine **fait des études** d'économie politique à Aix-en-Provence.

se spécialiser en: *to major in*   Beaucoup d'étudiants **se spécialisent en** communications pour devenir journalistes.

faire un diplôme, préparer un diplôme; une licence; une maîtrise (de): *to work toward a degree; a major; a master's degree (in)*   Ça fait deux ans que je **prépare une licence** d'anglais.

être doué/e pour, être fort/e, bon/bonne en: *to be gifted in, to be strong in, good at* ≠ **être faible, nul/nulle en:** *to be weak in, no good at*   Je **suis** toujours un peu **faible en** maths, mais je **suis douée pour** les langues étrangères.

les droits d'inscription (*m.pl.*): *tuition*   Beaucoup d'étudiants travaillent pour gagner leurs **droits d'inscription.**

la bourse: *scholarship*   Ses bonnes notes en secondaire lui ont valu une **bourse** à l'université du Minnesota.

le cours obligatoire: *required course* ≠ **l'option** (*f.*): *elective*   Les étudiants en première année suivent surtout des **cours obligatoires** et ne peuvent pas choisir beaucoup d'**options.**

le cours magistral: *lecture course*

les T.P. (travaux pratiques): *discussion or section meetings*

l'amphi(théâtre) (*m.*): *lecture hall*

la faculté de médecine; de droit; de lettres: *medical school; law school; school of arts and letters*

passer un examen: *to take a test*

réussir à un examen: *to pass a test* ≠ **rater un examen:** *to flunk a test*

la culture, la formation: *education, training*

se cultiver: *to educate oneself*   Si je profitais de toutes les occasions pour **me cultiver**, j'aurais une **formation** impressionnante.

cultivé/e: *cultured, well-educated*

MISE EN ŒUVRE DU VOCABULAIRE

A. *Travail en petits groupes.*

Posez les questions suivantes les un(e)s aux autres.

1. Est-ce que tu dors bien avant de passer un examen?
2. Est-ce que tu réussis toujours à tes examens?
3. Qu'est-ce que tu lis pour te cultiver? l'encyclopédie? des romans populaires? des magazines spécialisés?
4. Quels cours intéressants suis-tu cette année? et quels cours ennuyeux?
5. Est-ce que le français est un cours obligatoire? une option? le cours de tes rêves?

6. Est-ce que tu es doué(e) pour le français ou faible en français?
7. Comment est-ce que tu paies tes droits d'inscription? As-tu une bourse?
8. Dans un cours magistral, dors-tu ou fais-tu attention?
9. Est-ce que tu vas régulièrement aux T.P. ou est-ce que tu les sèches?
10. Pourquoi es-tu étudiant(e)?

B. Remplacez les mots en italique par un synonyme. Consultez le Vocabulaire de l'instruction.

1. Je ne sais pas où je vais trouver *l'argent qu'il faut payer pour suivre des cours*.
2. Est-ce que tous les athlètes reçoivent *de l'argent de l'université ou de l'état?*
3. Ma sœur *se spécialise en* langues étrangères.
4. Pensez-vous que les jeunes Américains reçoivent *une culture* adéquate?
5. Philippe a peur de *ne pas réussir à* son examen de calcul.

C. Décrivez votre emploi du temps (*schedule*) en employant au moins *six* des expressions suivantes:

(aller) à la faculté	les travaux pratiques	un cours magistral
être fort(e) ≠ faible en	sécher	un amphi
passer un examen	un cours obligatoire	une option

Pour vous mettre en train: Le jeudi je me lève de très bonne heure parce que . . .

D. Décrivez votre spécialisation réelle ou hypothétique. En quoi est-ce que vous vous spécialisez? Est-ce qu'il y a des cours obligatoires? Combien? Est-ce que vous pouvez aussi choisir des options? Lesquelles? Combien de cours obligatoires est-ce qu'il vous reste? Quel diplôme faites-vous maintenant? Pourquoi?

L'Université: Une Comparaison

Denise et Gérard sont des étudiants français venus faire des études aux États-Unis.

GÉRARD: Je crois qu'il y a beaucoup de grandes différences entre le système français et le système américain. Je suis surtout frappé par le fait que les contacts avec les professeurs sont beaucoup plus faciles ici. En trois mois j'ai eu plus de discussions qu'en trois ans avec mes professeurs à Paris.

DENISE: Oui, ça a été exactement la même chose pour moi. D'ailleurs je prépare ma maîtrise d'anglais maintenant et j'ai essayé d'écrire à mes profs à Clermont et aucun ne m'a répondu. C'est des choses qui ne se passeraient pas aux États-Unis. Dès qu'on arrive dans une classe, on connaît le prof, le prof connaît votre nom, il y a des contacts vraiment très enrichissants.

GÉRARD: Oui, il y a une réelle hospitalité. On peut devenir très facilement ami avec ses professeurs. Et les étudiants sont encouragés très tôt, déjà dans les *colleges*, à écrire des devoirs, à s'exprimer, même finalement s'ils ne sont pas très informés. On fait appel à l'expérience personnelle, même si c'est pour dire des choses très spontanées, alors qu'en France, on vous laisse attendre pendant des années avant de vous autoriser à produire quelque chose.

DENISE: Moi, ce qui m'a frappée et je critiquerais plutôt ce fait, quand tu es dans une classe le prof ne parle presque pas. En France on a des cours magistraux, tu as le prof qui arrive et qui parle aux étudiants. Tous les étudiants écrivent et personne ne *remue* un doigt. Tandis qu'ici   *lifts* tous les élèves participent à la classe et quelquefois, à mon avis, ils participent même trop. Ils veulent tous dire quelque chose et même si ce n'est pas très profond.

GÉRARD: On peut dire qu'ici le prof ne peut pas assez s'exprimer, alors qu'en France, quand il a obtenu un *poste*, il a toute liberté de produire son discours   *position* et de les *écraser*, les pauvres étudiants, sous son dis-   *to crush* cours. D'ailleurs, c'est un système autoritaire parce qu'il y a là devant vous un maître qui lui, a la parole[1] et en

1. **a la parole:** *has the right to speak*

« . . . et personne ne remue un doigt. »

même temps il a le pouvoir. Il y a une relation très claire
entre ces deux faits.

DENISE: Dominant, dominé.[2]

GÉRARD: C'est ça. L'élève n'a pas encore la parole parce qu'il
n'a pas non plus le pouvoir.

DENISE: Et une autre différence, c'est que la sélection des
étudiants est tout à fait différente. Ici, c'est plutôt la
sélection par l'argent quoiqu'il y ait beaucoup plus de
bourses ici qu'en France. C'est très facile aux États-Unis
d'obtenir une bourse. Chez nous, tu ne peux jamais obtenir de bourse. Il suffit donc d'être un élève moyen ici
et tu peux faire des *lettres et sciences humaines*, c'est-à-   liberal arts
dire, tu peux faire un peu de tout, tu n'as pas besoin
d'être bon en quelque chose. En France, par contre, les
élèves sont choisis par concours. Et un concours c'est un
examen très très rigoureux. C'est-à-dire, il ne faut pas
être bon, il faut être le meilleur. Le nombre de places
est déterminé par avance.

2. **Dominant, dominé:** *There are people with power and people without.*

GÉRARD: C'est une sorte de loterie.

DENISE: Voilà. Une loterie intellectuelle.

GÉRARD: Sans doute le système français paraît un peu incompréhensible aux Américains. Par exemple, moi, j'ai préparé pendant deux ans un concours pour entrer à l'École normale supérieure.[3] Il y a à peu près 300, 400 Français qui le *présentent*, et il y a seulement 50 qui sont admis en littérature chaque année. J'étais censé maîtriser[4] l'histoire, la philosophie, la littérature française, le latin, le grec. Évidemment j'ai dû renoncer à pas mal de choses pendant ces deux années-là. D'ailleurs ce système de concours a été proposé à l'époque de la Révolution française. On croyait qu'il était démocratique parce que précisément ce n'était pas la sélection par l'argent mais par le savoir. Mais enfin c'est un peu idéaliste car nous savons tous qu'il y a un rapport entre le milieu social dont on *est issu* et la capacité à étudier. Ce n'est pas par hasard que les bons étudiants viennent des familles *aisées*.

    take

    comes

    assez riches

DENISE: C'est ta famille qui détermine finalement ce que tu vas faire plus tard. Et ça aussi, c'est tout à fait différent aux États-Unis parce qu'en France, en théorie, absolument tout le monde qui a le bac peut aller à l'université. Ça, c'est la théorie. En pratique, les fils ou les filles d'*ouvriers* ne peuvent pas, même si l'université coûte seulement $20 par an . . .

    workers

GÉRARD: Toutes les études sont payées par l'État.

DENISE: Ah oui, mais le problème, c'est qu'il faut vivre aussi et quand tu n'as pas une famille pour te *soutenir*, tu peux pas étudier. Et en plus, on ne sait jamais quand on va terminer ses études. Aux États-Unis, c'est très simple. On sait qu'on a quatre années et puis on a terminé. En France, non. Si on n'est pas assez bon dans une année, il faut recommencer la même année jusqu'à ce qu'on ait passé. Et la sélection est très dure. On n'est pas sûr d'*arriver au bout*.

    support

    finir

GÉRARD: Ça, c'est un très gros problème. À l'École normale supérieure tout le monde est boursier de l'État, mais ailleurs il y a des étudiants qui sont obligés de travailler pour payer une chambre et ils ratent leurs examens.

DENISE: Il y a beaucoup beaucoup de travail. Travailler pour

3. **l'École normale supérieure:** *one of a few prestigious university-level institutions, which trains an elite group of secondary school teachers in sciences and humanities*

4. **censé maîtriser:** *supposed to learn*

nous veut dire quand on sort de l'école à trois heures de l'après-midi, on travaille jusqu'à 9 heures, par soi-même. Personne ne nous conseille. Un étudiant français travaille beaucoup plus qu'un étudiant américain, je crois.

GÉRARD: Je n'ai pas exactement la même impression. Je serais beaucoup plus critique *à l'égard de* l'université française. *toward* Mon sentiment, c'est que les étudiants passent leurs premières années à finir de grandir. Surtout quand on est à Paris, il y a le cinéma, le théâtre, des tas d'occasions de se cultiver.

DENISE: C'est un peu différent en province.

GÉRARD: Voilà une autre différence: aux États-Unis il y a différents centres pour les universités, mais en France il y a Paris . . . Paris et le reste.

DENISE: Les études sont centralisées et tu as partout les mêmes programmes. C'est l'État qui en décide. Dans toutes les universités on étudie les mêmes choses. Une autre chose qui est très, très différente, c'est que les facultés sont très *politisées*. Quand on est en faculté de *politicized* médecine ou en science politique, on est plutôt à droite. Philosophie, sciences humaines, généralement, on est plutôt à gauche.

GÉRARD: Oui, mais la politisation c'est une bonne chose. Il y a chez les étudiants américains une certaine *incon-science* du monde extérieur. J'ai été frappé par le fait *lack of awareness* que finis les devoirs, finis les cours, les étudiants sont préoccupés par le prochain match de baseball à la télévision et c'est tout.

DENISE: Pour conclure . . . il ne faut pas donner une impression trop sinistre du système français. Il y a *quand même* *nonetheless* de bons points en France. On est obligé d'étudier beaucoup de *matières*. Alors qu'aux États-Unis dès le lycée *subjects* tu choisis tes options. Donc le fait qu'on touche un peu à tout nous donne une culture générale plus importante[5] que la culture générale aux États-Unis.

GÉRARD: Ça nous apprend à *réagir*. On a des idées sur tout. *react* La tradition de la culture générale est beaucoup plus forte en France et je crois que c'est un bon point pour nous. À la fin du lycée, un étudiant maîtrise pas mal de *connaissances*. Il faut que nous gardions le système du *knowledge* lycée mais que nous réformions le système universitaire.

---

5. une culture générale plus importante: *a broader basic education*

COMPRÉHENSION DU TEXTE

1. Les rapports entre professeurs et étudiants sont-ils différents en France et aux États-Unis? Comment?
2. Avez-vous des cours magistraux? Si oui, sont-ils différents de ceux que Denise et Gérard décrivent? Expliquez.
3. Qu'est-ce qui rend le système français autoritaire aux yeux de Denise et Gérard?
4. Comment se fait la sélection en France?
5. Comment décrivent-ils la sélection aux États-Unis? À votre avis, en ont-ils une appréciation adéquate? Expliquez.
6. Qui paie les études supérieures en France? aux États-Unis?
7. Quels problèmes se posent pour les étudiants français qui ne sont pas des boursiers de l'État?
8. Est-ce que Denise et Gérard pensent que les étudiants américains sont politisés? Comment Gérard les caractérise-t-il?
9. Selon Denise, qui travaille le plus, les étudiants français ou les étudiants américains? Qu'en pense Gérard?
10. D'après Gérard et Denise qu'est-ce qu'il y a de bon dans le système d'enseignement français, surtout au lycée?
11. Quelles sont deux de leurs critiques à l'égard du système universitaire français? du système américain?
12. Quels aspects du système universitaire français contribuent à la mobilité sociale? Lesquels contribuent à maintenir le *status quo* social?
13. Quelles sont pour vous les plus grandes différences entre les systèmes universitaires français et américain? Aimeriez-vous étudier en France? Pourquoi? Quel(s) aspect(s) du système américain vous manquerai(en)t?
14. Appuyez ou contredisez ces affirmations en vous référant au texte.
    a. Les facultés en France sont très politisées.
    b. La sélection se fait de façon démocratique.
    c. Les étudiants français savent qu'ils auront fini leurs études à une date précise.
    d. Dans l'ensemble Gérard et Denise semblent préférer le système universitaire américain.
15. Trouvez les endroits où Denise et Gérard sont d'accord et ceux où ils ne sont pas d'accord. Que disent-ils pour marquer cet accord et ce désaccord?

À la Réflexion

1. Choisissez une des traditions traitées dans ce dossier et montrez comment cette tradition évolue et comment elle se maintient.
2. Comment est-ce que l'État crée, maintient, et change les traditions? Basez

votre discussion sur deux ou trois des textes qui se trouvent dans ce dossier.

3. Les sentiments patriotiques ont pour fonction d'unifier les gens d'un pays. Quelles sont les traditions françaises qui contribuent à cette unité nationale?

4. Vous allez être envoyé(e) en France pour représenter votre compagnie. Avant votre départ vous passez un examen pour évaluer vos connaissances des traditions et des habitudes françaises. Voici quelques-unes des questions auxquelles il vous faut répondre:

   a. Pourquoi ne faut-il pas dire «Allons bouffer» à l'ambassadeur de France aux États-Unis?

   b. Pourquoi ne faut-il pas employer le mot «alunir»?

   c. Pourquoi ne faut-il pas servir du vin blanc avec le rosbif?

   d. Pourquoi ne peut-on pas se présenter à l'École normale supérieure au mois d'octobre en disant qu'on veut y suivre des cours?

   e. Pourquoi est-ce qu'un(e) étudiant(e) français(e) ne peut pas dire quand il/elle aura son diplôme?

SUR L'ESPACE 5

Introduction

Much of human communication occurs without words. Sociologist Laurence Wylie, who has spent a lifetime studying the French, estimates that facial expressions, eye and body contact, distance from others, body movements, gestures, and even smell comprise more than half of the messages we give and receive. His work has also shown that, as with language itself, nonverbal communication patterns vary widely from culture to culture.

The cultural specificity of the use and perception of space can hamper cross-cultural communication. Americans, for example, are likely to stand farther apart during a conversation than two French people would. They need more personal space. An American talking with a French person would probably back away to a comfortable conversational distance. The French person may thus receive the impression, without necessarily being able to pinpoint why, that the American is unfriendly or indifferent.

Just as people structure their personal space, so they structure their environment—homes, places of work, towns, and cities. The grid pattern of streets that is typical in American cities, for example, is not prevalent in France. In fact, the French have no equivalent for our word *block*. A map of Paris rather resembles a series of juxtaposed spider webs. At the center of each web is a *place*, an open area of imposing dimensions (*Place de l'Étoile, Place de l'Opéra, Place d'Italie*). A quick glance at a rail or road map of France reveals the same wheel pattern—all routes converge on Paris, the hub of the country. Anthropologist E. T. Hall, a pioneer in the field of cross-cultural nonverbal communication, spotted the same arrangement in French offices. He noted that the desk of the man in charge "can often be found in the middle—with his minions placed like satellites on strings radiating outward from him" (*The Hidden Dimension*, p. 147).

What cultural messages do these spatial arrangements convey? Clearly, there is a framing effect that focuses attention and confers importance on the center, be it the capitol city, a historic monument like the Arc de Triomphe, or the powerful company kingpin. Hall theorizes that this pattern reflects the ideology of centralization that permeates French society. Like body language, architectural design and urban planning are key nonverbal factors in the total communication system of any society and transmit important cultural messages.

L'Espace personnel: Le Corps

Vocabulaire du corps
et du mouvement

Les caractéristiques du corps

la taille: *height*   Êtes-vous grand, petit, ou de **taille** moyenne?

gros/se; bien en chair: *fat; plump* ≠ **svelte, mince:** *slim;* **maigre:** *skinny*
trapu/e: *stocky, heavyset*
costaud/e, robuste, solide: *strong* ≠ **faible:** *puny, weak*
bien fait/e: *good looking, well-built*

Le corps en mouvement

s'asseoir: *to sit down* ≠ **se lever:** *to stand up*   Aussitôt entrée, elle **s'est assise** devant la télévision!

bouger: *to move, to move around* ≠ **rester:** *to stay, to remain*   **Reste** là! Ne **bouge** pas!

se rapprocher de: *to come closer to* ≠ **s'éloigner de:** *to move away from*   Ils **se sont rapprochés de** moi pour mieux entendre ce que je disais.

se tenir debout; assis/e; droit/e: *to be, to stay standing; seated; straight, erect*   Le soldat **se tenait droit** et immobile.

faire un geste: *to make a gesture*   Il **a fait un geste** de la main pour indiquer qu'il voulait parler au garçon.

se pencher: *to lean over, to bend down*

penché/e: *bent over, hunched over*   Restes-tu **penchée** sur tes livres pendant des heures?

croiser les jambes; croiser les bras: *to cross one's legs; to fold one's arms*

se serrer la main: *to shake hands*   Ils **se sont serré la main** chaque fois qu'ils se sont rencontrés.

lever la main; lever les yeux: *to raise one's hand; to raise one's eyes* ≠ **baisser la main; baisser les yeux:** *to lower one's hand; to lower one's eyes*   **Baissez**-vous **les yeux** quand le prof vous pose une question?

traîner les pieds: *to shuffle, to drag one's feet*

MISE EN ŒUVRE DU VOCABULAIRE

A. Choisissez parmi les expressions données pour répondre de façon logique à chacune des questions suivantes. Répondez par une phrase complète.

se lever pour partir	se serrer la main
se rapprocher	baisser les yeux
traîner les pieds	croiser les jambes
rester debout	se pencher
s'asseoir	faire un geste

1. Que faites-vous quand la porte d'entrée est trop basse?
2. Que faites-vous quand toutes les places dans l'autobus sont occupées?
3. Que faites-vous quand la classe est terminée?
4. Que faites-vous quand vous avez rendez-vous chez le dentiste mais vous n'avez pas envie d'y arriver parce que vous avez peur?
5. Que faites-vous quand vous arrivez au restaurant universitaire et vous voyez une table libre?
6. Que faites-vous quand vous entendez mal un ami qui vous parle?
7. Que faites-vous quand vous êtes au restaurant et la serveuse ne vous a pas encore donné la carte?

8. Que faites-vous quand vous ne voulez pas parler à quelqu'un dans la rue?

B. Choisissez des photos ou des dessins dans ce livre et décrivez la posture et le corps des gens.

C. *Rôles*.

Divisez la classe en groupes. Dans chaque groupe il y aura un(e) photographe professionnel(le) et des mannequins (*fashion models*). Pour prendre des photos, le (la) photographe doit faire poser les mannequins. Changez de rôles fréquemment (vous pouvez apporter des appareils-photos en classe et vous habiller en mannequin). Voici quelques expressions pour vous mettre en train:

Mettez-vous (mets-toi) debout devant la fenêtre.

Rapprochez-vous/Éloignez-vous/de la fenêtre/de moi/etc.

Ne bougez pas. Parfait.

Maintenant, asseyez-vous là.

Regardez-moi.

Souriez.

Voilà!

La Communication non-verbale des Français

L'Américain ou l'Américaine qui essaie de s'acheter une chemise ou des chaussures en France peut très bien trouver qu'il porte la *taille* ou la *pointure* la plus grande. C'est que les Français sont plus petits et plus minces que les Américains. De plus, ils portent des vêtements beaucoup plus *ajustés*. D'après le sociologue Laurence Wylie, cette préférence ne reflète pas uniquement le souci d'être à la mode; elle est aussi une manifestation d'une différence culturelle fondamentale: l'espace personnel dont un Français a besoin est plus réduit que celui que *réclame* un Américain. À l'intérieur de son espace personnel, un Français se tient bien droit, comme suspendu à un *fil de plomb*. Ses mouvements et ses gestes sont plus *restreints* que ceux de l'Américain. Il garde les *coudes* plus près du corps et gesticule surtout avec les mains. Les conseils de ses parents («Ne *balance* pas les bras! Ne *t'avachis* pas!») ont formé sa démarche[1] contrôlée. L'Américain a tendance à faire des gestes expansifs *en étendant* les bras et à marcher légèrement penché en avant en balançant les bras. Quand il croise les jambes, c'est à la «cowboy», avec les jambes bien *écartées*.

size / shoe size

fitted

demande

plumb line
limités
elbows
swing
slouch
spreading

séparées

1. **démarche:** *way of walking*

Il peut arriver à l'Américain de reculer inconsciemment.

Grâce à cet espace personnel plus réduit, les Français se tiennent plus près les uns des autres. Il peut donc arriver à l'Américain qui parle à un Français (et pour qui l'espace personnel mesure environ un mètre) de se sentir mal à l'aise et de reculer[2] inconsciemment. Qu'il le sache ou non, la proximité du Français est ressentie comme une «aggression».

Les Français sont connus pour l'expressivité de leurs gestes, dont la plupart n'ont pas d'équivalent américain. Il est vrai que certains gestes existent en France comme aux États-Unis. Mais attention! La moindre variation peut prêter à confusion.[3] Prenons l'exemple d'un geste quasi-universel: celui de compter de 1 à 5. Le Français commence par le pouce tandis que l'Américain commence par l'index ou par le petit doigt. Si vous commandez deux bières en France en levant l'index et le *majeur*, vous en recevrez trois.

middle finger

Comme partout, l'emploi des gestes varie selon la classe sociale et l'individu. Un bourgeois ne fait pas les mêmes gestes qu'un ouvrier, et il en fait moins; et *quelle que soit* sa classe sociale, chaque individu gesticule un peu à sa façon.[4] Mais la grande majorité des gestes fait tout de même partie d'un langage corporel facilement reconnu par tous les Français.

whatever

2. **de se sentir mal à l'aise et de reculer:** *to feel uncomfortable and to back up*
3. **prêter à confusion:** *lead to a misunderstanding*

4. **à sa façon:** *in his or her own way*

FAIT FRAPPANT: La Fréquence du contact

Combien de fois en une heure un couple assis dans un café se touche-t-il? Voici les observations d'un chercheur:

Portoricains:	180 fois
Français:	110
Anglais:	0
Américains:	2

Quelques Gestes français

A

Au poil!:   *To the hair!, Perfect!*   This gesture is associated with the idea of measuring something perfectly, right down to a hair.

B

Mon œil!:   *My eye!*   You can't fool me!

Il est bourré!:   *He's stuffed!* He's potted; he's drunk.

La barbe! Rasoir!:   *How dull!*

Ras-le-bol!:   *The bowl is full to the brim!*   I've had it up to here!

Comme-ci, comme-ça!: *Like this, like that!* So-so, sort of.

Photos et légendes tirées de *Beaux Gestes* par Laurence Wylie

COMPRÉHENSION DU TEXTE

1. Pourquoi un(e) Américain(e) peut-il (elle) avoir de la difficulté à acheter des vêtements en France?
2. Décrivez la posture typique d'un Français et celle d'un Américain. Vous tenez-vous comme un Américain typique? Si non, décrivez votre posture caractéristique.
3. Est-ce que vos parents ont influencé votre façon de vous tenir? Si oui, comment?
4. Pourquoi les Américains se sentent-ils parfois mal à l'aise avec les Français?
5. Qu'est-ce qui se passerait si vous commandiez deux bières en France en levant l'index et le majeur? Pourquoi?
6. Les gestes sont-ils absolument idiosyncratiques? universels? Expliquez.
7. Regardez les photos A à F. Quels gestes se font de la même façon aux États-Unis? Pouvez-vous «traduire» les autres en gestes américains?

ACTIVITÉS

A. Combien mesurez-vous en mètres/centimètres? (1 *inch* = 2.2 cm.; 1 *yard* = .914 m.; 1 m. = 100 cm.) Êtes-vous plus grand(e) ou plus petit(e) que le Français moyen (1m. 74 en 1973)?

B. Comparez des annonces publicitaires (*ads*) américaines et françaises pour le même genre de produit (parfum, vêtements, ou nourriture, par exemple). Cherchez dans des journaux et des magazines des annonces dans lesquelles le corps humain joue un rôle important.

1. Décrivez les annonces, surtout la posture et les gestes des gens. (Voir quelques expressions utiles à la page 75.)

2. Voyez-vous des différences de présentation entre l'annonce française et l'annonce américaine pour le même genre de produit? Par exemple, l'une des deux est-elle mieux arrangée? plus fantaisiste? plus sexiste? plus sophistiquée? plus érotique?

3. Quelle annonce trouvez-vous la plus convaincante? Pourquoi?

C. Vous êtes chargé(e) de former un(e) espion(ne) (*spy*) qui va infiltrer le gouvernement français. Quelles modifications devra-t-il (elle) probablement faire à sa posture, à sa démarche, à ses gestes, et à ses mouvements? Par exemple, pour ressembler plus aux Français, l'Américain(e) devra porter des vêtements suffisamment ajustés. Continuez.

D. *Travail par groupes de deux.*

Choisissez deux ou trois gestes typiquement français et intégrez-les dans un dialogue que vous jouerez en classe. Voici des contextes possibles:

Vous parlez avec un(e) camarade de classe après un examen.

Vous êtes en retard à un rendez-vous.

Vous parlez d'un(e) ami(e).

Vous parlez du week-end.

Le Langage corporel et
le langage parlé:
Une Question de rythme

Le langage corporel va de pair[1] avec le langage parlé. Les mouvements et les paroles ont un rythme complémentaire, synchronisé et bien particulier que l'enfant internalise tout jeune. Le rythme américain et le rythme français sont bien différents. D'abord, les Français parlent plus vite—presque trois fois plus vite que les Américains. Pour la plupart des étudiants américains, la rapidité caractéristique du *débit*   *speech* français rend plus difficiles la compréhension et l'expression. Plus rapide, le rythme du français parlé est également plus régulier. Cette régularité découle du fait[2] que les Français

---

1. va de pair: *goes hand in hand*   **2. découle du fait:** *stems from the fact*

«Le langage corporel va de pair avec le langage parlé.»

divisent automatiquement leur débit en groupes rythmiques égaux durant à peu près une seconde chacun, et que la dernière syllabe de chaque groupe rythmique reçoit toujours un *accent tonique*, c'est-à-dire que cette syllabe est plus longue et par conséquent plus importante que les syllabes précédentes, qui, elles, sont toutes égales. Puisque la durée du groupe rythmique ne varie pas, quand il y a plus de syllabes dans un groupe, il faut les prononcer plus vite. Vous pouvez faire l'expérience de la régularité du groupe rythmique français en faisant l'exercice suivant: Voici des réponses possibles à la question «Ça va aujourd'hui?» Répétez ces phrases *en accélérant* comme il faut votre débit. En même temps que vous prononcez chaque phrase, *battez des mains* sur un rythme régulier d'une seconde. Ce mouvement corporel vous aidera à maintenir la régularité fondamentale du groupe rythmique. Vous pouvez même marcher sur ce rythme si vous préférez. Mettez toujours l'accent sur la dernière syllabe.

stress

speeding up

clap

Ça **va.** (2 syllabes)

Ça va **bien.** (3 syllabes)

Ça va très **bien.** (4 syllabes)

Ça va à mer**veille.** (5 syllabes)

Maintenant, créez vous-même des groupes rythmiques de plus en plus longs.

1. Il parle.

   Il parle. . . .

2. Ils mangent.

   Ils mangent. . . .

3. Elle danse.

   Elle danse. . . .

En français, l'accent tombe toujours sur la dernière syllabe du groupe rythmique. Mais ce n'est pas pareil en anglais où la plupart des mots ont des accents invariables qui ne dépendent pas de la place du mot dans un groupe rythmique. Voici un exemple de l'accent fixe: *I live in California. California is where I live.* Les étudiants américains *ont* souvent *du mal à* distinguer les mots individuels en français justement *have trouble* parce que ces mots n'ont pas les accents fixes dont les Américains ont besoin pour s'orienter. Les mots «se perdent» dans un seul groupe rythmique qui, à l'oreille américaine, semble être un grand «mot» incompréhensible.

Pour *faire ressortir* la différence entre l'anglais, où *bring out* l'accent dépend du mot individuel, et le français, où l'accent

«Chaque individu gesticule un peu à sa façon.»

tombe toujours sur la dernière syllabe du groupe rythmique, comparons les quatre phrases suivantes:

1. *He makes **dinner**.*
2. Il fait le dî**ner.**
3. *He makes **dinner** every* (or ***every***) ***evening**.*
4. Il fait le dîner chaque **soir.**

Les phrases 2 et 4 se composent toutes les deux d'un seul groupe. Mais dans la phrase 4, où le groupe est plus long (7 syllabes), l'accent ne tombe plus sur *dîner*. Puisque *dîner* ne termine plus le groupe, il est désaccentué. Dans les phrases 1 et 3, les mots importants sont accentués indépendamment de leur place dans la phrase.

Comme on voit, le rythme du français parlé et celui de l'américain parlé ne sont pas du tout les mêmes. Et puisque les gestes se synchronisent avec l'accentuation, le rythme corporel de chaque langue est très différent aussi. L'interférence du rythme natal et notre ignorance du langage corporel qui accompagne une langue sont deux raisons pour lesquelles il est si difficile d'apprendre à «bien parler» une autre langue. Pour bien communiquer en français, un Américain doit non seulement *maîtriser* vocabulaire, grammaire et prononciation,   savoir mais aussi changer la rapidité et le rythme de son débit et adapter son espace personnel, ses gestes et ses mouvements.

COMPRÉHENSION DU TEXTE

1. Quel rapport y a-t-il entre les mouvements et les paroles?
2. Comparez le débit des Français et celui des Américains.
3. Où tombe l'accent tonique en français?
4. Est-ce qu'un mot français est toujours accentué de la même façon? Expliquez.
5. Pourquoi est-ce difficile d'apprendre une langue étrangère?
6. Résumez les problèmes qui peuvent se poser pour l'Américain(e) qui apprend le français.

ACTIVITÉS

A. Prononcez les mots et expressions suivants—l'anglais puis le français. Pour bien sentir la différence rythmique, faites un geste de la main pour accompagner chaque syllabe accentuée. Demandez à un(e) camarade de classe de vous observer et de vous dire si vos gestes et accents sont synchronisés. Puis, changez de rôles.

anglais	*français*
mission	mi**ssion**
*im**po**ssible*	impo**ssible**
American	Améri**cain**

university	université
public	public
*This **mission** is im**po**ssible.*	Cette mission est impo**ssible.**
*The university is **public**.*	L'université est pu**blique.**

B. Divisez les phrases suivantes en syllabes et indiquez quelles sont les syllabes accentuées. Prononcez les phrases en faisant un geste de la main pour accompagner chaque syllabe accentuée. Travaillez avec un(e) camarade. La dernière phrase en français est composée de *deux* groupes rythmiques.

Modèle: *This **judgment** is ir**re**vocable.*   Ce jugement est irré**vocable.**
   *This **judgment** is irre**vo**cable.*   Ce jugement est irrévo**cable.**
   OR *This **judgment** is irre**vo**cable.*

1. *Have a good weekend!*   Passez un bon week-end!
2. *Don't do that!*   Ne fais pas ça!
3. *Ford was president.*   Ford était président.
4. *I want to do it!*   Moi, je veux le faire!

Chez soi

Vocabulaire de la maison

le quartier: *neighborhood*
la maison particulière: *private house*
la résidence secondaire: *vacation home*
l'immeuble (*m.*): *apartment building*   L'appartement de ma sœur se trouve dans **un immeuble** à quatre étages.
à la campagne: *in the country;* **en ville:** *in the city;* **en banlieue:** *in the suburbs*   Les Français rêvent d'acheter une maison **en banlieue.**
en pierre: *built of stone;* **en stuc:** *stucco;* **en bois:** *wood;* **en brique:** *brick*   Préférez-vous les maisons **en pierre** ou **en bois?**
le propriétaire: *owner* ≠ **le locataire:** *tenant*
louer quelque chose: *to rent something;* **le loyer:** *rent*   Si vous **louez** une maison, vous devez payer **le loyer** régulièrement.
le chauffage central: *central heating*
le chauffage au mazout: *oil heat*
le poêle à bois: *wood-burning stove*
les appareils ménagers (*m. pl.*): *household appliances*
   le réfrigérateur, le frigo: *refrigerator, fridge*
   le lave-vaisselle: *dishwasher*
   la machine à laver: *washing machine*
   l'aspirateur (*m.*): *vacuum cleaner*
   le climatiseur: *air conditioner*

disposer de quelque chose: *to own, to have the use of something* **De** quels appareils ménagers **disposez-vous?**

meubler: *to furnish;* **les meubles** (*m. pl.*)*: furniture* —Comment allez-vous **meubler** ce studio?

—Je vais emprunter des **meubles** à mes parents.

s'installer: *to get settled* Il me faudra plusieurs mois pour **m'installer** dans mon nouvel appartement.

aménager quelque chose: *to fix up, to (re)decorate something* Quand vas-tu finir d'**aménager** ton nouvel appartement?

déménager: *to move out;* **le déménagement:** *move, moving* Nous **déménageons** à la fin de l'année.

un ménage: *household, couple* Beaucoup de jeunes **ménages** ont des difficultés financières.

faire le ménage: *to do the housework*
    faire la vaisselle: *to do the dishes*
    faire la lessive: *to do the laundry*
    faire les courses: *to run errands*

recevoir: *to entertain* Je **reçois** très peu. Je suis trop occupé.

donner sur: *to overlook, to open onto* Les portes vitrées du salon **donnent sur** le jardin.

spacieux/spacieuse: *roomy, spacious* ≠ **étroit/e:** *cramped, confined*

clair/e: *bright* ≠ **sombre:** *dark*

calme, tranquille: *quiet, peaceful* ≠ **bruyant/e:** *noisy*

bien entretenu/e: *well-maintained, kept up* ≠ **délabré/e:** *run-down*

MISE EN ŒUVRE DU VOCABULAIRE

A. Faites des phrases logiques et correctes en choisissant parmi les expressions données:

déménager	aménager
louer	faire le ménage
le quartier	recevoir
le ménage	le déménagement

1. Ils sont mariés depuis cinquante ans et ils s'entendent encore très bien. C'est un vieux _____ vraiment uni.

2. Avez-vous décidé comment vous allez _____ votre nouvelle maison?

3. —Vous quittez votre appartement rue de Vincennes?
    —Oui, nous _____ à la fin du mois.

4. Nous n'avons pas assez d'argent pour acheter une maison. Nous allons _____ un appartement pendant quelques années.

5. Mes clients cherchent une maison avec un grand salon. Ils _____ beaucoup.

B. Complétez les phrases suivantes et comparez vos réponses en classe. Vous pouvez toujours répondre au négatif si vous le préférez.

Modèle: Je voudrais une résidence secondaire parce que **j'aime quitter la ville en été/ ma famille aime faire du ski/** Etc.
Je **ne** voudrais **pas de** résidence secondaire parce que **c'est trop de travail/** Etc.

1. Je voudrais quitter la cité universitaire et m'installer dans un appartement parce que _____ .
2. Je voudrais vivre à la campagne parce que _____ .
3. Je voudrais le chauffage au mazout parce que _____ .
4. Je voudrais disposer d'un climatiseur et d'un lave-vaisselle parce que _____ .
5. Je voudrais être propriétaire parce que _____ .
6. Je voudrais des meubles modernes (≠ traditionnels) parce que _____ .
7. Je voudrais une chambre individuelle à la cité universitaire parce que _____ .
8. Je voudrais une maison en bois parce que _____ .
9. Je voudrais que mes fenêtres donnent sur un parc parce que _____ .
10. Je voudrais vivre dans un immeuble en ville parce que _____ .

C. Faites la description de votre maison familiale ou de votre appartement familial. Quels en sont les aspects qui vous plaisent? qui vous déplaisent? Dans quelle pièce passez-vous le plus de temps? Où allez-vous pour vous relaxer? pour travailler? Employez au moins *dix* mots de la liste de vocabulaire.

D. Un agent immobilier (*real estate agent*) fait visiter un appartement à des clients. Naturellement, l'agent décrit les pièces avec enthousiasme. Les clients sont faciles ou difficiles à plaire. Imaginez la conversation. Employez au moins *huit* mots de la liste de vocabulaire.

FAIT FRAPPANT: Comment dit-on «*privacy*»?

Le mot «*privacy*» ne se traduit pas par un seul équivalent en français. On dit par exemple:

J'ai besoin de **solitude.**

J'ai besoin d'**être seul(e).**

Je tiens à ma **vie privée.**

J'aime l'**intimité de mon foyer.**

Loctudy
Construction : traditionnelle sur sous-sol total.
Surface habitable : 96,95 m2
Couverture : ardoise Eternit.
Murs : parpaings ciment, laine de verre et briques plâtrières.
Chauffage : électrique, procédé Kenober.
Menuiseries : bois exotique, petits bois ; vitrage isolant.
Sanitaires : blancs, Porcher. Robinetterie Porcher.
Revêtements de sol : grès émaillé, aiguilleté.
Prix : 245.000 F (Juin 78).
A noter : une petite maison réalisée dans une certaine tra-
dition régionale : toit très pentu, petites ouvertures, pare-
ments de granit. A l'intérieur, un plan pratique dans lequel
la salle-de-bains se double d'une salle d'eau à l'étage et où
l'on remarque la présence d'un grenier. Finitions soignées.
Les Bâtisseurs d'Armor, 21, rue des Trente, B.P. 1287,
35013 Rennes Cedex.

Le Logement

    Comment les Français voient-ils l'endroit où ils habitent?
Deux facteurs psychologiques semblent dominer: l'intimité et
la permanence. *L'habitation* constitue un monde privé   *(One's) dwelling*
(l'intérieur), un territoire personnel (chez moi, chez nous, chez
autrui[1]), un espace central, un lieu privilégié qui sert de retraite et d'abri[2] (le foyer). Le désir de séparer et de protéger
l'espace privé se reflète dans l'architecture de la maison traditionnelle et dans les coutumes. Les hauts murs qui entourent
souvent les maisons et les *volets* qui cachent les fenêtres la   *shutters*
nuit sont de solides barrières contre les intrusions du monde
extérieur. D'autres barrières, celles-ci invisibles, existent
aussi. Les Français reçoivent assez rarement. *À l'encontre des*   *Unlike*
Américains, qui invitent les gens chez eux ne serait-ce que[3]
pour prendre le café, les Français ont tendance à se rencontrer
ailleurs—au café ou au restaurant. Chez soi, c'est pour la fa-   *elsewhere*
mille et quelques intimes.

    Par goût de l'histoire et de la permanence, les Français
semblent préférer les vieux bâtiments rénovés aux constructions modernes. Plus de deux millions de familles françaises

---

1. **chez autrui:** *someone else's house*   3. **ne serait-ce que:** *even if only*
2. **retraite et d'abri:** *refuge and shelter*

«. . . les volets qui cachent les fenêtres la nuit . . .»

habitent dans des immeubles bâtis avant 1850; 175.000 familles habitent des maisons qui datent du seizième siècle et ces familles sont loin de s'en plaindre.[4] Un vieil immeuble offre certains avantages: de grandes pièces, des façades qui ne se ressemblent pas toutes, de la solidité, du charme, un loyer plus raisonnable et la proximité du *centre*. La construction   *downtown*
moderne, caractérisée par une baisse de qualité,[5] l'uniformité
et l'*agglomération* autour des grandes villes est moins bien   *concentration*
accueillie.   *acceptée*

Quelles que soient leurs préférences, beaucoup de Français ne réussissent pas à se loger convenablement.[6] La France souffre aujourd'hui d'une crise du logement qui résulte en grande mesure du fait qu'elle *a subi* deux guerres succes-   *suffered*
sives au vingtième siècle. Les ravages causées par la Deuxième guerre mondiale surtout étaient énormes. Des villes entières comme Caen et Cherbourg ont été presque détruites et plus d'un million de logements sont devenus inhabitables. Juste

4. **s'en plaindre:** *complaining about them*
5. **baisse de qualité:** *lower quality*

6. **se loger convenablement:** *find adequate housing*

Des villes entières ont été presque détruites.

après la guerre, le gouvernement a inauguré une politique de construction assez *poussée*. Les vingt années suivantes ont vu la construction de plus de 3.600.000 logements dont un million de H.L.M., c'est-à-dire, des Habitations à Loyer Modéré.[7]

 Malgré les efforts du gouvernement, la crise du logement dure encore. Près de 40 pour cent des Français vivent encore à l'étroit.[8] Cette situation est aggravée par plusieurs facteurs. Depuis 1945, le gouvernement encourage vigoureusement les Français à avoir des familles *nombreuses* pour remplacer les milliers d'hommes morts dans les deux guerres mondiales, et la population a augmenté très rapidement. Mais en même temps, sous la 5e République, ce sont les secteurs de l'industrie et des finances qui ont principalement bénéficié de l'aide à la reconstruction. Le nombre de logements n'a pas suffisamment augmenté. Finalement, les nouveaux bâtiments ne plaisent pas toujours aux futurs occupants. À cause de leur prix très élevé et de leur modernisme, pas mal de gratte-ciel, par exemple, restent vides.

 En général, les Français sont moins bien logés que les Américains. Bien que les Français, tout comme les Américains, rêvent d'être propriétaires, il y a beaucoup moins de maisons individuelles en France. En plus, les habitations sont plus petites et disposent de moins d'équipements modernes. Les

far-reaching

grandes

7. **des Habitations à Loyer Modéré:** *subsidized low-income housing*

8. **à l'étroit:** *in overcrowded conditions*

statistiques sont éloquentes. Dans le tableau suivant, les chiffres représentent le pourcentage de résidences principales disposant d'un certain élément de confort.

Le Confort moderne (*Quid,* 1979)				
	1954	*1962*	*1968*	*1973*
Eau courante[9]	61,9	78,4	90,8	97
W.-C. intérieur[10]	26,6	40,5	54,8	70
Baignoire ou douche	10,4	28,9	47,5	65
Téléphone			15,2	22,7
Chauffage central			62	68

Il est évident que la modernisation est venue *sur le tard*.   *late*
Des éléments de confort qui sont des données de la vie quotidienne[11] aux États-Unis depuis longtemps sont de nouveaux *acquis* pour bien des Français.   *acquisitions*

9. **Eau courante:** *Running water*
10. **W.-C. intérieur:** *Indoor toilet*

11. **des données de la vie quotidienne:** *taken for granted*

COMPRÉHENSION DU TEXTE

1. Que représente la maison pour les Français? pour vous?
2. On dit que la société française est très «fermée». Quels en sont les signes architecturaux?
3. Où est-ce que les Français rencontrent surtout leurs amis? Pourquoi?
4. Quelle sorte de bâtiments est-ce que les Français préfèrent? Pour quelles raisons?
5. Pourquoi y a-t-il une crise du logement? Qu'est-ce que le gouvernement a fait pour améliorer la situation? Pourquoi y a-t-il encore des problèmes?
6. Où est-ce qu'on est mieux logé, en France ou aux États-Unis? Pourquoi?
7. Quels éléments de confort vous semblent indispensables?
8. En France, quel élément de confort s'est répandu le plus vite? le moins vite?
9. Parmi les statistiques du tableau, lesquelles trouvez-vous les plus surprenantes? Comparez vos réactions.
10. Quand on évalue le niveau de vie d'un peuple on considère la qualité du logement. Savez-vous quels autres facteurs sont pris en considération?

ACTIVITÉ

Enquête collective.
Posez les questions suivantes à quelqu'un qui a plus de cinquante ans. En classe, comparez vos résultats.

1. Avez-vous toujours disposé de l'eau courante? d'un W.-C. intérieur? d'une baignoire ou d'une douche? du téléphone? du chauffage central?

2. En cas de réponse négative, demandez: Depuis combien de temps disposez-vous de l'eau courante? Etc.

LES LOYERS GRIMPENT.

Ne soyez plus locataire. Investissez dans une maison : devenez propriétaire. Vous pensez que vous n'en avez pas les moyens ?

Phénix vous prouvera le contraire en étudiant un plan de financement adapté à votre budget. Ce plan vous permettra de devenir propriétaire de votre maison pour le prix d'un loyer.

C'est si simple avec Phénix d'avoir sa maison que même les démarches administratives et financières, le permis de construire, le chantier... vous n'aurez pas à vous en occuper. Le terrain ? Phénix vous aidera à en rechercher un, bien situé. Votre seule préoccupation sera de choisir parmi les 300 variantes de maisons Phénix celle qui vous convient: la maison dont

vous rêvez depuis toujours, adaptée à vos besoins, à la région et répondant à vos goûts.

Ne continuez pas de payer un loyer. Que vous restera-t-il dans dix ans, dans vingt ans ? Payer un loyer toute sa vie, ce n'est pas une vie.

C'EST LE MOMENT D'ACHETER VOTRE MAISON PHENIX

Vignette: Jacinthe Giscard
d'Estaing se marie

Jacinthe (étudiante, 19 ans) et Philippe Guibout (architecte, 29 ans) se sont mariés au printemps 1979 et se sont installés dans leur nouvel appartement. Quoique Jacinthe soit la fille d'un *ancien* Président de la République et aristocrate   *former*
en plus, le jeune couple ne vit pas, bien sûr, dans le château familial: l'appartement que Philippe a acheté et qu'ils aménagent eux-mêmes est de dimensions modestes selon les normes américaines. C'est un petit deux-pièces au troisième étage (sans ascenseur) d'un vieil immeuble dans une rue calme du VIIᵉ arrondissement.[1] Entre les *maquettes* d'architecte et les   *models*
grandes tables dont Philippe se sert pour son travail, il ne leur reste pas grand place pour *disposer* quelques meubles. Les   *arranger*

1. arrondissement: *a division of Paris, comparable to a ward or district*

jeunes mariés sont fiers de leur appartement. Et on peut comprendre pourquoi. Beaucoup de jeunes ménages français *se voient contraints* d'habiter quelque temps avec leurs familles, *soit* parce que les appartements ne sont pas *disponibles, soit* parce qu'ils coûtent trop cher.

sont obligés

either . . . available, or

COMPRÉHENSION DU TEXTE

1. Quel est le métier de Philippe?
2. Que savons-nous sur Jacinthe?
3. Pourquoi sont-ils des jeunes mariés exceptionnels?
4. Seraient-ils exceptionnels aux États-Unis? Pourquoi?

ACTIVITÉ

Exercice de vocabulaire. Faites des phrases correctes et logiques en choisissant parmi les expressions données:

la résidence	l'escalier	spacieux
s'installer	le quartier	troisième étage
déménager	le propriétaire	le locataire

1. Jacinthe et Philippe ne _____ pas dans le château de son père.
2. Ils ont acheté leur appartement. Ils en sont les _____ .
3. Etant donné qu'il n'y a pas d'ascenseur dans l'immeuble, ils doivent prendre _____ pour arriver chez eux. Ils montent au _____ .
4. L'immeuble est dans un _____ tranquille.
5. Il n'y a pas beaucoup de place. L'appartement n'est pas _____ .

Afin d'exercer mes droits, envoyez-moi sans engagement de ma part, une information complète sur vos maisons.
Nom _____
Adresse _____ Tél. _____
J'ai un terrain, oui ☐ non ☐
Niveau de revenus : moins de 6000 F ☐
de 6000 F à 10 000 F ☐ Plus de 10 000 F ☐
Maisons Lovim - Levitt-France
105 bd Haussmann - 75008 Paris.

Maison de 4 pièces 167 000 F**
** Valeur au 1ᵉʳ septembre 80. Mode de chauffage au choix, en sus.   2 VSD

Les Petites Annonces

Pour «décoder» les petites annonces:

anc = ancien
l'annonce (f.): *advertisement*
arrdt = arrondissement (m.)
asc = ascenseur (m.)
bs = salle de bains (f.)
(tt) conft = (tout) confort (m.)
cuis = cuisine (f.)
imm = immeuble (m.)
kitchen = kitchenette (f.)
m² = mètres carrés: *square meters*
part = un particulier: *private party, owner*
s. d'eau = salle d'eau (f.): *shower and washbasin*
ss-sol = sous-sol (m.): *basement, lower level*
stud = studio (m.)
s = sur
vd = vend: *is selling*

appartements vente	appartements vente
LOUVRE — Magnifique 4 pièces 130 m², tout confort, cuis. équipée, bel immeuble du XVIIIᵉ, vue exceptionnelle À SAISIR — 980.000 F 805–19–64	Part. vd. Paris — 7ᵉ Invalides ds imm. anc., joli studio, caract., neuf, 10 m², tt conft, tél, kitchen. équip. vaste placard. Tél. 365–45–53 soir après 20 h.
MOUFFETARD. Part. vd. stud. 32 m², 5 fenêtres, calme, refait 24 rue de l'Arbalète Tél jeudi, vendredi, 337–76–21, ou autre jour: 277–34–71	FG ST-HONORE — TERNES Balcon — tout confort 4 PIECES 590.000 F 276–26–30
GDS-AUGUSTINS — Prox Seine 100 m² DUPLEX 5 PIECES s/jardin Caractère — Charme ODE 95–10	DAUMESNIL — Près place, living double & 2 chambres, bs & s. d'eau, balc., parking, ss-sol, 550.000 F Tél 344–43–87
ECOLE MILITAIRE Appt familial 6 PIECES Soleil — Asc. 160 m², 633–29–17	PASTEUR. Pet. maison mod. s/3 niv. 110 m² habitab. dans cour plantée. Calme, soleil, verdure 703–31–13

COMPRÉHENSION DU TEXTE

1. Lesquelles de ces annonces mentionnent le confort? Lesquelles ne le mentionnent pas?
2. Quel logement semble le plus grand? le plus petit? le plus cher? le moins cher?
3. Le style des petites annonces est le «style télégraphique». Beaucoup de mots manquent (*are missing*). Réécrivez une des annonces en faisant des phrases complètes.
4. Vous avez des chats. Quel est donc le meilleur appartement pour vous?
5. Choisissez un appartement pour un docteur riche avec une famille nombreuse.
6. Votre famille est affectée (*transferred*) à Paris pour cinq ans. Choisissez un logement et expliquez pourquoi votre choix répond aux besoins de votre famille.

ACTIVITÉS

A. Rédigez la petite annonce pour l'appartement de Jacinthe. Inventez quelques détails en plus.
B. Imaginez l'annonce pour l'appartement de vos rêves. En classe, comparez vos annonces.

L'Appartement de Simone

À propos de l'auteur: **Simone de Beauvoir** (née en 1908) écrivain, féministe, et philosophe existentialiste, naît dans une famille bourgeoise parisienne. Étudiante brillante à la Sorbonne, elle se révolte contre son milieu bourgeois et catholique. Elle se tourne alors vers le communisme et adopte une philosophie qui refuse la notion de Dieu et met l'homme au centre de l'univers. Ses œuvres nombreuses traitent des questions politiques (*Les Mandarins*, 1954), de la condition féminine (*Le Deuxième sexe*, 1949), et des problèmes des personnes âgées (*La Vieillesse*, 1970). L'extrait suivant est tiré du premier volume de son autobiographie (*Mémoires d'une jeune fille rangée*, 1958). La famille vient de déménager et Simone de Beauvoir raconte ses réactions de petite fille au nouvel appartement familial.

Nous avions déménagé. Notre nouveau *logis*, disposé à peu près comme *l'ancien*, meublé de façon identique, était plus étroit et moins confortable. Pas de salle de bains, un seul *cabinet de toilette*, sans eau courante: mon père vidait chaque jour la lourde *lessiveuse* installée sous le lavabo. Pas de chauffage; l'hiver, l'appartement était glacé, à l'exception du bureau où ma mère allumait une *salamandre;* même en été, c'était

ici, appartement
the former one

washroom
washtub

portable heater

Simone de Beauvoir

toujours là que je travaillais. La chambre que je partageais
avec ma sœur—Louise couchait au sixième[1]—était trop *exiguë*   petite
pour qu'on pût s'y tenir. Au lieu du spacieux vestibule où
j'avais aimé me réfugier, il n'existait qu'un corridor. Sortie de
mon lit, il n'y avait pas un coin qui fût mien;[2] je ne possédais
même pas un *pupitre* pour y ranger mes affaires.[3] Dans le   desk
bureau, ma mère recevait souvent des visites; c'est là qu'elle
causait le soir avec mon père. J'appris à faire mes devoirs, à   parlait
étudier mes leçons dans le brouhaha des voix. Mais il m'était
pénible de[4] ne jamais pouvoir m'isoler. Nous enviions, ardem-
ment, ma sœur et moi, les petites filles qui ont une chambre
à elles; la nôtre n'était qu'un *dortoir*.   dormitory

Extrait de *Mémoires d'une jeune fille rangée*

1. **au sixième:** *in the seventh-floor maid's*
   room
2. **pas un coin qui fût mien:** *no space of my*
   own
3. **y ranger mes affaires:** *put my things away*
4. **il m'était pénible de:** *it was a hardship*
   for me

COMPRÉHENSION DU TEXTE

1. Décrivez l'appartement des Beauvoir. Quels éléments de confort
   manquent?

2. Pourquoi Simone n'aime-t-elle pas l'appartement? Quel besoin fondamental n'est pas satisfait?
3. En décrivant l'appartement, Simone décrit en même temps sa vie. Qui partage cet appartement avec elle? Mentionnez quelques activités habituelles. Quelles pièces et activités ne sont pas mentionnées? Imaginez pourquoi.
4. Faites une liste des négations. Pourquoi sont-elles si nombreuses?
5. Trouvez-vous la petite Simone égoïste? Expliquez.

ACTIVITÉS

A. *Exercice de vocabulaire*. Trouvez l'antonyme.

A		B	
1.	pénible	a.	éteindre
2.	étroit	b.	remplir
3.	ancien	c.	bien chauffé
4.	glacé	d.	spacieux
5.	vider	e.	nouveau
6.	allumer	f.	le silence
7.	le brouhaha	g.	agréable

Décrivez l'appartement de Simone en employant *cinq* des mots de la colonne B.

B. Écrivez un paragraphe qui décrit une expérience semblable (déménagement, tension dans la famille, chambre partagée, etc.). Employez au moins *huit* mots de la liste de Vocabulaire de la maison.

Le Bâtiment moderne et le goût

Vocabulaire du bâtiment

le bâtiment, la construction: *building*

l'habitation (*f.*), **le logement:** *dwelling, place to live*

le grand ensemble: *housing project*

le gratte-ciel, la tour: *skyscraper, high-rise*

habiter, se loger: *to live*   La famille d'Antoine **se loge** très confortablement. Elle **habite** une maison particulière à Meudon.

bâtir: *to build*   Quand on **a bâti** la tour Montparnasse, beaucoup de Parisiens se sont fâchés.

l'agence immobilière: *real estate company;* **l'agent immobilier:** *real estate agent*

l'urbanisme (*m.*): *city planning;* **l'urbaniste:** (*m.,f.*): *city planner*

MISE EN ŒUVRE DU VOCABULAIRE

A. Donnez l'équivalent français des phrases suivantes:
1. My uncle builds housing projects.
2. We looked a great deal before finding a pleasant place to live. The real estate agent kept showing us expensive apartments.
3. I don't want to live in a high-rise because I prefer being close to the street.

B. *Sondage sur le logement et le goût.*
Divisez la classe en groupes. Choisissez un chef de groupe qui posera les questions aux autres. Puis, résumez les résultats pour la classe. La classe discutera les résultats ensemble.

1. Est-ce une nécessité pour vous?

	Oui	Non
a. un ascenseur		
b. une chambre pour vous seul(e)		
c. une télévision		
d. un climatiseur		
e. un lave-vaisselle		
f. une radio		

2. Avez-vous grandi

a. dans un gratte-ciel		
b. dans un immeuble		
c. dans une maison		

3. Préféreriez-vous vivre dans

a. un gratte-ciel		
b. un immeuble		
c. une maison		

4. Croyez-vous que les Américains, comme les Français, préfèrent rester «les pieds près de la terre»?

5. L'architecture de votre logement était-elle

    a. moderne

    b. traditionnelle

Oui	Non

6. Préférez-vous l'architecture

    a. moderne

    b. traditionnelle

7. Croyez-vous que les gratte-ciel répondent aux besoins humains?

8. Avez-vous grandi

    a. en ville

    b. en banlieue

    c. à la campagne

9. Préférez-vous

    a. la ville

    b. la banlieue

    c. la campagne

10. Croyez-vous que les villes américaines créent des problèmes psychologiques?

11. Faut-il préserver le caractère traditionnel d'un quartier?

La Controverse Beaubourg

Il est impossible de rester indifférent au Centre national d'art et de culture Georges Pompidou. Bien avant d'ouvrir au public en février 1977, son prix (900.000.000 F), son architecture (un immense cube de plexiglas), et son *emplacement* (au cœur du Marais—un quartier *populaire* qui avait jusque là maintenu son caractère traditionnel) *suscitaient* des réactions allant de l'enthousiasme au scepticisme et de la ferveur aux *ricanements*. Le Centre était un rêve conçu par Georges Pom-

site

working-class

provoquaient

rires

pidou, Président de la République de 1969 à 1974. Mort avant
le début des travaux, Pompidou n'a jamais pu voir cette
énorme construction ultra-moderne destinée à «faire de Paris
le centre majeur de l'innovation artistique du monde
contemporain».

Beaubourg, comme on appelle le Centre situé rue Beau-
bourg, est la réalisation d'un rêve *hardi* et original. Il réunit   *audacieux*
en un seul espace divers aspects de la création artistique mo-
derne: une bibliothèque impressionnante *comprenant* non   *including*
seulement des livres mais aussi des disques, des *bandes* vidéo,   *tapes*
et des périodiques; une cinémathèque; des départements de
musique, d'*arts plastiques*, et de création industrielle; diverses   *visual arts*
expositions d'art moderne (et, bien sûr, des garderies,[1] une   *exhibits*
caféteria, un restaurant, et des parkings).

En plus de cette variété, une autre nouveauté pour les
Français, c'est l'aspect libre-service de la bibliothèque. On
peut circuler librement à travers les *rayons*, choisir son livre   *shelves*
ou *feuilleter* un livre voisin. Cette accessibilité contraste avec   *leaf through*
beaucoup de bibliothèques françaises, surtout universitaires,
où il faut avoir une carte de lecteur pour entrer, et où on n'a
pas le droit de chercher soi-même ses livres. On est obligé de
passer par l'intermédiaire d'un employé de la bibliothèque
pour les avoir. Le libre-service incarne un des principes directeurs[2] du Centre: le fonctionalisme.

1. des garderies: *child-care centers*   **2. principes directeurs:** *guiding principles*

Beaubourg—«un immense
cube de plexiglas»

En s'approchant du musée, on remarque tout de suite l'activité artistique qui l'entoure. La grande place qui sépare le Centre des bâtiments voisins sert de théâtre à un spectacle changeant: un cirque, des mimes, des musiciens ambulants, parmi d'autres. Le Centre lui-même donne l'impression d'être un bâtiment encore entouré de son *échafaudage*. Au lieu de   *scaffolding* la pierre dont sont construits les édifices publics traditionnels, les matériaux prédominants ici sont le métal et le verre. Si le Centre a été comparé à une usine, c'est qu'il met à nu son ossature.[3] La tuyauterie, les gaines de ventilation,[4] les escaliers qui sont normalement cachés par l'opacité des murs, se trouvent ici à l'extérieur. Les vibrantes couleurs du métal décorent la façade, tout en signalant[5] les services fondamentaux. Par exemple, le vert indique le transport de l'eau, le bleu, la *climatisation*, le rouge, les *escaliers roulants*.   *air conditioning / escalators*

Le contraste avec le quartier est frappant. Sans être beaucoup plus haut que des bâtiments voisins, le Centre domine par son aspect massif. Bien entendu, le jeu des couleurs primaires qui se détachent sur la blancheur des *alentours* ne   *surroundings* fait que renforcer l'impression de choc. Il n'est pas surprenant que certaines gens le caractérisent de gigantesque, y voient un reflet de l'influence américaine et reprochent à Pompidou d'avoir voulu jouer à qui mieux mieux[6] avec l'Amérique. «Il rêvait d'un Metropolitan Museum, à la mode américaine, parce qu'il pensait que la *croissance* de notre société menait   *développement* à une sorte d'Amérique, à la française bien sûr. Il était possédé d'un rêve américain qu'il projetait dans sa conception de l'architecture et de l'urbanisme et qui le poussait à rivaliser avec le gigantisme des États-Unis. Il avait traduit, à sa manière concrète et obstinée, le principe gaulliste d'indépendance: «Faisons aussi bien et, si possible, mieux que l'Amérique» (*Paris Match*).

Puisque les architectes de Beaubourg étaient anglais et italien, l'influence architecturale des États-Unis n'était pas vraiment directe. Tout de même, la signification idéologique du projet Beaubourg était indéniable. Il était certainement question de rivaliser avec les États-Unis, qui, après la Deuxième guerre mondiale, avaient pris l'ascendant sur[7] la France (et l'Europe entière) dans tous les domaines et qui étaient devenus pour le monde entier le symbole du progrès et de la puissance. Dans le domaine de l'art, cela voulait dire

---

3. **met à nu son ossature:** *exposes its interior structure*
4. **la tuyauterie, les gaines de ventilation:** *the plumbing, the ventilator shafts*
5. **tout en signalant:** *while at the same time indicating*
6. **à qui mieux mieux:** *one-upmanship*
7. **avaient pris l'ascendant sur:** *had surpassed*

Le Louvre: la Cour carrée

reprendre aux États-Unis (c'est-à-dire à New York) la prééminence artistique dont la France avait joui[8] depuis la fin du 19ᵉ siècle et qu'elle avait perdue avec la Deuxième guerre mondiale.

  Pompidou a-t-il réussi? À en croire la réaction de la majorité des Français, on peut douter du succès de son projet. Mais le Président avait parfaitement prédit les jugements négatifs de ses compatriotes quand il a affirmé: «Ça va faire crier!» Voici l'opinion d'un ouvrier qui a visité Beaubourg: «Voilà, comme c'est pour *le peuple*, tu comprends, les architectes se sont dit qu'il fallait pas qu'on soit *dépaysé* et alors ça ressemble tout craché à[9] une usine. C'est une raffinerie, quoi . . . » (*Paris Match*). Un journaliste s'exprime en ces termes: «Qu'est-ce que la belle architecture? La tour Montparnasse,[10] peut-être, ou encore ce palais des mille et un tubes,

the masses
désorienté

8. **dont la France avait joui:** *that France had enjoyed*
9. **ça ressemble tout craché à:** *it's the spitting image of*
10. **La tour Montparnasse:** *controversial skyscraper shopping mall and office complex in the 15th* arrondissement

centre d'art et culture, qui eût sans doute ébloui[11] le voyageur
égaré dans le désert mais qui casse inéluctablement la trame   perdu
architecturale[12] du Marais. Mais la bonne architecture, qu'est-
ce que c'est? Un quartier avec ses rues, ses commerces, ses
places, ses fontaines, ses arbres, son animation. Peut-on rai-
sonnablement *exiger* des monopoles qui ont fait main basse   demander
sur[13] la ville ce type d'environnement? Évidemment pas»
(*Nouvel Observateur*).

    Malgré des critiques souvent hostiles, Beaubourg
triomphe. Le Centre *attire* des artistes internationaux (comme   attracts
le célèbre expatrié Pierre Boulez, revenu de New York pour
diriger le département de musique) et les visiteurs *accourent*.   flock (there)
Le Centre Pompidou est devenu le «musée» le plus populaire
du monde—deviendra-t-il une autre Tour Eiffel?

11. **qui eût sans doute ébloui:** *which would no*
    doubt have impressed
12. **qui casse inéluctablement la trame**
    architecturale: *which inevitably disrupts*
    the architectural unity

13. **monopoles qui ont fait main basse sur:**
    monopolies (i.e., promoters and city
    planners) who have taken over

COMPRÉHENSION DU TEXTE

1. Combien a coûté le Centre Pompidou? Combien est-ce en dollars (1 franc
   = environ 20¢)?
2. Selon Pompidou, à quoi est-ce que le Centre était destiné?
3. Comment la bibliothèque du Centre diffère-t-elle de la plupart des bibliothèques universitaires françaises?
4. Qu'est-ce qui se passe sur la place?
5. Quels services fondamentaux sont signalés par l'architecture? Comment?
6. Quelle est l'importance de l'Amérique dans la vision de Georges Pompidou?
7. Que dit l'ouvrier après avoir visité Beaubourg? Trouvez-vous ses commentaires sarcastiques? Expliquez.
8. Quelle est la différence entre la belle architecture et la bonne architecture
   pour le journaliste du *Nouvel Observateur*?
9. Appuyez ou contredisez les affirmations suivantes en vous basant sur la
   lecture.

   a. Le Centre n'a pas soulevé de controverses.
   b. Le Centre héberge (*houses*) une variété d'activités culturelles.
   c. Sa bibliothèque fait preuve d'originalité.
   d. Le Centre est un bâtiment conventionnel qui ne se distingue pas de
      ses alentours.
   e. Le Centre a uniquement une signification artistique.
   f. Le Centre a réussi à attirer l'attention des artistes et à captiver le
      public.

ACTIVITÉ

Exercice de vocabulaire.
Trouvez dans le texte l'adjectif qui correspond au nom ou au verbe donnés. Employez ces adjectifs pour reformuler ce que l'article dit sur Beaubourg.

Modèle: l'indifférence **Personne ne peut rester indifférent au Centre. Les gens ne sauront rester indifférents à Beaubourg. Etc.**

1. la tradition
2. l'artiste
3. la hardiesse
4. l'originalité
5. l'impression
6. changer
7. frapper
8. prédominer
9. la négation

Des Tours pendables[1]

Il fallait s'y attendre:[2] les gratte-ciel, les Français n'en veulent pas. Mais qu'allons-nous en faire?

Maigre consolation: nous ne sommes pas les seuls. En Allemagne, 1975 aura été l'année record des *faillites* dans l'industrie du bâtiment. Trois cent mille logements neufs sont aujourd'hui inoccupés *outre-Rhin*. Et l'on cite le cas de villes entières, nouvellement construites, restées à l'état de villes-fantômes. En France, bien que la très sérieuse Fédération nationale des Agents immobiliers parle de «reprise sélective»,[3] que son président Roger Lemiale assure que les appartements offrant «la qualité au juste prix» se vendent, on arrive aujourd'hui pour la seule région parisienne à un stock de soixante mille appartements neufs inoccupés dont vingt mille[4] à Paris.

Quand on sait la pléthore des candidats *inscrits* depuis des années, sur des listes de H.L.M., et qui pleurent en attendant un toit, on conçoit l'absurdité d'un système qui incite à construire bien au-dessus des moyens[5] de ceux qui ont le logement pour objectif prioritaire. À Paris, le prix moyen du mètre carré bâti vient de dépasser la cote[6] des 6.000 francs. Ce qui, avec le ou les garages obligatoires plus les différents *frais*, porte à 600.000 francs le prix d'un quatre-pièces.(. . .) Ce qui frappe dans l'effondrement que subit actuellement l'immobilier,[7] c'est que plus on est petit, mieux on arrive à

bankruptcies

en Allemagne

signed up

expenses

1. **Des Tours pendables:** *Dirty tricks or guilty towers. The title is a double play on words.*
2. **Il fallait s'y attendre:** *We should have expected it*
3. **«reprise sélective»:** *partial recovery*
4. **dont vingt mille:** *twenty thousand of them*
5. **au-dessus des moyens:** *beyond the means*
6. **dépasser la cote:** *exceed the price*
7. **l'effondrement que subit actuellement l'immobilier:** *the current collapse of the building industry*

(*à gauche*)
La tour
Montparnasse
(*à droite*)
«Partout en
France les tours
apparaissent . . .»

vendre. Et les plus touchés par la crise, ce sont ces monuments à la gloire de l'homme moderne que l'on prétendait être l'habitat de l'avenir: les tours. Hier encore symboles de *hardiesse*, les voici aujourd'hui objets de dérision. Au point que les promoteurs sont *désormais* presque unanimes: «On ne nous reprendra plus à en construire.»[8](. . .)

    Partout en France les tours apparaissent comme des *moignons* technologiques *surgis* au milieu de nulle part, ou comme des temples implorant le pardon du ciel pour le chaos qu'elles ont engendré à leurs pieds. Car c'est bien de chaos qu'il *s'agit*. Les gens ont besoin de la rue. On ne la casse pas impunément.

    Les courants atlantiques[9] qui nous ont apporté le mythe de la tour ont été finement et longuement analysés. Sociologues et psychologues ont fait du gratte-ciel américain une sorte de montagne magique symbolisant le refus de contempler l'*angoissante* réalité de la métropole *yankée*. Doit-on conclure que la métropole française est moins *génératrice* d'angoisse parce que les Français préfèrent rester les pieds plus près de la terre? Peu importe. La mort de la tour, nous la sentons venir.(. . .)

boldness
henceforth

(ugly) stumps / risen

est question

anxiety-producing
cause

Extraits du *Nouvel Observateur*

8. «**On ne nous reprendra plus à en construire**»: *"You won't catch us building any more of them."*

9. **courants atlantiques:** *i.e., American influence*

COMPRÉHENSION DU TEXTE

1. Quel problème est exposé au premier paragraphe?
2. Pourquoi est-ce que le système immobilier est «absurde»?
3. Quelles sont les victimes du système?
4. Quelle sorte d'appartement se vend le plus facilement? le moins facilement?
5. Autrefois, comment interprétait-on le symbole de la tour?
6. Aujourd'hui, comment les psychologues et les sociologues français voient-ils le gratte-ciel américain? Quel jugement portent-ils sur la métropole américaine? Qu'en pensez-vous?
7. Dans cet article, il s'agit de la construction, mais certains mots employés par l'auteur suggèrent aussi la destruction. Cherchez des exemples dans le paragraphe qui commence «Partout en France. . .»
8. À votre avis, est-ce que les gratte-ciel cassent la rue?
9. Montrez comment la rivalité franco-américaine (mentionnée dans «La Controverse Beaubourg») se manifeste dans cet article.

À la Réflexion

1. Défendez et attaquez les prises de position controversées suivantes. Vous pourriez organiser un débat en classe.
   a. L'adjectif *américain* est synonyme de *moderne, progressiste*.
   b. Le gigantisme est une esthétique proprement américaine.
   c. La stabilité n'est pas une des valeurs de la société américaine.
   d. La famille américaine n'essaie pas de se protéger contre le monde extérieur.
   e. L'homme peut s'adapter facilement aux gratte-ciel.
   f. La vie dans les grandes villes n'est ni saine ni sûre. Il ne faut pas y vivre.
   g. Les gens qui n'apprécient ni l'art ni l'architecture moderne sont vieux jeu (*behind the times*).
2. Quels aspects du caractère national se manifestent dans l'usage que les Français font de l'espace? Par exemple, y a-t-il un rapport entre l'importance accordée au passé et les goûts en matière d'architecture des Français?
3. *Rôles*.
   Une importante société de promotion immobilière veut construire un grand ensemble dans une section de la «vieille ville» d'Annecy. Distribuez les rôles suivants:
   a. les représentants des promoteurs
   b. les représentants du Comité de Défense de la Vieille Ville
   c. les membres de la Commission Municipale qui accorde les permis de construire
   Jouez une scène où la Commission Municipale entend les arguments financiers, écologiques et esthétiques des parties adverses et finalement prononce son jugement.

FÉMININ/MASCULIN 6

Introduction

«*On ne naît pas femme. On le devient.*» Simone de Beauvoir, in her monumental study of women, *Le Deuxième sexe,* 1949, set out to prove once and for all that sex roles are not innate but learned. Indeed, the conditioning process that teaches children the behavior considered appropriate to their sex is long and complex. Parents, peers, textbooks, television, toys all contribute.

In France, as in the United States, sex-role expectations have been institutionalized for centuries in social, religious, educational, and legal systems that have denied women equality and made them second-class citizens. Until recently, there were few advocates of women's rights. Two notable exceptions were eighteenth-century philosopher Condorcet, who demanded political rights for women, and nineteenth-century utopian thinker Fourier, who called for sexual liberation. Another eighteenth-century philosopher, Jean-Jacques Rousseau, expressed the opinion of the majority when he wrote: "*La femme est faite pour céder à l'homme et supporter ses injustices. Toute son éducation doit être relative aux hommes.*" Shortly after the Revolution, Napoleon incorporated misogyny into law. His *Code civil* (1804), which established the modern French legal system, stripped married women of their legal rights and placed them in the same category as minors, criminals, and the mentally ill. It was not until 1944 that French women obtained the vote in recognition of their participation in the war effort.

Along with virtually every aspect of French society, sex roles were the subject of debate and controversy in the late 1960s. Accompanying the social ferment of May 1968 was a resurgence of feminism in France. Much of the impetus for this renewed activism came from the American women's movement. *Le Mouvement de la libération de la femme* (M.L.F.), one of the first and most outspoken women's organizations in France, was named after its American counterpart, the Women's Liberation Movement. Through marches and demonstrations, the M.L.F. served the important function of focusing public attention on the status of women.

Since the early 1970s, many legislative changes have been made in response to women's demands for social and legal equality. These laws already profoundly affect the everyday lives of French women and men, but it is still too early to predict the long-term impact of the attendant shifts in sex roles. Traditionally, masculinity and femininity have been perceived as opposites; implicitly and explicitly, "feminine" traits have been deemed inferior to "masculine" ones. Are conflict and polarization inherent in the relation between the sexes? Is harmonious equality a purely utopian vision? Feminist Nelly Roussel viewed the future optimistically: "*Si vous saviez, ô hommes, comme vous serez plus heureux quand les femmes seront plus heureuses!*"

L'Enfance

Vocabulaire des traits de caractère

bien élevé/e: *well-mannered* ≠ **mal élevé/e:** *ill-mannered, impolite*

doux/douce: *gentle* ≠ **brutal/e:** *rough, violent*

silencieux/silencieuse; tranquille: *quiet; placid* ≠ **bruyant/e; turbulent/e:** *noisy; unruly*

sûr/e de √**soi:** *self-assured* ≠ **craintif/craintive:** *timid, shy;* **manquer d'assurance:** *to lack confidence, to be unsure of oneself* Il a une voix très douce, mais je vous assure qu'il ne **manque pas d'assurance**. Au contraire, il est très **sûr de lui**.

fort/e, ferme: *strong* ≠ **faible, mou/molle:** *weak*

modeste: *modest, unassuming* ≠ **vaniteux/vaniteuse:** *conceited, vain*

accomodant/e; conciliant/e: *accomodating; conciliatory;* **plein/e de tact:** *tactful* ≠ **querelleur/querelleuse:** *quarrelsome;* **autoritaire:** *bossy*

ouvert/e: *open, outgoing* ≠ **fermé/e:** *uncommunicative*

sensible (à quelqu'un, à quelque chose): *sensitive (to), moved (by someone, by something)* ≠ **insensible (à quelqu'un, à quelque chose):** *insensitive (to), unmoved (by someone, by something)*

MISE EN ŒUVRE DU VOCABULAIRE

A. Complétez les phrases suivantes de façon logique à l'aide des mots de la liste des traits de caractère.

1. Au début du semestre il m'était très facile de parler avec ma camarade de chambre comme elle était plutôt _____ .

2. Le problème, c'est qu'elle répétait toujours qu'elle avait été première de sa classe au lycée. Je la trouvais donc un peu _____ .

3. Tout le monde lui avait prédit un bel avenir en disant: «Voilà une fille _____ .»

4. Juste avant les examens elle a commencé à _____ .

5. Quand elle a appris qu'elle avait raté l'examen de chimie elle a pleuré; elle est très _____ à l'opinion des profs.

6. Depuis ce jour, elle s'est transformée. Des fois elle ne dit plus rien et reste absolument _____ .

7. Si mes amis viennent bavarder, elle proteste et dit qu'ils sont trop _____ et qu'elle ne peut pas se concentrer.

8. Si elle est de mauvaise humeur, elle m'insulte, se montrant parfois très _____ .

9. Pourtant, après une dispute, elle devient assez _____ . J'espère bien qu'elle redeviendra comme avant. C'était bien plus agréable!

N'OUBLIEZ PAS CES VRAIS AMIS

actif/active
agressif/agressive
ambitieux/ambitieuse
audacieux/audacieuse
calme
combatif/combative
communicatif/communicative
créatif/créative
curieux/curieuse
démonstratif/démonstrative
docile
dynamique
expansif/expansive

hésitant/e
(im)patient/e
(in)dépendant/e
intelligent/e
intuitif/intuitive
(ir)rationnel/le
nerveux/nerveuse
passif/passive
réservé/e
sérieux/sérieuse
sociable
timide

B. *Faites votre autoportrait.*

Décrivez-vous en complétant les phrases suivantes. Utilisez les adjectifs ci-dessus ainsi que ceux à la page 159.

Modèle: En général, je suis **agressif, turbulent, et insensible.**

1. À 8 h du matin je suis. . . .
2. Je ne suis jamais. . . .
3. Je suis bien content(e) d'être. . . .
4. Je suis désolé(e) d'être. . . .
5. Avec mes ami(e)s je suis. . . .
6. Avec mes parents je suis. . . .
7. Avec les gens importants je suis. . . .
8. Avec les enfants je suis. . . .
9. En classe je suis. . . .
10. Pendant le semestre je suis. . . .
11. Le jour de l'examen final je suis. . . .
12. Pendant les vacances je suis. . . .

C. Si votre grand-père ou votre camarade de chambre vous décrivait, que dirait-il/elle? Composez un paragraphe de 100 mots. Employez au moins 15 traits de caractère.

D. *Le jeu des associations.*
1. Traditionnellement, la société a caractérisé les hommes et les femmes très différemment. Pour vous, quels sont les *cinq* traits de caractère les plus souvent attribués aux femmes? aux hommes?
2. Est-ce que la classe arrive à un consensus?
3. Comment est-ce que ces associations vous ont été transmises?
4. Dans quelle mesure votre propre expérience confirme-t-elle cette image traditionnelle? Dans quelle mesure la contredit-elle?

UN COUPLE

1. **boulot:** *work (fam.)*
2. **en panne:** *broken*
3. **souder:** *solder*
4. **cambouis:** *grease*
5. **souillon:** *filthy*
6. **fric:** *dough, money (pop.)*

COMPRÉHENSION DU TEXTE

1. À quoi jouent les enfants?
2. Comment sont divisées les activités du «couple»?
3. Comment la petite Lili transforme-t-elle le jeu quand sa maman arrive? Imaginez pourquoi.
4. Qui mène le jeu dans ce «couple»? Comment?
5. Quel est le rôle des objets dans leur jeu?
6. Faites le portrait de Lili et de Colas. Justifiez vos caractérisations en vous référant à la bande dessinée.
7. D'après cette bande dessinée, quels sont les traits typiquement masculins et ceux typiquement féminins?
8. Est-ce que Bretécher arrive à capter la façon dont les petits enfants jouent? Expliquez.
9. Est-ce que les enfants imitent bien le monde adulte? Considérez leur choix de situations, leurs gestes, leurs expressions.
10. Dans cette bande dessinée, l'imagination des enfants est-elle essentiellement imitatrice ou libératrice? Expliquez votre opinion.
11. En quoi consiste le comique de cette bande dessinée?

ACTIVITÉS

A. Ajoutez deux autres situations stéréotypées au jeu des enfants dans cette bande dessinée et écrivez leur dialogue. Voici des suggestions pour vous mettre en train: le lapin devient un bébé; le fauteuil devient une télévision et Colas regarde un match de football, une bière à la main; c'est l'heure du dîner; etc.
B. *Variations sur un thème*.
   Refaites la fin de la bande dessinée à partir de l'arrivée de la maman. Qu'est-ce qui se passe si Colas se plaint de Lili? si c'est le papa qui arrive, et pas la maman? si les deux parents entrent en même temps? Décrivez la scène et écrivez le dialogue.
C. Colas devenu adulte parle avec son psychiatre. Il lui explique comment ses rapports d'autrefois avec Lili ont formé son attitude envers les femmes.

Louisette

À propos du texte: **Le Petit Nicolas** (1960) raconte les aventures d'un tout jeune garçon et de ses copains, comme Agnan, le meilleur élève de la classe, et Alceste, qui mange tout le temps. Tous les volumes de la série sont la création du dessinateur Jean-Jacques Sempé (né en 1932) et de l'humoriste René Goscinny (1926–1977), célèbre pour ses bandes dessinées *Astérix* (voir pp. 70–74) et *Lucky Luke*. En donnant la parole à Nicolas, les auteurs nous font redécouvrir le monde de l'enfance. Dans cet extrait, Nicolas rencontre «l'ennemi», Louisette, au cours d'une visite.

Je n'étais pas content quand maman m'a dit qu'une de ses amies viendrait prendre le thé avec sa petite fille. Moi, je n'aime pas les filles. C'est bête, ça ne sait pas jouer à autre chose qu'à la poupée et à la marchande et ça pleure tout le temps. Bien sûr, moi aussi je pleure quelquefois, mais c'est pour des choses graves, comme la fois où le vase du salon s'est cassé et papa m'a grondé et ce n'était pas juste parce que je ne l'avais pas fait *exprès* et je sais bien que papa n'aime pas que je joue à la balle dans la maison, mais dehors il pleuvait.

on purpose

    «Tu seras bien gentil avec Louisette, m'a dit maman, c'est une charmante petite fille et je veux que tu lui montres que tu es bien élevé.»

    Quand maman veut montrer que je suis bien élevé, elle m'habille avec le costume bleu et la chemise blanche et j'ai l'air *d'un guignol*. Moi j'ai dit à maman que j'aimerais mieux aller avec les copains au cinéma voir un film de cow-boys, mais maman elle m'a fait des yeux[1] comme quand elle n'a pas envie de *rigoler*.

ici, ridicule

joke

    «Et je te prie de ne pas être brutal avec cette petite fille, sinon, tu auras affaire à moi,[2] a dit maman, compris?» À quatre heures, l'amie de maman est venue avec sa petite fille. L'amie de maman m'a embrassé, elle m'a dit, comme tout le monde, que j'étais un grand garçon, elle m'a dit aussi: «Voilà Louisette.» Louisette et moi, on s'est regardés. Elle avait des cheveux jaunes, avec des *nattes*, des yeux bleus, un nez et une robe rouges. On s'est donné les doigts,[3] très vite. Maman a servi le thé, et ça, c'était très bien, parce que, quand il y a *du monde* pour le thé, il y a des gâteaux au chocolat et on peut en reprendre deux fois. Pendant le goûter, Louisette et moi on n'a rien dit. On a mangé et on ne s'est pas regardés. Quand on a en fini, maman a dit: «Maintenant, les enfants, allez vous amuser. Nicolas, emmène Louisette dans ta chambre et montre-lui tes beaux jouets.» Maman elle a dit ça avec un grand sourire, mais en même temps elle m'a fait des yeux, ceux avec lesquels il vaut mieux ne pas rigoler. Louisette et moi on est allés dans ma chambre, et là, je ne savais pas quoi lui dire. C'est Louisette qui a dit, elle a dit: «Tu as l'air d'un *singe*.» Ça ne m'a pas plu,[4] ça, alors je lui ai répondu: «Et toi, tu n'es qu'une fille!» et elle m'a donné une gifle.[5] J'avais bien

braids

des invités

monkey

1. **elle m'a fait des yeux:** *she gave me a stern look*
2. **tu auras affaire à moi:** *you'll have to deal with me*
3. **s'est donné les doigts:** *shook hands*
4. **Ça ne m'a pas plu:** *I didn't like that*
5. **elle m'a donné une gifle:** *she slapped me*

envie de me mettre à pleurer, mais je me suis retenu, parce
que maman voulait que je sois bien élevé, alors, j'ai tiré une
des nattes de Louisette et elle m'a donné un coup de pied à
la *cheville*. Là, il a fallu que je fasse «ouille, ouille» parce que   *ankle*
ça faisait mal. J'allais lui donner une gifle, quand Louisette a
changé de conversation, elle m'a dit: «Alors, ces jouets, tu me
les montres?» J'allais lui dire que c'était des jouets de garçon,
quand elle a vu mon *ours en peluche*, celui que j'avais rasé à   *teddy bear*
moitié une fois avec le rasoir de papa. Je l'avais rasé à moitié
seulement, parce que le rasoir de papa n'avait pas tenu le
coup.[6] «Tu joues à la poupée?» elle m'a demandé Louisette,
et puis elle s'est mise à rire. J'allais lui tirer une natte et
Louisette levait la main pour me la mettre sur la figure, quand
la porte s'est ouverte et nos deux mamans sont entrées. «Alors,
les enfants, a dit maman, vous vous amusez bien?—Oh, oui
madame!» a dit Louisette avec des yeux tout ouverts et puis
elle a fait bouger ses paupières[7] très vite et maman l'a em-
brassée en disant: «Adorable, elle est adorable! C'est un vrai
petit *poussin*!» et Louisette travaillait dur avec les paupières.   *darling child*
«Montre tes beaux livres d'images à Louisette», m'a dit ma
maman, et l'autre maman a dit que nous étions deux petits
poussins et elles sont parties.

   Moi, j'ai sorti mes livres du *placard* et je les ai donnés   *cupboard*
à Louisette, mais elle ne les a pas regardés et elle les a jetés
par terre, même celui où il y a des tas d'Indiens et qui est
terrible. «Ça ne m'intéresse pas tes livres, elle m'a dit, Loui-   *extraordinaire (fam.)*
sette, t'as pas quelque chose de plus rigolo?»[8] et puis elle a
regardé dans le placard et elle a vu mon avion, *le chouette*,   *the neat one*
celui qui a un élastique, qui est rouge et qui vole. «Laisse ça,
j'ai dit, c'est pas pour les filles, c'est mon avion!» et j'ai essayé
de le reprendre, mais Louisette *s'est écartée*. «Je suis l'invitée,   *moved away*
elle a dit, j'ai le droit de jouer avec tous tes jouets, et si tu
n'es pas d'accord, j'appelle ma maman et on verra qui a raison!»
Moi, je ne savais pas quoi faire, je ne voulais pas qu'elle le
casse, mon avion, mais je n'avais pas envie qu'elle appelle sa
maman, parce que ça ferait des histoires.[9] Pendant que j'étais
là, à penser, Louisette a fait tourner l'*hélice* pour remonter   *propeller*
l'élastique et puis elle a lâché l'avion. Elle l'a lâché par la
fenêtre de ma chambre qui était ouverte, et l'avion est parti.
«Regarde ce que tu as fait, j'ai crié. Mon avion est perdu!» et
je me suis mis à pleurer. «Il n'est pas perdu ton avion, *bêta*,   *idiot*

---

6. **n'avait pas tenu le coup:** *didn't hold up*
7. **elle a fait bouger ses paupières:** *she batted
   her eyelashes*

8. **de plus rigolo:** *that's more fun to do (fam.)*
9. **ça ferait des histoires:** *it would make
   trouble*

m'a dit Louisette, regarde, il est tombé dans le jardin, on n'a
qu'à aller le chercher.»

Nous sommes descendus dans le salon et j'ai demandé
à maman si on pouvait sortir jouer dans le jardin et maman
a dit qu'il faisait trop froid, mais Louisette a fait le coup des
paupières[10] et elle a dit qu'elle voulait voir les jolies fleurs.
Alors, ma maman a dit qu'elle était un adorable poussin et elle
a dit de bien nous couvrir pour sortir. Il faudra que j'apprenne,
pour les paupières, ça a l'air de marcher drôlement, ce *truc!*   *trick*

Dans le jardin, j'ai ramassé l'avion, qui *n'avait rien,* heu-   *était intact*
reusement, et Louisette m'a dit: «Qu'est-ce qu'on fait?»—Je
ne sais pas, moi, je lui ai dit, tu voulais voir les fleurs, regarde-
les, il y en a des tas par là.» Mais Louisette m'a dit qu'elle
s'en moquait de[11] mes fleurs et qu'elles étaient *minables.*   *misérables*
J'avais bien envie de lui taper sur le nez, à Louisette,[12] mais
je n'ai pas osé, parce que la fenêtre du salon donne sur le
jardin, et dans le salon il y avait les mamans. «Je n'ai pas de
jouets, ici, sauf le ballon de football, dans le garage.» Louisette
m'a dit que ça, c'était une bonne idée. On est allés chercher
le ballon et moi j'étais très *embêté,* j'avais peur que les copains   *upset*
me voient jouer avec une fille. «Tu te mets entre les arbres,
m'a dit Louisette, et tu essaies d'arrêter le ballon.»

Là, elle m'a fait rire, Louisette, et puis, elle a pris de
l'élan[13] et, boum! un shoot terrible! La balle, je n'ai pas pu
l'arrêter, elle a cassé la vitre de la fenêtre du garage.

Les mamans sont sorties de la maison en courant. Ma
maman a vu la fenêtre du garage et elle a compris tout de

---

10. a fait le coup des paupières: *did the eyelash number*

11. s'en moquait de: *couldn't care less about*

12. lui taper sur le nez, à Louisette: *give Louisette a sock in the nose*

13. a pris de l'élan: *got a running start*

suite. «Nicolas! elle m'a dit, au lieu de jouer à des jeux brutaux, tu ferais mieux de t'occuper de tes invités, surtout quand ils sont aussi gentils que Louisette!» Moi, j'ai regardé Louisette, elle était plus loin, dans le jardin, en train de sentir les bégonias.

Le soir, j'ai été privé de[14] dessert, mais ça ne fait rien, elle est chouette, Louisette, et quand on sera grands, on se mariera.

Elle a un shoot terrible!

Extrait du *Petit Nicolas*

14. j'ai été privé de: *I wasn't allowed to have*

COMPRÉHENSION DU TEXTE

1. Au début, qu'est-ce que Nicolas pense des filles? Comment les décrit-il? Comment est-ce que son emploi du pronom indéfini *ça* reflète son attitude?
2. Que dit Nicolas pour justifier le fait qu'il pleure quelquefois lui aussi? D'après vous, est-ce que l'exemple donné confirme la distinction qu'il fait entre lui et les filles? Pourquoi?
3. Dans quelle mesure Louisette correspond-elle aux idées préconçues de Nicolas?
4. Pourquoi Louisette fait-elle bouger les paupières tout le temps? Si Nicolas essayait «le coup des paupières,» aurait-il le même succès? Expliquez.
5. Comment Louisette manipule-t-elle Nicolas pour jouer avec son avion? Pourquoi Nicolas ne veut-il pas qu'elle joue avec ce jouet?

6. Pourquoi les deux mamans arrivent-elles dans le jardin? Que fait Louisette quand elles arrivent? Pourquoi?

7. Expliquez l'ironie de «Ma maman a vu la fenêtre et elle a compris tout de suite.»

8. Comment les deux mamans, surtout celle de Nicolas, renforcent-elles des attitudes conventionnelles chez les enfants?

9. Pourquoi Nicolas veut-il épouser Louisette?

10. Imaginez pourquoi il pense au mariage au lieu de penser à l'amitié ou à la camaraderie.

11. Parmi les adjectifs suivants, lesquels décrivent le mieux Louisette et Nicolas? Expliquez votre choix.

querelleur/querelleuse   sensible
hypocrite   victime
mou/molle   intelligent(e)
brutal(e)   indépendant(e)
bien élevé(e)

12. Quelle est l'importance des fleurs? des yeux? de l'ours en peluche? des vêtements?

13. Décrivez le rite de la visite.

14. Comparez «Un Couple» (p. 161) et «Louisette» du point de vue (a) de l'influence des grandes personnes sur les enfants (b) des rapports entre enfants.

ACTIVITÉS

A. *Rôles.*
Vous préparez une adaptation du *Petit Nicolas* et vous jouez la scène dans la chambre de Nicolas. Inventez le dialogue pour les endroits où les paroles ne sont pas données.

Personnages: Louisette, Nicolas, ensuite les deux mamans
Début: LOUISETTE: Tu as l'air d'un singe.

B. Imaginez comment Louisette raconterait cette après-midi à sa meilleure amie.

C. Quels changements faudrait-il faire à cette histoire pour qu'elle reflète l'expérience des petits Américains de votre génération?

D. L'incompréhension des grandes personnes joue un rôle très important dans la vie des enfants. Racontez une anecdote personnelle pour illustrer votre expérience.

E. Quel dessin de l'histoire préférez-vous? Décrivez-le et expliquez votre préférence.

La Recherche de l'autre

Vocabulaire des rapports

sentimentaux

le petit ami/la petite amie: *boyfriend, girl friend*

le copain/la copine: *friend, pal*   Le samedi soir, je sors en groupe avec mes copains.

tomber amoureux/amoureuse (de quelqu'un): *to fall in love (with someone)*   Elle **est tombée amoureuse** de lui la première fois qu'elle l'a rencontré.

être amoureux/amoureuse fou (de quelqu'un): *to be crazy about someone*

avoir un flirt (avec quelqu'un): *to have a brief romance (with someone)*

avoir une liaison: *to have a love affair*

le coup de foudre: *love at first sight*   Je ne croyais pas au **coup de foudre,** mais ça m'est arrivé!

fréquenter quelqu'un: *to see someone often, to hang around with someone; to date someone*   Je ne **fréquente** plus mes copains du lycée.

sortir avec quelqu'un: *to go out with someone, to date someone*   Avec qui est-ce que tu **sors** en ce moment?

engager la conversation: *to start a conversation*

se donner rendez-vous: *to plan to meet, to make a date*   Il est arrivé au rendez-vous à 8 h, mais ils **s'étaient donné rendez-vous** pour 7 h!

inviter quelqu'un (à faire quelque chose): *to invite someone (to do something)*   Marcel m'**a invitée** à prendre un café au bistrot. La prochaine fois c'est moi qui l'**inviterai.**

décommander quelque chose: *to cancel something*   J'avais d'abord accepté son invitation, mais après avoir réfléchi, j'**ai décommandé.**

vivre ensemble; vivre en union libre: *to live together as a couple; to live together without being married*

se marier (avec quelqu'un), épouser quelqu'un: *to marry someone*   Il voulait l'**épouser,** mais elle a refusé de **se marier avec** lui.

le mari: *husband*

la femme: *wife*

les époux (*m. pl.*): *married couple*

s'entendre bien (avec quelqu'un): *to get along well with someone*   Ils **s'entendent bien** depuis le début de leur mariage.

blesser quelqu'un: *to hurt someone*   Quand sa femme l'a quitté pour un autre, elle l'a profondément **blessé.**

se disputer (avec quelqu'un), se quereller: *to argue (with someone), to quarrel*   Depuis qu'ils **se sont querellés,** ils ne se voient plus.

se brouiller, rompre avec quelqu'un: *to have a falling out, to break off relations, to break up with someone*   Mon frère **s'est brouillé avec** les parents de sa petite amie parce qu'ils le critiquaient tout le temps. Peu après, il **a rompu avec** elle aussi.

rester fidèle à quelqu'un: *to remain faithful to someone* ≠ **tromper quelqu'un:** *to be unfaithful to someone* Catherine **a trompé** Jean avec son meilleur ami à lui.

MISE EN ŒUVRE DU VOCABULAIRE

A. Complétez le paragraphe suivant de façon logique à l'aide du Vocabulaire des rapports sentimentaux. La scène se passe à Vérone.

Roméo et Juliette _____ à un bal masqué. En arrivant au bal, Roméo croyait être _____ de Rosaline, mais quand il a vu Juliette ça a été _____ . Hélas, Juliette était d'une famille ennemie de la sienne. Les deux familles _____ . Parce qu'il _____ Juliette, Roméo est allé déclarer son amour sous son balcon. Comme l'histoire ne se passe pas de nos jours, les deux amoureux n'avaient pas la possibilité de _____ . Donc, ils _____ chez le frère Laurent, qui était d'accord pour les marier en secret. Peu après, les parents de Juliette ont ordonné qu'elle _____Paris, jeune homme avec qui ils _____ . Mais, comme Juliette voulait _____ à Roméo, elle a bu une potion qui l'a plongée dans un sommeil profond. La croyant morte, Roméo s'est tué. Juliette s'est suicidée à son réveil. Quelle histoire tragique!

B. Interrogez-vous les un(e)s les autres.

1. Sors-tu surtout avec des copains ou avec ton/ta petit(e) ami(e)?
2. Que ferais-tu si tes parents n'approuvaient pas les gens que tu fréquentais?
3. Que dis-tu pour décommander une invitation?
4. Une fille peut-elle inviter un garçon à sortir?
5. Préfères-tu avoir des flirts ou vivre un grand amour?
6. Qu'est-ce que tu fais quand tu es amoureux/amoureuse fou?
7. Penses-tu qu'il faut rester fidèle à son petit ami ou à sa petite amie?
8. Que doit-on faire pour s'entendre bien avec son petit ami ou sa petite amie?
9. Comment peut-on rompre sans blesser l'autre?
10. Que ferais-tu si tu t'étais brouillé(e) avec ton/ta petit(e) ami(e)?

C. *Courrier du cœur.*

1. Écrivez une courte lettre à Marcelle Ségal (une Ann Landers française) dans laquelle vous expliquez vos difficultés sentimentales et lui demandez conseil. Employez au moins *huit* mots de la liste de vocabulaire.
2. Mettez-vous à la place de Marcelle Ségal pour répondre à une lettre écrite par un(e) de vos camarades de classe.

D. *Rôles.*

Vous annoncez à vos parents que vous allez quitter votre chambre à l'université pour vous mettre en ménage avec votre petit(e) ami(e). Expliquez vos raisons. Vos parents sont scandalisés ou approbateurs.

Pour vous mettre en train: Papa, Maman, j'ai quelque chose à vous dire . . .

La Rencontre

À propos de l'auteur: **Christiane Rochefort** (née en 1917), romancière satirique contemporaine, a connu un succès de scandale avec son premier roman, *Le Repos du guerrier* (1958). Depuis, elle ne cesse de remettre en question la société et de peindre les gens en révolte, surtout les femmes (*Stances à Sophie*, 1963), les jeunes (*Une Rose pour Morrison*, 1966), et les enfants (*Encore heureux qu'on va vers l'été*, 1975). *Printemps au parking* (1969), une sorte d'éducation sentimentale, raconte les aventures de Christophe, adolescent parisien qui se rebelle contre son père et la société. Après avoir quitté l'appartement paternel, Christophe tombe sur une belle fille qui vient déjeuner au jardin du Luxembourg. Il la suit et se retrouve dans une énorme bibliothèque.

Tout d'un coup je l'ai vue. Elle avait une pile devant elle; elle travaillait *d'arrache-pied*, prenant des notes dans un cahier énorme. Ça c'était une fille sérieuse: quand elle bouffait des croissants elle bouffait des croissants, combinant ça avec un bain de soleil, et quand elle *boulonnait* elle boulonnait. *Subitement* elle se leva, et, sans prendre sa feuille elle se mit en marche d'un pas ferme. Elle s'en alla au milieu, regarda dans des rayons et prit un *bouquin* monumental, sans rien demander à personne. Puis elle *se mit en tête* d'en prendre un deuxième.

    —Je peux vous aider?

    Ça tombait sous le sens.[1] Elle me regarda d'un air méfiant puis elle sourit comme si elle me reconnaissait. Peut-être elle se souvenait de m'avoir aperçu, depuis le temps que je lui collais aux fesses.[2]

    —C'est parce que c'est très lourd, dis-je.

    On porta chacun un bouquin jusqu'à sa place: vraiment elle en voulait celle-là. Elle était comme dans une forteresse. Elle me fit mettre les deux bouquins l'un sur l'autre devant elle, et là je compris que c'était le *type* en face, un vieux avec un sale air, qui la regardait tout le temps et ça l'emmerdait.[3] Comme je ne suis pas trop bête dans ces cas-là, je dis *tout haut*: maintenant je vais vous chercher le Tome Trois. C'est absolument indispensable. (. . .)

    [Quand elle allait partir] je lui dis que moi j'allais prendre un café, si elle voulait accepter mon invitation (je ne pouvais

Margin glosses:
- sans arrêt
- travaillait dur (*fam.*)
- *suddenly*
- livre (*fam.*)
- décida
- homme (*fam.*)
- *out loud*

---

1. Ça tombait sous le sens: *It was obvious (as a ploy).*

2. depuis le temps que je lui collais aux fesses: *given that I'd been on her tail*

3. ça l'emmerdait: *it was bothering her (vulg.)*

«Le type en face . . . la regardait tout le temps et ça l'emmerdait.»

pas me lancer dans des frais réels).[4] Non, elle allait déjeuner maintenant et elle ne prenait pas de café avant ça coupe l'appétit. Et après? Après elle avait cours. Elle apprenait quoi? Psycho dit-elle. Elle voulait être *orientatrice*. Ah ça je con-   *career counselor*
naissais par exemple.

    —Sale métier, lui dis-je.

    —Vous trouvez? Elle était choquée.

    —Supposez que vous demandez à un type s'il préfère avoir des poux, des puces, ou des, des punaises (j'avais failli dire des morpions[5] comme d'habitude). C'est ça non? (C'était ma grande théorie à propos d'orientation.)

    Mais il ne fallait pas que j'en dise trop, je risquais de me trahir, de trahir ma nature non-étudiante. Je terminai sur un ton un peu d'ici[6] (un essai tout au moins): les métiers qu'on propose aux pauvres sont si *déprimants*.   *depressing*

    —Évidemment. Si c'est ainsi que vous l'entendez. Mais justement pourquoi ne pas essayer d'arranger les choses si on le peut? Les mettre un peu mieux en ordre? (. . .) Et vous qu'est-ce que vous faites?

4. **me lancer dans des frais réels:** *undertake any real expenses*
5. **des poux, des puces, ou des, des punaises (j'avais failli dire des morpions . . .):** *lice, fleas, or bedbugs (I had almost said crabs [V.D.] . . .)*
6. **sur un ton un peu d'ici:** *the way they talk around here (i.e., the university)*

—Oh moi . . .

J'étais *pris de court*. J'aurais pourtant dû être préparé   *taken aback*
à la question. Et dans le fond il fallait que je m'y prépare, si
je ne voulais pas me faire coincer[7] un moment ou l'autre.
J'avais été, depuis le début, d'une imprévoyance navrante.[8]

—Je fais un peu tout en ce moment. Un peu de *chinois*.   *Chinese*
En réalité je cherche.

—Peut-être que vous avez besoin d'une orientatrice? dit-
elle, *moqueuse*.   *mocking*

—Sûrement. Sûrement que j'en ai besoin (je n'allais pas
louper la perche).[9]

—Alors vous voulez mettre de l'ordre dans votre désordre?
Je croyais que vous aimiez le désordre?

Elle n'avait rien compris.

—Mais je ne suis pas en désordre! lui dis-je; c'est le
reste! . . .

—*Mazette*, dit-elle, recourant du coup à l'argot (dans sa   *Good grief*
catégorie tout au moins). (. . .)

On était arrivés à son restaurant. La cantine plutôt. Une
grande *bâtisse*, pas gaie. Un type demandait des cartes à   *bâtiment*
l'entrée. Naturellement. Quelle espèce de carte je ne savais
pas, ni si la mienne était *valable*. De toute façon je n'avais pas   *acceptable*
la moindre envie de bouffer là-dedans.

—Bon, alors au revoir.

—Au revoir, dit-elle.

Comment *raccrocher*? Pas que j'en avais une envie   *keep in contact*
brûlante mais c'était un peu court, comme *compte rendu*.   *ici, an encounter*
J'ouvrais la bouche pour lui demander ce qu'elle faisait ensuite
du cours et à ce moment-là elle dit:

—Vous retournez à la bibliothèque?

C'était discret, mais quand même. J'ai l'oreille fine.[10]
Demain matin. Écoutez, si vous voulez, je pourrais venir vous
apporter des croissants avant?

—Des croissants mais quelle idée? . . .

—Oh une idée comme ça. Je viendrais vous prendre et
on irait à la bibliothèque. Vous n'aimez pas les croissants?

—Si, beaucoup . . .

J'ai senti que je l'avais. Et d'une façon inespérée. Elle
ne savait pas comment s'en sortir, ou bien elle ne voulait pas
tellement (il n'y avait qu'à dire: je n'aime pas les croissants),
elle était *embrouillée*, finalement elle *me fila* son adresse,   *confused / slipped me*

---

7. **me faire coincer:** *get caught*   9. **louper la perche:** *miss my chance*
8. **d'une imprévoyance navrante:** *sadly*   10. **J'ai l'oreille fine.:** *I pick up on nuances.*
   lacking in foresight

avec une facilité bizarre, comme sans faire exprès,[11] à croire que je l'avais hypnotisée, la surprise, et mon jeune âge en somme qui lui donnait une sorte de sécurité, elle pouvait me considérer comme un *gosse* en poussant un peu, et bref j'aurais les cheveux défaits et la chemise de nuit[12] car j'arriverais à huit heures et demie pour plus de sûreté au lieu de neuf—Bon dieu, j'avais un rendez-vous!

kid (fam.)

11. **comme sans faire exprès:** *without seeming to do it on purpose*
12. **j'aurais les cheveux défaits et la chemise de**

nuit: *I'd catch her with her hair a mess and in a nightgown*

COMPRÉHENSION DU TEXTE

1. Comment est-ce que Christophe décrit la jeune fille au début du passage?
2. Quand il décide de faire un premier pas, comment engage-t-il la conversation? Quelle justification trouve-t-il?
3. Quelle est la réaction de la fille? Comment Christophe interprète-t-il sa réaction?
4. Quelle est la fonction du «sale vieux» dans ce passage?
5. Pourquoi est-ce que Christophe invite la jeune fille à prendre un café?
6. Quelle est l'attitude de Christophe envers le travail? Pourquoi change-t-il de ton?
7. Pourquoi est-ce que Christophe a de la difficulté à répondre à la question: «Et vous qu'est-ce que vous faites?»
8. De quoi parle-t-il quand il dit: «Elle n'avait rien compris»?
9. Pourquoi Christophe réussit-il avec la fille, à son avis? et à votre avis?
10. Trouvez-vous que Christophe est décrit dans un rôle bien traditionnel? Expliquez.
11. Quels détails font partie du milieu universitaire?
12. Quels facteurs contribuent à créer une impression de suspens?
13. Relevez tous les exemples de langage familier (tournures et vocabulaire). Trouvez des façons plus soignées de dire la même chose.
14. Quel niveau de langue caractérise leur conversation? les pensées de Christophe? Pouvez-vous expliquer la différence de niveau?
15. Distinguez la part de calcul de la part de spontanéité chez les deux. Qui mène le jeu dans cette rencontre?
16. Faudrait-il changer cette scène pour qu'elle se passe aux États-Unis? Si oui, comment?

ACTIVITÉS

A. *Rôles*.

Vous préparez une adaptation de *Printemps au parking* pour la télévision et vous jouez la scène de la rencontre entre Christophe et la fille. Cet extrait contient une conversation. Quand les paroles ne sont pas données dans le texte originel, imaginez-les. Quand les paroles sont indirectes, transformez-les selon le modèle.

Modèle: CHRISTOPHE: . . . je lui dis que j'allais prendre un café.
«Moi, je vais prendre un café maintenant.»

B. Composez une conversation téléphonique où:
1. La fille raconte à une copine sa rencontre avec Christophe.   (*ou*)
2. Christophe raconte à un copain sa rencontre avec la fille.

C. *Comment engager la conversation?*
Que dites-vous quand quelqu'un vous plaît et qu'il vous faut un prétexte pour l'aborder?

Modèle: Vous voyagez en avion.
Vous allez à Chicago?
Tenez-moi la main, j'ai peur!   Etc.

1. Vous êtes à la plage.
2. Vous faites du ski.
3. Vous travaillez dans un restaurant.
4. Vous déjeunez au restaurant universitaire.
5. Vous attendez un autobus.

D. «Je ne suis pas en désordre! C'est le reste!» dit Christophe. À votre avis, quelles sont les critiques principales que les adolescents américains font de la société?

J'aime

MISE EN ŒUVRE PRÉLIMINAIRE DU VOCABULAIRE

A. Substituez un synonyme aux mots entre parenthèses. Choisissez parmi les verbes donnés.

apprivoiser: *to tame, to socialize*
choisir
humer: *to breathe in, to sniff*
soumettre (à): *to subjugate; to subject to;*
soumis/e: *submissive*
vaincre: *to conquer, to overcome*

1. Je (*respire*) l'odeur du rôti.
2. Nous (*sélectionnons*) les meilleurs candidats aux élections.
3. Votre gouvernement (*oblige*) les visiteurs à toutes sortes de formalités.
4. Alexandre le Grand (*a fait la conquête de*) presque tous les pays de l'Europe.
5. Est-ce que les lions au cirque ont été (*domestiqués*)?

B. Trouvez dans la colonne B la réponse logique à la phrase de la colonne A.

A

1. Je sors avec deux garçons en ce moment.
2. Son nouvel ami n'est pas très sociable.
3. Mon père et moi, nous nous disputons tout le temps.
4. Pourquoi as-tu ouvert la fenêtre?
5. Je dois acheter des cigarettes.

B

a. Tu devras pourtant choisir un jour.
b. Quand vas-tu vaincre cette mauvaise habitude?
c. Je veux humer l'air frais de la campagne.
d. Peut-être qu'il se laissera apprivoiser.
e. Si tu étais plus soumis(e), il y aurait moins de drames.

J'aime

J'aime que tu sois d'une autre race,
de celle des grands guerriers
que le repos rouille et ronge[1]
de celle des marins[2] à qui la terre ferme
chaloupe la démarche,[3]
race de loups[4] humant le vent du large[5] et la femelle.
Toi que j'ai choisi parce qu'inaccessible,
soumis à la caresse, vaincu, apprivoisé
et qui ronge tes chaînes, comme les grands voiliers.[6]

Denise Miège (née en 1936)

1. rouille et ronge: *rusts and eats away at*
2. marins: *sailors*
3. chaloupe la démarche: *sways the step*
4. loups: *wolves*
5. vent du large: *open air, sea breeze*
6. voiliers: *sailing ships*

COMPRÉHENSION DU TEXTE

1. Quels noms sont employés pour caractériser les hommes?
2. Qu'est-ce que ces noms ont en commun?
3. Quels mots et expressions évoquent l'activité? la passivité? la liberté? la captivité? Parmi ces mots et expressions, lesquels décrivent l'homme aimé? les hommes en général? et l'homme aimé et les hommes en général?
4. Pourquoi avoir choisi cet homme-là? Qu'est-ce qui vous pousserait à choisir un(e) partenaire?
5. Appuyez ou contredisez les affirmations suivantes en vous référant au poème.
   a. L'image de l'homme qui ressort de ce poème est très traditionnelle.
   b. Denise Miège décrit l'amour comme une domination.

Elle est elle . . .

À propos du compositeur: **Georges Moustaki** (né en 1934) débute comme guitariste
à la terrasse des cafés et devient un célèbre chanteur dans des cabarets. Il a composé
la musique de quelques films et écrit une cinquantaine de chansons. Une des plus
connues est «Milord,» rendue célèbre par la chanteuse Edith Piaf. Le mystère
et la tendresse de l'amour et la souffrance des gens sont deux des grands thèmes de
Moustaki. Son livre autobiographique, *Questions à la chanson,* paraît en 1973.

Elle est docile elle est rebelle
Elle est changeante et éternelle
Elle est blue-jean elle est dentelle[1]
Elle est vestale[2] elle est charnelle

Elle est gamine[3] elle est femelle
Elle est fugace[4] elle est fidèle
Elle est Mozart elle est Ravel
Elle est passion elle est pastel

Elle est jadis[5] elle est futur
Elle est le hâvre[6] et l'aventure
Elle est le musc et la lavande[7]
Elle est l'Espagne elle est l'Irlande

1. **dentelle:** *lace*
2. **vestale:** *chaste*
3. **gamine:** *a child*
4. **fugace:** *fleeting*

5. **jadis:** *the past*
6. **hâvre:** *port*
7. **lavande:** *lavender*

Elle est consonne elle est voyelle
Elle est l'orage et l'arc-en-ciel[8]
Elle est guitare et violoncelle
Elle est tigresse elle est gazelle

Elle est piment[9] elle est cannelle[10]
Elle est la poudre et l'étincelle[11]
Elle est docile elle est rebelle
Elle est changeante et éternelle
Elle est elle est elle est elle est. . .

Georges Moustaki, *Paille Musique*

8. **arc-en-ciel:** *rainbow*   10. **cannelle:** *cinnamon*
9. **piment:** *hot pepper*   11. **étincelle:** *spark*

COMPRÉHENSION DU TEXTE

1. Trouvez une autre façon de caractériser la femme.
   Modèle: elle est dentelle
   elle est fragile; elle est sentimentale; elle est très féminine dans le sens traditionnel du terme; Etc.

   a. elle est Mozart   g. elle est l'Espagne
   b. elle est Ravel   h. elle est l'Irlande
   c. elle est pastel   i. elle est l'orage
   d. elle est le hâvre   j. elle est l'arc-en-ciel
   e. elle est le musc   k. elle est piment
   f. elle est la lavande   l. elle est cannelle

2. Quelles combinaisons d'attributs vous semblent les plus surprenantes? obscures? intéressantes? conventionnelles?
3. Dans cette série d'attributs, quelles catégories s'établissent? (le temps, la nature, etc.) Énumérez les éléments de chaque catégorie.
4. Pourquoi la femme n'a-t-elle pas de nom?
5. Comment Moustaki communique-t-il l'impression que la femme concilie tous les contraires? Considérez les images et la structure de la chanson.
6. À votre avis, est-ce qu'«elle» représente «l'éternel féminin»?

ACTIVITÉ

Faites le portrait de votre ami(e) idéal(e). Écrivez un poème ou une chanson en vous inspirant de Miège et de Moustaki (une imitation sérieuse ou une parodie). Incorporez au moins *huit* expressions des listes des traits de caractère (pp. 159–160).

Les Rôles en flux

Vocabulaire du travail

les tâches ménagères(*f. pl.*): *housework*
la femme/l'homme au foyer: *housewife, househusband*
partager quelque chose: *to share something*   Nous **partageons** les tâches
    ménagères selon nos préférences.
faire la lessive, faire le linge: *to do the laundry*
    faire la vaisselle: *to do the dishes*
    faire les courses (*f. pl.*): *to go on errands, to do the shopping*
    faire le marché: *to do the grocery shopping*
    faire les lits (*m. pl.*): *to make the beds*
nettoyer quelque chose: *to clean something*   Quand ils ont des invités, ils
    nettoient l'appartement.
balayer quelque chose: *to sweep something*
passer l'aspirateur: *to vacuum*
ranger les affaires (*f. pl.*): *to put things away*   Nous **rangeons** nos **affaires**
    juste avant de nous coucher.
mettre le couvert: *to set the table*
repasser quelque chose: *to iron something*
sortir les poubelles (*f. pl.*): *to take out the garbage cans*
tondre la pelouse: *to cut the lawn*
garder les enfants (les gosses [*fam.*]**), s'occuper des enfants (des gosses):** *to*
    look after, take care of the children (the kids)   Quand mes parents font
    le marché, je **m'occupe de** ma petite sœur.
gagner sa vie: *to earn a living*
le gagne-pain: *breadwinner*   Dans la famille traditionnelle, le **gagne-pain**
    était surtout le père de famille, qui gagnait sa vie en travaillant dur.
toucher un salaire: *to receive a salary*
le métier, le boulot (*fam.*): *job, work*
le poste: *position*   Avez-vous des **postes** vacants?
faire une carrière: *to pursue a career*
être licencié/e: *to be laid off*
être en chômage (*m.*): *to be unemployed*
prendre un congé: *to take a leave of absence, time off*   Quand mon fils est
    malade, je **prends un congé** de quelques jours pour m'occuper de lui.
prendre sa retraite: *to retire*

avoir des loisirs (*m. pl.*): *to have leisure time*

se détendre, se relaxer: *to relax*   À la fin de la journée, nous **nous sommes détendus** en écoutant des disques.

MISE EN ŒUVRE DU VOCABULAIRE

A. Complétez les phrases suivantes de façon logique en choisissant parmi les expressions de la liste du Vocabulaire du travail.

Modèle: Notre chambre est en désordre parce que <u>ça fait une semaine que nous n'avons pas rangé nos affaires.</u>

1. Il n'y a rien à manger parce que _____ .
2. Je n'ai pas de vêtements propres à mettre parce que _____ .
3. _____ parce que le salon est très sale.
4. _____ parce qu'elle veut être financièrement indépendante.
5. Je ne sais pas ce qui s'est passé au bureau la semaine dernière parce que _____ .
6. Elle passe son temps à lire parce que _____ .
7. Nous ne pouvons pas aller au cinéma ce soir parce que _____ .

B. Quelles tâches ménagères et quels métiers reviennent traditionnellement aux hommes? aux femmes?

C. *Travail oral par groupes de deux.*
1. Quand tu étais jeune, quelles tâches te revenaient? Que faisaient les autres membres de la famille? Et maintenant?
2. Quelle tâche ménagère te semble la plus désagréable?
3. Quelle tâche préfères-tu faire? Pourquoi?
4. Fais-tu le marché au supermarché ou chez l'épicier du coin? Pourquoi?
5. Fais-tu les courses à pied? à bicyclette? en voiture? Pourquoi?
6. À quel moment du semestre as-tu le plus de boulot?
7. Que fais-tu pour te détendre?
8. As-tu assez de loisirs?
9. Veux-tu faire une carrière? Laquelle? Pourquoi?
10. Préfères-tu gagner ta vie ou gagner à la loterie?

D. Cendrillon (*Cinderella*) et le prince viennent de se marier. Ils discutent de leur vie conjugale future. Écrivez leur conversation en y incorporant le vocabulaire suivant: **faire une carrière, se détendre, balayer, nettoyer, tondre la pelouse, s'occuper des enfants, le gagne-pain, être en chômage.**

Voici une suggestion pour vous mettre en train:

LE PRINCE: Tu sais, mon trésor, j'aime que le palais soit propre . . . .

Bilan[1] de la condition féminine

Claire Bretécher, *Les frustrés 2*

Il suffit d'un rapide regard en arrière pour apprécier à quel point la condition féminine s'est améliorée. Pendant des siècles la majorité des Françaises a vécu complètement soumise à l'autorité masculine. Par exemple, la femme mariée est considérée comme mineure, exactement comme ses enfants, jusqu'en 1908, année où elle atteint sa «majorité». Ce n'est qu'en 1944 que les femmes obtiennent le droit de vote—droit que l'activité des suffragettes avait gagné pour toutes les Américaines en 1920. En France, le droit de vote est suivi de près par une loi beaucoup plus large. La Constitution de 1946 proclame que «La loi garantit aux femmes l'égalité des droits avec les hommes dans tous les domaines». Autrement dit, c'est l'équivalent du *Equal Rights Amendment* qu'on discute aux États-Unis depuis les années 40. D'autres lois ont été passées, surtout pendant les années 70.

1. **Bilan:** *Assessment*

Les Femmes et l'éducation

Au dix-neuvième siècle, l'État se préoccupe peu de l'instruction des jeunes filles. Alors que le principe de l'instruction publique date de la Révolution, c'est surtout les garçons qui en profitent. On n'encourage pas les jeunes filles à aller à l'école—elles peuvent très bien apprendre chez elles les arts ménagers nécessaires à une maîtresse de maison et mère de famille. En 1880, des lycées de jeunes filles sont créés, et vers la même époque des Écoles normales de jeunes filles.[2] L'anticléricalisme joue un rôle essentiel dans cette législation qui cherchait à *affaiblir* l'influence de l'Église sur les femmes. Il a fallu encore bien des années pour atteindre l'égalité dans le domaine de l'instruction. C'est seulement depuis 1924 que les jeunes filles peuvent suivre le même programme d'études que les garçons. La *mixité*—une autre façon d'assurer que garçons et filles étudient les mêmes matières—est extrêmement récente et loin d'être la règle générale. Par exemple, c'est pendant les années 70 que l'École Polytechnique[3] et les concours de l'enseignement[4] deviennent mixtes.

weaken

coeducational schooling

Les Femmes et le travail

De plus en plus de femmes travaillent à l'extérieur, surtout les femmes jeunes, mariées, venant des classes moyennes. Entre 1954 et 1975, le nombre de femmes dans les professions libérales et dans les cadres supérieurs et moyens[5] a seulement augmenté de 10%. Le chiffre «magique» de 50% est encore loin. Comme aux États-Unis, les femmes qui réussissent disent qu'elles ont besoin de qualifications supérieures à celles des hommes et que l'échelle leur sera plus difficile à grimper.[6] La loi de 1975 améliore la situation de la femme qui travaille. Cette loi réserve aux femmes 20.000 places de fonctionnaires et leur donne le droit de porter plainte[7] pour discrimination en matière de sexe. Cette loi facilite aussi le retour d'une mère de famille au marché du travail. La clause la plus frappante permet à une nouvelle mère d'obtenir un congé de deux ans non-rémunéré avec l'assurance de pouvoir reprendre son poste après. Il va sans dire que ces nouveaux droits touchent tous les hommes, directement ou indirectement. Certains pères,

2. **Écoles normales de jeunes filles:** *teachers' colleges*
3. **l'École Polytechnique:** *the most prestigious institution of higher education in France*
4. **concours de l'enseignement:** *entrance exams to the teaching profession*
5. **cadres supérieurs et moyens:** *upper- and middle-management positions*
6. **l'échelle leur sera plus difficile à grimper:** *it will be harder for them to get ahead*
7. **porter plainte:** *lodge a complaint*

Une manifestation en faveur de l'avortement

par exemple, réclament le droit de prendre le congé de garde
de deux ans après la naissance d'un enfant. Pourquoi faut-il
que cela soit offert uniquement aux mères? demandent-ils.

Les Femmes et leur corps

Le droit à la contraception et à *l'avortement* a fait de la femme   *abortion*
l'égale de l'homme dans la libre expression de sa sexualité.
Selon les lois de 1974 et de 1975, la sécurité sociale *rembourse*   *paye*
la contraception et l'avortement est admis avant la dixième
semaine de *grossesse*. Comme aux États-Unis, l'avortement   *pregnancy*
est encore un sujet controversé. Ces lois qui protègent contre
une grossesse non-voulue sont une victoire remportée par les
féministes militantes. Leur «Manifeste pour l'avortement libre
et gratuit»—une de leurs tactiques de solidarité—a eu beaucoup de répercussions lors de sa publication en 1971. 343
femmes célèbres, y compris Simone de Beauvoir, ont signé
le texte suivant: «Un million de femmes se font avorter chaque
année. Elles le font dans des conditions dangereuses *en raison*

de la clandestinité. Je déclare que je suis l'une d'elles. Je déclare avoir avorté.»   *à cause de*

Les Femmes et la politique

Les femmes représentent 52% de l'électorat français. Pendant les années 70, elles font des progrès dans l'organisation politique et la représentation à tous les niveaux du gouvernement, mais elles sont bien loin de constituer la moitié des représentants *élus*. Un petit nombre accède à des postes prestigieux. En 1980, par exemple, trois femmes font partie du cabinet de Valéry Giscard d'Estaing—Simone Weil, ministre de la Santé, Monique Pelletier, ministre-déléguée de la Condition Féminine, et Alice Saunier-Séité, ministre des Universités.   *elected*

Depuis dix ans, on parle beaucoup de la condition féminine en France et sous l'influence de nouvelles lois, l'émancipation des Françaises s'accélère visiblement depuis 1970. Pourtant les attitudes évoluent lentement, et par conséquent à beaucoup d'égards l'égalité des sexes est encore, comme aux États-Unis, un rêve à réaliser.

COMPRÉHENSION DU TEXTE

1. Complétez les phrases suivantes en vous reportant à la lecture.
    a. Pendant longtemps les jeunes filles n'allaient pas à l'école parce que _____ .
    b. La femme qui travaille a le droit de _____ .
    c. Les Français ne sont pas obligés de payer la contraception parce que _____ .
    d. Dans le cabinet de Valéry Giscard d'Estaing, les postes occupés par des femmes en 1980 étaient _____ .
2. Appuyez ou contredisez les affirmations suivantes en vous référant au texte.
    a. Les femmes qui font des carrières réussies sont souvent mieux préparées que les hommes.
    b. La mixité est la règle depuis longtemps en France.
    c. L'avortement est controversé en France.
    d. Les femmes ne font pas beaucoup de progrès dans la politique.
3. Faites le bilan des progrès faits vers l'égalité des sexes dans les domaines de l'éducation, du travail, de la sexualité, et de la politique. Comparez la France aux États-Unis.
4. Pensez-vous qu'un de ces domaines est plus important que les autres pour l'émancipation de la femme? de l'homme? Si oui, expliquez pourquoi.
5. Comment la vie de l'homme a-t-elle déjà été influencée par la modification de la condition féminine en France et aux États-Unis?

ACTIVITÉS

A. À votre avis quel est le moyen le plus efficace pour faire adopter des idées et des attitudes nouvelles? Expliquez votre choix.
   1. Les parents les enseignent à leurs enfants au foyer.
   2. Les instituteurs les enseignent à l'école.
   3. On vote des lois.
   4. On organise des manifestations qui attirent l'attention du grand public.
B. Préparez la défense et l'attaque de la prise de position suivante. Vous pourriez organiser un débat en classe:
   La contraception doit être légale, gratuite, et accessible à tous.
   Expressions utiles: **éviter une grossesse non-voulue; un droit humain fondamental; le meurtre** (*murder*)**; les droits du fœtus; les enseignements de l'Église**

FAIT FRAPPANT: LES NOMS DE PROFESSIONS: PLUS ÇA CHANGE . . . ?

Alors que de plus en plus de femmes font des carrières autrefois réservées aux hommes, souvent il n'existe pas de forme féminine du nom pour les désigner. Il en résulte des «fautes» d'accord, par exemple: «Madame Girard est un excellent professeur.» ou «Je vous présente ma femme. Elle est chef d'orchestre.» Bien qu'on ait créé récemment certains féminins comme *mairesse* et *ministresse*, on continue à dire plus souvent *Madame le maire* ou *Madame le ministre.* Les expressions *femme-avocat* et *femme-écrivain* sont plus employées qu'*avocate* ou *écrivaine.*

vendeur/vendeuse	
chanteur/chanteuse	historien/historienne
mais	*mais*
professeur	chirurgien
ingénieur	électricien
ambassadeur	
metteur en scène	
compositeur	
réalisateur	

«L'Homme au foyer»

La lessive, le ménage, la vaisselle, les enfants . . . Certains hommes ont préféré «la maison» au bureau. Des originaux ou les pionniers d'une future société? Jacqueline Remy est allée le leur demander.

   «L'an dernier, ma femme m'a promis une machine à laver la vaisselle. Elle n'en parle plus. Je n'insiste pas: vous

savez, la vaisselle, ça ne m'ennuie pas vraiment!» Ni la lessive,
ni le marché, ni la cuisine, ni les devoirs des enfants: aucune
tâche ménagère «n'ennuie vraiment» Jean C., 42 ans. Il a
choisi d'être un homme au foyer, *à plein temps*, depuis bientôt   *full time*
sept ans.

«Je pensais qu'il ne tiendrait pas[1] trois mois», dit sa
femme Annie, 40 ans, chef du personnel dans une entreprise
parisienne. Non seulement il a tenu, mais il n'a pas l'intention
de redevenir «productif». «Pour quoi faire? demande Jean.
Ma femme gagne 7 500 Francs par mois. Nous avons assez
d'argent comme cela. Et les enfants ont besoin de moi.»

Christophe, 8 ans, et Nathalie, 6 ans, vont en classe.
Jean affirme qu'il est préférable que l'un des parents reste au
foyer. «Pour que l'autre se repose, à son retour du travail.
Pour que les enfants aient quelqu'un à qui parler, à la sortie
de l'école: et pourquoi pas le père?» (. . .)

1. **ne tiendrait pas:** *wouldn't last*

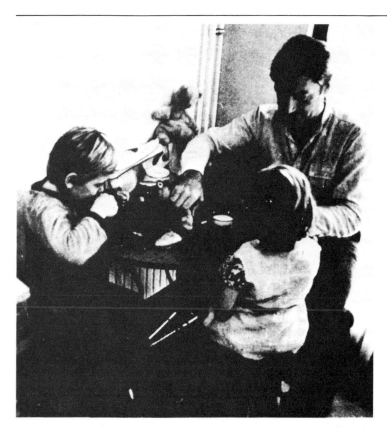

«. . . Il est préférable que l'un des parents reste au foyer . . . et pourquoi pas le père?»

Un originel ou un pionnier d'une future société?

Jean le rebelle

Jean C., lui, n'est pas féministe. Sa femme non plus. Ils se sont lancés dans l'aventure de l'homme au foyer un peu par hasard. Lorsque leur fille est née, en 1971, elle était de santé très fragile. Pas question de la confier à une gardienne, comme *l'aîné*. Annie aimait son métier.

the older one

Jean, ex-officier de carrière pantouflé en représentant de commerce,[2] «courait beaucoup pour un résultat médiocre»; il décide de rester à la maison.

Annie et Jean habitent aujourd'hui un *pavillon* blanc, sur un *lotissement* fraîchement construit à la *lisière* d'un village de la région parisienne. Quatre fois par jour, Jean *se*

petite maison
development / edge

2. **ex-officier de carrière pantouflé en représentant de commerce:** *retired career officer working as a traveling salesman*

relaie avec ses voisines pour conduire en voiture les enfants à l'école, et les ramener. L'après-midi, quand il a le temps, il s'occupe de l'association de défense dont il est membre, et de la bibliothèque tournante[3] qu'il a organisée. Au printemps, il jardine. Et il frotte, il ponce, il brique.[4] Lorsque Annie rentre de son travail, le soir, les enfants savent leurs leçons, et le dîner est prêt.

    Geste direct, regard gai, l'air paisiblement campé dans la vie,[5] Jean balaie les objections. Le qu'en-dira-t-on: «Quelle importance?» L'ascension sociale: «Quel intérêt?» Il ne souffre pas du syndrome de la fée du logis,[6] *traquée* par la culpabilité, le torchon collé aux doigts.[7] Mais son intérieur est impeccable, et ses enfants, comme ceux des voisins, se déchaussent avant de fouler la moquette.[8] Bien sûr, il *expédie* les travaux de couture trop délicats à sa *belle-mère*, et il peste contre les chemisiers aériens[9] d'Annie, qu'il repasse quand même. Bien sûr, il achète les vêtements des enfants un peu trop pratiques, trop solides, et trop grands: «Pour que ça dure!» Il n'est pas obsédé par la féminité de sa fille et la réussite intellectuelle de son fils. Il a, simplement, l'ambition d'en faire des enfants équilibrés.

    «Six mois après mon entrée en fonctions à la maison, raconte Jean, Annie se désintéressait totalement des problèmes quotidiens. Elle ne savait plus où se rangeaient les affaires des gosses. Elle demandait sans cesse: «Où mets-tu ceci? Où mets-tu cela?» Alors que c'était toujours à la même place . . . Ma femme a le comportement de l'homme qui travaille. Elle arrive, *crevée*. Elle *s'effondre* dans un fauteuil. Elle déclare: «Le week-end, je me relaxe.» Elle *veut bien* m'aider, à condition que je le lui demande: elle n'y pense pas spontanément. Quand je suis *débordé*, elle ne s'en aperçoit même pas.»

    L'été dernier, Jean s'est rebellé. Désormais, le week-end, Annie partage les tâches ménagères. Elle emprunte à Jean ses recettes de cuisine. De temps en temps, elle *lance*: «Et si je restais à la maison? Et si tu reprenais le collier?»[10] Il sourit.

takes turns

(ici) obsédée

envoie
mother-in-law

pooped (fam.) / tombe
is willing to

overwhelmed

dit

Extraits de L'Express

3. **bibliothèque tournante:** *lending library*
4. **il frotte, il ponce, il brique:** *he polishes, he scours, he scrubs*
5. **paisiblement campé dans la vie:** *at peace with life*
6. **fée du logis:** *super housewife*
7. **le torchon collé aux doigts:** *always cleaning*
8. **fouler la moquette:** *stepping on the carpet*
9. **peste contre les chemisiers aériens:** *complains about the gossamer shirts*
10. **reprenais le collier:** *got back into harness*

COMPRÉHENSION DU TEXTE

1. Comment est-ce qu'Annie gagne sa vie?
2. Pourquoi Jean devient-il homme au foyer?
3. Comment passe-t-il son temps?
4. Décrivez l'attitude de Jean envers son nouveau mode de vie.
5. Est-ce que Jean est en chômage?
6. Que veut dire «il n'a pas l'intention de redevenir productif»? Expliquez l'ironie de cette expression.
7. Quel conflit apparaît dans le ménage?
8. Jusqu'à quel point le cas de Jean et d'Annie illustre-t-il un renversement des rôles? Considérez leurs attitudes et leurs activités.
9. Êtes-vous d'accord que Jean n'est pas féministe? Qu'est-ce qu'un(e) féministe pour vous?
10. À votre avis, est-ce que leur façon de vivre est un progrès? Pourquoi?

L'influence de notre époque, surtout chez les garçons, éveille très vite un intérêt pour les techniques, les constructions et bien sûr, les véhicules de notre temps.
Le rôle des jouets qui en sont la reproduction fidèle, qu'il s'agisse de trains, de circuits automobiles, de jeux de construction, est d'autant plus précieux qu'il impose à la fois, une dextérité manuelle qui sera une véritable acquisition pour l'enfant, et qu'il donne libre cours à l'imagination et à l'imitation de l'adulte.

La poupée c'est la petite amie fidèle, constamment présente, à laquelle on raconte des histoires. Y a-t-il une poupée préférée ? Peut-être mais quand elles sont plusieures, elles ont toutes leur charme suivant le jour, leur costume et rassemblées, on peut leur faire la classe.
Faire comme Maman, mais avec des choses bien à soi qui ressemblent aux vraies, soigner un bébé comme si c'était une petite sœur ou un petit frère, nettoyer la maison, aller au marché, mettre la table, faire la cuisine et même faire des robes pour les poupées, quelles occupations variées !

ACTIVITÉS

A. *Questions à se poser les un(e)s aux autres.*

1. Connaissez-vous des hommes qui restent à la maison au lieu de travailler à l'extérieur? En avez-vous entendu parler?
2. Est-ce que le phénomène de l'homme au foyer est répandu aux États-Unis?
3. Qu'est-ce qui empêche les hommes de choisir de rester au foyer? et les femmes?

B. Écrivez la scène entre Jean et Annie lors de la «révolte» de Jean. Employez les expressions suivantes: **injuste; insensible; partager; le gagne-pain; s'occuper des gosses; blesser; toucher un salaire; avoir des loisirs**

Témoignages:[1]
Les Français en direct

La conformisation du comportement de la fille à celui du garçon est vécue par les parents, les éducateurs et la fille elle-même comme une conquête, comme le passage heureux et aventureux d'une condition inférieure à une condition supérieure. La correspondante «féminisation» du garçon est vécue comme dangereuse pour sa virilité, comme une *perte*   *loss* au lieu d'une conquête.

Elena Belotti, journaliste, F Magazine

L'éducation que j'ai reçue *m'a rongé* mon côté femme.   *weakened* Je dois être efficace, rationnel, solide. Je n'ai pas le droit d'être trop sensible.

Jean-Claude

Je ne me sens nullement efféminé ni ridicule avec un balai à la main et j'ai peine à comprendre «les hommes» (surtout les jeunes) restant assis dans leur fauteuil pendant que leur femme *se «crève»*, s'asphyxie dans un travail monotone   *se tue* passant toujours inaperçu et jamais terminé. Pourquoi n'arriverait-on pas à ce qu'un homme, sans être horriblement malheureux et tyrannisé, se retrouve (*de son propre gré*) de-   *willingly* vant un rôti à cuire et quelques enfants à surveiller?

Patrick, 22 ans, père de famille non-marié

---

1. **Témoignages:** *Testimonials*

Le M.L.F.? Une *plaisanterie*. Qu'est-ce que cela sig-   *joke*
nifie, l'égalité entre l'homme et la femme? Nous sommes
différents, complémentaires. Pourquoi tout compliquer?

Chantal, 33 ans, mère de famille

ANNE: [Ce que j'attendais du mariage?] Vivre avec Jérôme.
  Nos enfants se posent des questions, parlent du couple,
  nous, on ne s'en posait aucune.
JÉRÔME: On se coulait dans un moule[2] organisé autour de
  nous.
ANNE: Nous allions nous aimer, être fidèles, faire des enfants,
  pas la peine d'en parler. (. . .) Trois de nos filles vivent
  avec des garçons, en mariage «à l'essai»,[3] et c'est très
  bien.

Jérôme, 50 ans, médecin et Anne, 47 ans

[Les hommes?] Il ne faut pas vivre avec eux. (. . .) Il
faudrait avoir des amants, peut-être des maris, mais pas co-
habiter, c'est-à-dire donner prise à la servitude.[4] (. . .) J'ai

2. On se coulait dans un moule: *We fitted right into a mold*

3. mariage «à l'essai»: *trial marriages*

4. donner prise à la servitude: *let servitude take hold*

l'impression très claire maintenant, même lumineuse, que c'est depuis que j'ai cessé de vivre avec un homme que je me suis complètement retrouvée.(. . .) C'est horrible le couple, les gens qui se disent «On va se mettre ensemble.» Manger la même chose, dans le même espace, fermer les portes. C'est *éviter* complètement l'aventure.

to avoid

Marguerite Duras, 60 ans, femme-écrivain

Autour de moi je ne vois personne qui juge mal une femme divorcée ou un homme divorcé . . . Maintenant il n'y a plus de honte à divorcer.

Un divorcé

J'ai l'impression que je suis de l'autre côté de la barrière . . . J'ai l'impression d'être marquée, ça c'est vrai. En plus, j'ai un peu honte, parce que quand on est *veuve*, vous avez tout de suite une *auréole* au-dessus de la tête, mais divorcée! . . . Chez mes parents ça ne se faisait pas tellement . . . ça a toujours quelque chose de trouble.[5]

a widow
halo

Une divorcée

[Même] quand la règle «travail égal—salaire égal» est respectée, justice est loin d'être faite. Il ne serait pas exact de dire que je n'ai pas fait la carrière que je voulais parce qu'elle est réservée aux hommes. [Elle est devenue médecin du travail[6] mais pas gynécologue comme elle aurait voulu.] Je n'ai pas fait cette carrière peut-être parce que je n'ai pas la *puissance du travail*. Mais comment savoir si j'aurais pu faire cette carrière ou si de toute façon j'aurais été une «*ratée*» alors qu'à longueur de journée, à longueur d'année je suis parasitée par *une foule* de tâches, de préoccupations et d'obligations auxquelles n'est *soumis* aucun des hommes avec lesquels je me trouve en *concurrence*.

drive
failure

beaucoup
subjected
compétition

Femme-médecin, mère de trois enfants

Malgré un niveau d'instruction et une qualification professionnelle qui m'auraient permis de conserver un travail enrichissant, j'ai choisi de rester au foyer. Pourquoi? Avant tout,

---

5. **ça a toujours quelque chose de trouble:**
   there's still something unsettling about it
6. **médecin du travail:** *doctor working for*
   Social Security investigating work-related
   accidents and illnesses

parce que j'ai refusé d'être prise au piège[7] de la double journée. Car l'essentiel du problème féminin réside là: c'est très joli de travailler pour s'épanouir,[8] pour se sentir utile, etc., mais si à côté de cela il faut, en plus, quand on rentre chez soi, faire la cuisine, le ménage, la vaisselle, etc., c'est tout *bonnement* intolérable et, pour ma part, je m'y refuse   simplement
absolument. Combien d'hommes sont ou seraient capables de le faire? Pas un *sur* cent . . . Il m'est donc apparu[9] que ce   *out of*
n'était qu'en restant chez moi que je pouvais avoir un minimum de loisirs, que je n'aurais certainement pas si je travaillais à l'extérieur.

Secrétaire «retirée»

7. **être prise au piège:** *fall into the trap*   9. **Il m'est donc apparu:** *So it appeared to me*
8. **s'épanouir:** *to fulfill oneself*

FAIT FRAPPANT: LA FRÉQUENCE DU DIVORCE

Aux États-Unis:	1 mariage sur 2 se termine par un divorce.
En France:	1 mariage sur 6 se termine par un divorce.

COMPRÉHENSION DU TEXTE

1. Imaginez pourquoi la «féminisation» du garçon est vécue comme une perte alors que la «masculinisation» de la fille est vécue comme une conquête.
2. À votre avis, quels traits «masculins» sont les mieux acceptés chez une femme? les moins acceptés? Quels traits «féminins» sont les mieux acceptés chez un homme? les moins acceptés?
3. Quels adjectifs est-ce que Jean-Claude choisit pour illustrer la masculinité et la féminité? Trouvez des antonymes pour ces adjectifs.
4. À votre avis, jusqu'à quel point est-ce que les traits explicitement et implicitement évoqués par Jean-Claude sont incompatibles? Les sexes sont-ils opposés ou est-ce que chaque personne possède un côté «homme» et un côté «femme»?
5. Est-ce que Patrick a raison d'être plus sévère envers les jeunes? Pourquoi?
6. Patrick est-il féministe? Expliquez.
7. Comparez les attitudes de Jean-Claude, de Patrick, et de Jean («L'Homme au foyer», pp. 184–187). Dans quelle mesure est-ce que leurs points de vue contredisent le témoignage d'Elena Belotti?
8. Qu'est-ce qu'Anne attendait du mariage? Comment envisagez-vous le mariage?
9. Quelles expressions employées par Jérôme et Anne expriment la passivité et le conformisme?

10. Comment l'attitude de Jérôme et d'Anne a-t-elle changé? Imaginez pourquoi.
11. Quelles objections est-ce que Marguerite Duras fait au couple?
12. Quelle autre possibilité envisage-t-elle? Pourquoi?
13. À votre avis, par quels moyens peut-on concilier cohabitation et liberté des partenaires?
14. Selon le divorcé, quelle est l'attitude des gens envers les divorcés? Que dit la divorcée? Quelle situation personnelle semble influencer la perception de cette femme?
15. Parmi les gens que vous fréquentez, est-ce qu'on considère différemment les divorcés et les divorcées?
16. Pourquoi la femme-médecin croit-elle être une ratée?
17. Est-elle sûre des raisons de son échec? Expliquez.
18. De quoi se plaint-elle?
19. D'après vous, que faudrait-il faire pour éliminer son problème?
20. Pourquoi la secrétaire a-t-elle pris sa retraite?
21. Comparez son expérience et celle de la femme-médecin.
22. En choisissant parmi les adjectifs suivants, caractérisez chacun de ces Français. Justifiez votre réponse.

insatisfait(e)	touchant(e)	libéré(e)
progressiste	conservateur/conservatrice	perspicace
content(e)	objectif/objective	

23. Quel témoignage reflète le mieux votre attitude personnelle? Lequel vous semble le plus étranger?

À la Réflexion

1. Discutez brièvement comment les textes que vous avez lus traitent les sujets suivants:
   a. l'apprentissage (*learning*) des rôles sexuels chez les enfants
   b. l'influence de cet apprentissage sur les adultes
   c. la modification des rôles sexuels traditionnels
2. Répondez à la question de Chantal («Témoignages,» p.190): «Qu'est-ce que cela signifie l'égalité entre l'homme et la femme?» (L'égalité, est-elle possible? souhaitable? En quoi consiste-t-elle?)
3. *Le Couple et la famille en 2084.*
   Vous pouvez prédire l'avenir. Que voyez-vous? l'utopie? le désastre? de grands changements? peu de changements? Décrivez votre vision.
   Expressions utiles:

disparaître	les rapports hiérarchisés ≠ égalitaires
durer	l'éclatement (*breaking up*) de la
la famille nucléaire	famille
la ségrégation des rôles	vivre en communauté: *to live*
la bipolarisation des sexes	*communally*
	travailler à temps partiel

L'UNITÉ DANS LA DIVERSITÉ 7

Introduction

An American of German descent living in Milwaukee may feel like a German in certain parts of the city, like a Midwesterner on a visit to Florida, yet like an American on a trip abroad. Contradictory? Not at all. A person's sense of identity depends on the situation. Common history, geography, ethnic background, religion, and language contribute to our sense of belonging to a group. Although the nation is usually the largest group to which we belong, it is not the only one.

While the French and American people both possess a strong sense of national identity, neither nation is a cultural monolith. Rather, both countries are melting pots—nations assimilating diverse groups into a relatively homogeneous whole. The United States is populated almost exclusively by immigrants who supplanted the indigenous peoples, and newcomers still arrive at the rate of a million a year. Although home to the largest immigrant population in Europe, France has never known this kind of massive influx. In contrast to the United States, France's cultural diversity is largely homegrown. Distinct regional groups predating modern France by many centuries—*les Occitans, les Bretons, les Basques, les Corses,* for example—were consolidated to form the present political unit. An imperial past has also contributed to France's cultural mix. The very name of the empire, *La France d'outre-mer*—overseas France—implied the extension of national boundaries to encompass far-flung territories. Part and parcel of colonial ideology was the *mission civilisatrice,* the belief that France should spread its culture. However, many factors made assimilation of the empire's populations incomplete. The vast majority were never given French citizenship, and few immigrated during the colonial period. Since independence, however, significant numbers of people from the former colonies have come to France. For the most part, they are received as foreigners and encounter the discrimination that tends to be the lot of the recent immigrant.

In France, as in the United States, people are taking stock of the costs of blending into the dominant culture. With increasing militancy they are reaffirming their ethnic differences. Regionalism is flourishing in France as a political and cultural phenomenon. After centuries of increasing Parisian hegemony, there is pressure for decentralization and more regional autonomy, pressure to "decolonize the provinces." Growing regional pride is reflected in university students' interest in studying their regional languages. Although separatists are in the minority and national unity is not at stake, if the goals of the regionalists are realized, the expression *l'unité dans la diversité* will be much more applicable than it was when it was coined.

Vocabulaire de la colonisation
et de l'assimilation

être indépendant/e (de quelqu'un ou **de quelque chose):** *to be independent (of someone or something)* ≠ **dépendre de quelqu'un** ou **de quelque chose:** *to be dependent on someone or something*   Les colonies

dépendaient économiquement **de** la France.

vaincre quelqu'un ou **quelque chose:** *to conquer, to overcome someone or something*   Les États-Unis n'**ont** jamais **vaincu** le Viêtnam.

le vainqueur: *conqueror, victor*

s'opposer à quelqu'un ou **à quelque chose:** *to oppose, to defy, to resist someone or something*   Les tribus nomades **se sont opposées à** l'envahisseur européen.

persuader, convaincre quelqu'un de quelque chose ou **de faire quelque chose:** *to persuade, to convince someone of something or to do something*   Le ministre n'**a** pas **convaincu** tous les députés **de** l'importance de l'expansion coloniale.

permettre à quelqu'un de faire quelque chose: *to permit someone to do something* ≠ **interdire à quelqu'un de faire quelque chose:** *to forbid someone to do something*   Le gouvernement ne **permet** pas **à** tout le monde d'immigrer.

un pays en voie de développement: *developing, emergent country*

évolué/e: *advanced* ≠ **arriéré/e:** *backward*

sous-développé/e: *underdeveloped*

puissant/e: *powerful*

progressiste: *progressive*

les gens du pays: *local people*

l'étranger/ l'étrangère: *foreigner, outsider*

à l'étranger: *abroad*   Vous allez souvent **à l'étranger?**

l'immigré/e: *immigrant*

immigrer: *to immigrate*

le/la réfugié/e: *refugee*

se réfugier: *to take refuge*   Beaucoup de Cubains **se sont réfugiés** aux États-Unis depuis que Castro a pris le pouvoir.

être d'origine française, américaine, etc.: *to be a native of France, the United States, etc.*   —**Êtes**-vous **d'origine** canadienne?
—Non, je suis canadien naturalisé.

se faire naturaliser, devenir citoyen/ne: *to become naturalized, to become a citizen*   Ma mère **s'est fait naturaliser** l'année passée. Mon père **était** déjà **devenu citoyen.**

le mode de vie: *way of life, life-style*

les habitudes (*f. pl.*), **les mœurs** (*f. pl.*): *habits, customs*

s'accoutumer à quelque chose ou **à faire quelque chose:** *to become accustomed to something or to doing something*

s'adapter (à quelque chose): *to adapt (to something)*   Les immigrés peuvent avoir du mal à **s'accoutumer à** des mœurs différentes des leurs. Mais après un certain temps, la plupart **s'adaptent.**

regretter quelqu'un ou **quelque chose, quelqu'un** ou **quelque chose √ vous manquer:** *to miss someone or something*   Je me suis assez bien adaptée à la Nouvelle Angleterre, mais il m'arrive encore de **regretter** le soleil de la Californie.
(. . . mais le soleil de la Californie **me manque** parfois.)

avoir la nostalgie du pays, souffrir du mal du pays: *to be homesick*   Même les gens qui sont naturalisés, qu'on croirait assimilés, **souffrent du mal du pays** quelquefois.

être, se sentir dépaysé/e: *to feel not at home, to feel disoriented*

être, se sentir déraciné/e: *to be, to feel uprooted*

être, se sentir mal à l'aise: *to be, to feel ill at ease, uncomfortable*

le dépaysement: *disorientation*

le déracinement: *uprooting*

le malaise: *uneasiness*

accueillir quelqu'un ou quelque chose: *to welcome someone or something*

l'accueil (*m.*): *welcome, reception*   —Pensez-vous que les Américains **ont** bien **accueilli** les réfugiés viêtnamiens?

—Oui, ils ont reçu un **accueil** assez chaleureux.

être large, ouvert/e d'esprit: *to be open-minded* ≠ **avoir des préjugés contre quelqu'un ou contre quelque chose:** *to be prejudiced against someone or something*

se défaire de √ses préjugés (contre quelqu'un ou quelque chose), revenir de √ses préventions (contre quelqu'un ou quelque chose): *to lose or overcome one's prejudices or biases (against someone or something)*   Grâce à mon séjour à San Francisco, je **me suis défaite** de mes préjugés **contre** les grandes villes.

MISE EN ŒUVRE DU VOCABULAIRE

A. Transformez les phrases suivantes à l'aide des expressions données.

Modèle: La France a colonisé beaucoup de peuples africains. (vaincre)
   La France a vaincu beaucoup de peuples africains.

1. Il n'a pas permis aux voyageurs d'obtenir un visa.   (interdire)
2. Mes grands-parents sont venus en Amérique pour rejoindre leurs enfants.   (immigrer)
3. Les gens du pays ont vivement résisté au régime étranger. (s'opposer à)
4. C'est à cause d'une année passée à Berlin qu'ils se sont défaits de leurs préjugés contre les Allemands.   (revenir de ses préventions)
5. Quand nous nous sommes finalement adaptés au mode de vie japonais, nous n'avons plus souffert du mal du pays.   (s'accoutumer à/ avoir la nostalgie du pays)
6. Depuis que je vis séparé d'eux, je regrette beaucoup mes amis et ma famille.   (manquer)

B. *Mots de la même famille.*

Remplacez les tirets par la forme indiquée entre parenthèses du mot ou de l'expression en italique. Attention au temps des verbes.

Modèle: —Son argument était *convaincant?*   (verbe)
   —Non, il ne m'**a pas convaincu(e)** de son innocence.

1. —Quand tu as débarqué à New York, étais-tu *dépaysé?*   (nom)
   —Oui, mais mon _____ n'a pas duré longtemps.

2. —Est-ce que mes amis ont été *accueillants?*   (verbe; nom)

   —Oui, ils m' _____ très aimablement. Ils m'ont fait bon _____ .

3. —Vous êtes si loin de chez vous et nos mœurs sont si différentes des vôtres. Ne vous sentez-vous pas *déracinée?*   (nom)

   —Oui, rien ne me rappelle ma vie antérieure. Ce sentiment de _____ m'est très pénible.

4. —Est-ce que les autorités françaises vous ont accordé *la permission* de rester?   (verbe)

   —Non, ils ne m' _____ prolonger mon séjour.

5. Ses parents étaient des *réfugiés*.   (verbe)

   Ils _____ au Canada après la défaite française.

6. Nous nous sentons *mal à l'aise* dans des milieux qui ne nous sont pas familiers.   (nom)

   Comment pourrons-nous éviter ce _____ ?

C. Donnez l'équivalent français des phrases suivantes.

1. It is the first time that they have gone abroad.
2. I've heard that people who travel a great deal lose their prejudices.
3. Do you think that the government should prohibit refugees from immigrating?
4. Often tourists are disoriented when they find no one who speaks their native language.
5. He never became accustomed to drinking wine with his meals.

D. *Travail par groupes de deux.*

Posez ces questions à votre partenaire.

1. Est-ce que le professeur t'accueille avec un grand sourire?
2. Est-ce que le professeur te permet de mâcher du chewing-gum? de venir en classe pieds nus? de parler à tes voisin(e)s?
3. Est-ce que le professeur t'interdit de parler anglais en classe? de parler français?! de fumer?
4. Est-ce que tu t'adaptes facilement à l'organisation de la classe?
5. Quand ton devoir est en retard, que dis-tu pour convaincre le professeur de l'accepter quand même?
6. Est-ce qu'il/elle s'oppose à tes arguments? Si oui, comment?
7. Que dis-tu au professeur pour le persuader de te donner une bonne note?

E. *Enquête: La classe de français: homogénéité ou hétérogénéité?*

Mettez-vous par groupes de trois ou quatre. Posez les questions suivantes les un(e)s aux autres. Comparez et discutez les résultats de tous les groupes.

1. Es-tu d'origine américaine? Es-tu américain(e) naturalisé(e)?
2. Si tu es étranger (étrangère), quelle est ta nationalité? Depuis combien de temps habites-tu aux États-Unis?
3. Réponds aux questions 1 et 2 pour tes parents et tes grands-parents.
4. Quelle est ta langue maternelle? celle de tes parents? de tes grands-parents?
5. Si dans ta famille immédiate tout le monde est anglophone, as-tu des parents dont la langue maternelle n'est pas l'anglais? Si oui, quelle langue parlent-ils et dans quelles situations?

6. En plus de ton identité nationale, as-tu le sentiment d'avoir une identité ethnique, raciale, religieuse, ou autre? Pourquoi?
7. Si tu n'es pas citoyen(ne), veux-tu le devenir? Pourquoi?
8. Si tu es américain(e), es-tu content(e) de l'être? Pourquoi?

monsieur,

Wolinski, *Les Français me font rire*

1. **les métèques:** *damned foreigners*
2. **les Ritals:** *Wops*
3. **dédaigne:** *despise*
4. **buter à chaque pas:** *to constantly trip over*
5. **Maures:** *Moors (Arabs)*
6. **Levantins:** *Middle Easterners*
7. **haine:** *hatred*
8. **une certaine situation:** *the right kind of job*
9. **dites donc!:** *(I) say!*

COMPRÉHENSION DU TEXTE

1. Contre qui le gros monsieur a-t-il des préjugés?
2. Relevez le vocabulaire qui montre son intolérance.
3. D'après ce qu'il dit des autres, que pouvez-vous imaginer sur ses origines ethniques, sa religion et son niveau socio-économique?
4. Lesquels des adjectifs suivants décrivent le gros monsieur? le petit bonhomme? Expliquez votre choix.

ouvert d'esprit	raciste	snob
neutre	chauvin	timide
xénophobe	conciliant	égocentrique
misanthrope	résigné	méprisant

5. Complétez le commentaire du petit bonhomme: «Si tout le monde était comme vous. . . !» Comparez votre réponse avec celles de vos camarades.
6. Trouvez-vous ce dessin humoristique? de mauvais goût? Pourquoi?
7. Imaginez que le gros monsieur est américain. Quels changements vous semblent nécessaires pour adapter sa tirade au contexte américain?

La Colonisation

Survol du colonialisme
français

«Je dis la France, c'est-à-dire une seule nation, un seul territoire, un seul Empire, une seule loi.» (*De Gaulle, 1942*)

Ces paroles prononcées pendant la Deuxième guerre mondiale sont l'écho d'un vieux rêve persistant chez les Français, le rêve d'un vaste empire solide qui ferait honneur à la mère patrie. Pendant plus de quatre siècles ce désir de devenir une puissance mondiale a inspiré les explorateurs et les *commerçants* français. Du seizième siècle au dix-neuvième *merchants* siècle, les *mobiles* étaient principalement d'ordre financier. La *motives* participation de la France à la traite des Noirs[1] et à la traite du sucre a envoyé les Français en Afrique et au Nouveau Monde. Au dix-neuvième siècle pourtant le mouvement expansionniste s'accélère, surtout à partir de 1870, et la France acquiert de nombreux territoires. À son apogée, vers la fin du

---

1. **la traite des Noirs:** *slave trade*

Place Abdel Kadar à Algers

siècle, l'empire colonial français comprenait des pays aussi éloignés les uns des autres que le Vietnâm, Tahiti, la Martinique et de nombreuses colonies en Afrique. Alors que la *superficie* de la France équivaut à peu près à celle du Texas, *size* l'empire était deux fois plus grand que les États-Unis. Sa population, 40 million d'habitants, était deux fois celle de la métropole.

La Colonisation

Plusieurs facteurs poussaient la France vers cette entreprise bien que les adversaires du colonialisme fassent entendre leur opposition. (1) LA POLITIQUE EUROPÉENNE: La France désirait maintenir l'équilibre des grandes puissances.[2] L'expansion coloniale lui permettait de rivaliser avec l'Angleterre, qui possédait déjà d'importantes colonies très profitables, et de rétablir son prestige affaibli par la défaite de 1870 et la perte de l'Alsace et de la Lorraine. (2) L'EXPLOITATION ÉCONOMIQUE:

2. **l'équilibre des grandes puissances:** *the balance of power*

La France voulait trouver des *débouchés* pour ses produits industriels et recherchait des *matières premières*. (3) LA MISSION CIVILISATRICE: D'une part, les Français apportaient leur religion aux colonisés. D'autre part, les colonisateurs se voyaient comme des *apôtres* de la civilisation française qu'ils apportaient aux peuples qu'ils considéraient sous-développés. D'après l'historien Léopold de Saussure: «La politique d'assimilation ne se propose pas seulement de faire progresser les *indigènes:* elle se propose de leur faire accepter la langue, les institutions, les croyances politiques et religieuses, les mœurs et l'esprit français. Par cela même elle affirme que ce qui convient aux[3] Français convient également à toutes les races.» À la base de cette politique—l'inégalité. Exception faite des Antilles, de la Guyane, de la Réunion, de Saint-Pierre-et-Miquelon, et des quatre communes du Sénégal, les habitants des pays de l'empire étaient des sujets français, pas des citoyens. Ils étaient gouvernés par un code spécial, appelé l'indigénat.

    Si le rêve colonial était glorieux, la réalité créait de grandes déceptions. Malgré leur étroite dépendance économique, les colonies étaient peu profitables. Les territoires étaient très pauvres et dans l'ensemble les *fonds* français n'y étaient pas investis. Comme l'historien Leroy-Beaulieu a observé: «Il est excessivement rare qu'une colonie *fournisse* un revenu net à la mère patrie: dans l'état d'enfance, elle ne le peut pas; dans l'état adulte, elle ne le veut pas.» En plus, la «pacification» des territoires nécessitait de longues et coûteuses opérations militaires qui avaient lieu dans des conditions désavantageuses pour les soldats français. Par exemple, malgré la supériorité relative de leurs armes, les Français ont mis une vingtaine d'années à vaincre les tribus nomades du Sahara central.

La Décolonisation

Au lendemain de la Deuxième guerre mondiale, il était évident que l'immense édifice de la France d'outre-mer était prêt à *s'effondrer*. Beaucoup de facteurs ont contribué à la *désagrégation* de l'empire: son *étendue*, qui le rendait difficile à administrer (surtout avec une administration centralisée à Paris), l'absence d'une politique coloniale qui permettrait aux colonisés de participer plus à la vie économique et politique, et enfin les mouvements de libération nationale. Il y avait aussi la nécessité militaire: la France ne pouvait plus tenir les co-

outlets, markets
raw materials

apostles

natives

argent

procure

collapse
désintégration / vastness

---

3. ce qui convient aux: *what's right for*

lonies. La défaite des Français aux mains de Ho Chi Minh en 1954 a mis fin à une cinquantaine d'années de conflit en Indochine. Cette guerre sanglante a été suivie d'une autre en Algérie, expérience encore plus traumatisante à cause du grand nombre de Français qui y habitaient.

    Il fallait se rendre à l'évidence: tôt ou tard les pays colonisés réclameraient leur indépendance. Mieux valait l'accorder avec le dessin de garder d'étroits liens économiques. En 1959, un référendum a offert le choix entre l'indépendance immédiate et la participation à une communauté française. Sur le moment, seule la Guinée a choisi l'indépendance, mais en moins de deux ans, rien qu'en Afrique, 14 nouvelles républiques se sont créées. Aujourd'hui, le drapeau tricolore ne flotte que sur les quatre départements d'outre-mer—la Martinique, la Guadeloupe, la Guyane, et la Réunion—et sur quelques toutes petites îles.

Jeune Afrique

COMPRÉHENSION DU TEXTE

1. Complétez les phrases suivantes en vous référant au texte précédent.
   a. Pendant longtemps les Français rêvaient _____ .
   b. Les Français sont allés en Afrique et au Nouveau Monde parce que
   _____ .
   c. La superficie de l'empire était _____ .
   d. Sa population était _____ .
   e. La France voulait un empire pour _____ .
   f. La politique d'assimilation était basée sur l'idée que _____ .

    g.   La France ne pouvait pas garder ses colonies parce que _____ .

    h.   Pendant les années 50 la France a fait la guerre _____ .

    i.   Le choix offert par le référendum était _____ .

2. Appuyez ou contredisez les affirmations suivantes en vous basant sur la lecture.

    a.   Les mobiles de l'expansion coloniale ont toujours été principalement financiers.

    b.   En réalité l'empire posait des problèmes à la mère patrie.

    c.   Les peuples de l'empire avaient tous les mêmes droits que les Français de la métropole.

    d.   Les populations indigènes ne s'opposaient pas à la politique d'assimilation.

    e.   Aujourd'hui la France d'outre-mer n'existe plus.

ACTIVITÉ

L'expérience américaine.

1. Pour quelles raisons des colons sont-ils venus aux futurs États-Unis?

2. Quels territoires les États-Unis ont-ils envahis ou annexés depuis leur confédération en 1781? Quels peuples ont-ils vaincus? assimilés? accueillis? Comment? Pourquoi?

3. À quelle époque les États-Unis ont-ils atteint à peu près leurs limites géographiques actuelles?

4. En quoi l'expansionnisme américain et l'impérialisme français se ressemblent-ils? se distinguent-ils?

5. À votre avis, est-ce que l'expansionnisme américain était nécessaire? Pourquoi?

La Question coloniale

À propos de l'orateur: **Jules Ferry** (1832–1893) est un homme d'État important mais controversé. Il est connu pour la formulation des lois scolaires de 1881–82 qui déclarent l'enseignement primaire gratuit, obligatoire, et laïque (c'est-à-dire, neutre à l'égard de la religion). Ferry joue aussi un rôle capital dans l'expansion coloniale. Il réussit à ajouter la Tunisie et le bas Congo à l'Empire et cela malgré une vive opposition de la droite et de la gauche. Sa politique d'expansion en Chine provoque sa chute en mars 1885. Les extraits suivants viennent de son célèbre discours prononcé à la Chambre des députés le 28 juillet de cette même année. Le grand nombre d'interruptions et les fortes réactions des autres députés indiquent la grande diversité d'opinions à l'époque.

M. JULES FERRY: Les colonies sont, pour les pays riches, un
    placement des plus avantageux.(. . .)   investissement

M. BRIALOU: Pour les capitalistes!

M. JULES FERRY: Eh oui! pour les capitalistes. Est-ce qu'il vous
    est indifférent, M. Brialou, que la somme des capitaux

s'accroisse dans ce pays par des placements intelligents? · grows
(*interruptions*) Je dis que la France, qui a toujours *re-*
gorgé de capitaux et en a exporté des quantités con- · overflowed with
sidérables à l'étranger, (. . .) a intérêt à considérer ce
côté de la question coloniale.

Mais, messieurs, il y a un autre côté plus important
de cette question, qui domine de beaucoup celui auquel
je viens de toucher. La question coloniale, c'est pour les
pays *voués* par la nature même de leur industrie à une · destinés
grande exportation, comme la nôtre, la question même
des débouchés . . .

À ce point de vue, je le répète, la fondation d'une
colonie c'est la création d'un débouché.(. . .) Dans la
crise que *traversent* toutes les industries européennes, · are undergoing
la fondation d'une colonie, c'est la création d'un débouché.
On a remarqué . . . qu'il suffit que le lien colonial sub-
siste entre la mère-patrie qui produit et les colonies
qu'elle a fondées, pour que la prédominance économique
accompagne et *subisse*, en quelque sorte, la prédominance · ici, *be more important than*
politique . . .

Messieurs, il y a un second point, un second ordre
d'idées que je dois *aborder* le plus rapidement possible, · traiter
croyez-le bien: c'est le côté humanitaire et civilisateur
de la question. Sur ce point, l'honorable M. Camille
Pelletan *raille* beaucoup; (. . .) il condamne, et il dit: · se moque
«Qu'est-ce que cette civilisation qu'on impose à coups
de canon? Qu'est-ce, sinon une autre forme de barbarie?
Est-ce que ces populations de race inférieure n'ont pas
autant de droits que vous? Est-ce qu'elles ne sont pas
maîtresses chez elles? Est-ce qu'elles vous appellent?
Vous allez chez elles contre leur gré,[1] vous les violentez,[2]
mais vous ne les civilisez pas.» Voilà, messieurs, la thèse;
je n'hésite pas à dire que ce n'est pas de la politique,
cela, ni de l'histoire; c'est de la métaphysique politique . . . (*ah! ah! à l'extrême-gauche*[3]) (. . .) Messieurs,
il faut parler plus haut et plus vrai! Il faut dire ouverte-
ment qu'en effet, les races supérieures ont un droit vis-
à-vis des races inférieures . . . (*rumeurs sur plusieurs* · rumblings (of discontent)
bancs à l'extrême-gauche)

M. JULES MAIGNE: Oh! Vous *osez* dire cela dans le pays où ont · dare
été proclamés les droits de l'homme.

---

1. **contre leur gré:** *against their will*
2. **les violentez:** *do violence to them*
3. **à l'extrême-gauche:** *on the far left (These are exclamations by the* députés *who are* listening. Generally those seated on the right are politically conservative and those on the left are liberal.)

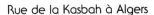

Rue de la Kasbah à Algers

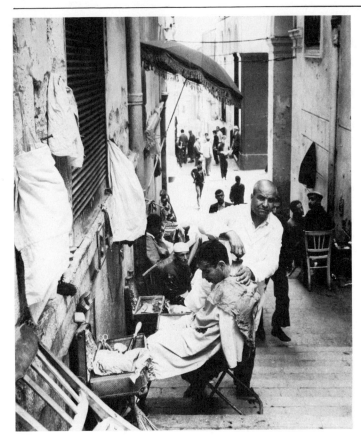

M. DE GUILLOUTET: C'est la justification de l'esclavage et de
    la traite des nègres!

M. JULES FERRY: Si l'honorable M. Maigne a raison, si la
    déclaration des droits de l'homme a été écrite pour les
    noirs de l'Afrique équatoriale, alors de quel droit allez-
    vous leur imposer les échanges, les trafics?[4] Ils ne vous
    appellent pas . . . *(interruptions à l'extrême-gauche et*
    à droite. Très bien! très bien! sur divers bancs à gauche.)

M. RAOUL DUVAL: Nous ne voulons pas les leur imposer. C'est
    vous qui les leur imposez!

M. JULES MAIGNE: Proposer et imposer sont choses fort
    différentes!

---

4. les échanges, les trafics: *commercial trade*

M. GEORGES PERIN: Vous ne pouvez pas cependant faire des échanges forcés!

M. JULES FERRY: Je répète qu'il y a pour les races supérieures un droit, parce qu'il y a un devoir pour elles. Elles ont le devoir de civiliser les races inférieures . . . *(marques d'approbation sur les mêmes bancs à gauche, nouvelles interruptions à l'extrême-gauche et à droite.)*

Est-ce que vous pouvez *nier*, est-ce que quelqu'un peut nier qu'il y a plus de justice, plus d'ordre matériel et moral, plus d'équité, plus de vertus sociales, dans l'Afrique du Nord depuis que la France a fait sa conquête? Quand nous sommes allés à Alger pour détruire la piraterie et assurer la liberté du commerce dans la Méditerranée, est-ce que nous faisions œuvre de forbans,[5] de conquérants, de dévastateurs?(. . .)   *deny*

Messieurs, dans l'Europe telle qu'elle est faite, dans cette *concurrence* de tant de rivaux que nous voyons grandir autour de nous,(. . .) la politique de recueillement[6] ou d'abstention, c'est tout simplement le grand chemin de la décadence! Les nations, au temps où nous sommes, ne sont grandes que par l'activité qu'elles développent.(. . .)   *compétition*

Rayonner sans agir,[7] sans se mêler aux affaires du monde, en se tenant à l'écart de[8] toutes les *combinaisons* européennes, en regardant comme un *piège*, comme une aventure toute expansion vers l'Afrique et vers l'Orient, vivre de cette sorte, pour une grande nation, croyez-le bien, c'est abdiquer, et dans un temps plus court que vous ne pouvez le croire, c'est descendre du premier rang au troisième et au quatrième.   *maneuvering* / *trap*

Le parti républicain a montré qu'il comprenait bien qu'on ne pouvait pas proposer à la France un idéal politique conforme à celui des nations comme la libre Belgique et comme la Suisse républicaine; qu'il faut autre chose à la France: qu'elle ne peut pas être seulement un pays libre; qu'elle doit être aussi un grand pays, exerçant sur les destinées de l'Europe toute l'influence qui lui appartient, qu'elle doit *répandre* cette influence sur le monde, et porter partout où elle le peut sa langue, ses mœurs, son drapeau, ses armes, son génie.   *spread*

---

5. **est-ce que nous faisions œuvre de forbans:** *were we acting as pirates*
6. **la politique de recueillement:** *isolationism*
7. **Rayonner sans agir:** *To bask in our glory without taking action*
8. **en se tenant à l'écart de:** *while keeping out of*

COMPRÉHENSION DU TEXTE

1. Selon Jules Ferry, pourquoi est-ce que les pays riches devraient s'intéresser aux colonies?
2. Pourquoi la France a-t-elle besoin de débouchés?
3. Quel est l'argument «humanitaire et civilisateur» avancé par Ferry en faveur de l'expansion coloniale?
4. Quelles objections est-ce que Pelletan lui a faites?
5. Quelles sont les autres critiques adressées à Ferry pendant son discours?
6. Quelles preuves de l'influence «civilisatrice» de la France est-ce que Jules Ferry offre?
7. Caractérisez son attitude envers les populations indigènes. Caractérisez aussi celle de Pelletan.
8. Quels arguments politiques Ferry invoque-t-il pour justifier l'intervention française?
9. Comment Ferry envisage-t-il l'avenir de la France? Quel rôle jouent les colonies dans cette vision?
10. Jules Ferry vous semble-t-il bon orateur? Par quels moyens essaie-t-il de convaincre les députés? Considérez ses raisonnements, les émotions auxquelles il fait appel, le choix de vocabulaire.
11. Trouvez-vous que les mobiles de Ferry sont des mobiles patriotiques? Qu'en dirait Annie-Marguerite («Le Patriotisme est-il une vertu de paix?», pp. 66–68)?
12. Comparez la vision de la France qu'a Jules Ferry à celle que de Gaulle exprime dans «Une Certaine Idée de la France» (pp. 63–65).

ACTIVITÉ

Rôles: Est-ce que les États-Unis devraient annexer Cuba?
Organisez un débat entre sénateurs ou représentants. Pour vous mettre en train, voici quelques arguments économiques, humanitaires, et politiques.

Pour
les ressources naturelles (la canne à sucre, la main-d'œuvre [*unskilled labor*])
la menace du communisme
la compétition avec l'U.R.S.S.
la libération du peuple cubain
le prestige des États-Unis
le désir de dominer l'Amérique du Sud
l'importance stratégique de Cuba (proximité des États-Unis)

Contre
la détente
la politique de non-intervention
le coût d'une intervention militaire
le risque de subir une défaite
l'opinion de nos alliés
le risque de provoquer des représailles (*reprisals*) de la part de l'Union soviétique

L'École des nouveaux venus

À propos de l'auteur: **Cheikh Hamidou Kane** naît au Sénégal en 1929. Il est d'origine peule (*Fulani*), c'est-à-dire, membre d'un des groupes ethniques dominants du pays. Sa première formation est musulmane (*muslim*). De l'école coranique il passe à l'école française, puis termine ses études à Paris, où il obtient une licence en droit et une autre en philosophie. Il rentre au Sénégal en 1959 pour travailler dans le gouvernement colonial. Après l'indépendance il continue à jouer un rôle important dans le gouvernement de son pays.

Peu après son retour au pays, Cheikh Hamidou Kane se tourne vers la littérature pour exprimer l'expérience de beaucoup de jeunes Africains de sa génération, les «évolués,» que l'éducation française, de longs séjours en France et parfois une femme européenne ont éloignés de leur héritage. Pour Cheikh Hamidou Kane cette expérience se mesure surtout en termes religieux. Son premier roman, *L'Aventure ambiguë* (1961), décrit la crise que représente l'éducation des jeunes sous le régime colonialiste et le conflit inévitable entre les valeurs traditionnelles et celles des colonisateurs. Dans les passages qui suivent, la Grande Royale, princesse des Peuls, donne sa réponse à la question «Devrons-nous envoyer nos enfants à l'école française?» Samba Diallo est le garçon qui sera envoyé le premier.

Il y a cent ans notre grand-père, en même temps que tous les habitants de ce pays, a été réveillé un matin par une clameur qui montait du fleuve. Il a pris son *fusil* et, suivi de *rifle* toute l'élite, s'est précipité sur les nouveaux venus. Son cœur était intrépide et il attachait plus de prix à la liberté qu'à la vie. Notre grand-père, ainsi que son élite, ont été défaits. Pourquoi? Comment? Les nouveaux venus seuls le savent. Il faut le leur demander; il faut aller apprendre chez eux l'art de vaincre sans avoir raison. Au surplus, le combat n'a pas cessé encore. L'école étrangère est la forme nouvelle de la guerre que nous font ceux qui sont venus, et il faut y envoyer notre élite, en attendant d'y pousser tout le pays. Il est bon qu'une fois encore l'élite précède. S'il y a un risque, elle est la mieux préparée pour le *conjurer*, parce que la plus fermement at- *ward off* tachée à ce qu'elle est. S'il est un bien à tirer,[1] il faut que ce soit elle qui l'acquière la première. Voilà ce que je voulais dire, mon frère. (. . .)

L'école où je pousse nos enfants tuera en eux ce qu'aujourd'hui nous aimons et conservons avec soin, à juste titre.[2] Peut-être notre souvenir lui-même mourra-t-il en eux. Quand ils nous reviendront de l'école, il en est qui ne nous reconnaîtront pas. Ce que je propose c'est que nous acceptions

---

1. bien à tirer: *gain to be made*   **2. à juste titre:** *and rightly so*

«. . . Nos meilleures graines et nos champs les plus chers, ce sont nos enfants.»

de mourir en nos enfants et que les étrangers qui nous ont défaits prennent en eux toute la place que nous aurons laissée libre.

Elle *se tut* encore, bien qu'aucun murmure ne l'eût interrompue. Samba Diallo *perçut* qu'on *reniflait* près de lui. Il leva la tête et *vit* deux grosses larmes couler le long du rude visage du maître des forgerons.[3] *stopped talking / a entendu / was sniffling / a vu*

Mais, gens des Diallobé, souvenez-vous de nos champs quand approche la saison des pluies. Nous aimons bien nos champs, mais que faisons-nous alors? Nous y mettons le fer et le feu, nous les tuons. De même, souvenez-vous: que faisons-nous de nos réserves de graines quand il a plu? Nous voudrions bien les manger, mais nous les *enfouissons* en terre. *mettons*

La tornade qui annonce le grand *hivernage* de notre peuple est arrivée avec les étrangers, gens des Diallobé. Mon avis à moi, Grande Royale, c'est que nos meilleures graines *rainy season*

3. **maître des forgerons:** *head blacksmith*

et nos champs les plus chers, ce sont nos enfants. Quelqu'un
veut-il parler?

 Nul ne répondit.   Personne

 Alors, la paix soit avec vous, gens des Diallobé, conclut
la Grande Royale.

Extraits de L'Aventure ambiguë

COMPRÉHENSION DU TEXTE

1. Depuis combien de temps les gens des Diallobé vivent-ils sous un régime colonial?
2. Décrivez la première rencontre des Français et des ancêtres des gens des Diallobé. Employez les verbes **s'opposer** et **vaincre** dans votre réponse.
3. Comment la Grande Royale voit-elle l'école française? Trouvez-vous cette comparaison surprenante? Pourquoi?
4. Pourquoi envoyer d'abord les enfants de l'élite à l'école?
5. Selon la Grande Royale, comment l'école étrangère continuera-t-elle la domination des gens des Diallobé? Qu'est-ce qui arrivera au mode de vie de son peuple?
6. Dans la société africaine, le forgeron représente la force et souvent il possède des pouvoirs magiques. Que fait le forgeron ici? Que pourrait symboliser cet acte?
7. Examinez l'imagerie agricole. À quoi la Grande Royale compare-t-elle les enfants? Quelle analogie est créée entre les techniques agricoles et l'expérience des enfants à l'école? Pourquoi employer cette imagerie?
8. L'attitude de la Grande Royale envers l'école française vous semble-t-elle surtout hostile? accommodante? ambiguë? Expliquez.
9. Lesquels des adjectifs suivants décrivent la Grande Royale? Pourquoi?

fière de son peuple	réaliste	défaitiste
stoïque	désespérée	méfiante
ouverte d'esprit	sûre d'elle	pragmatiste

Être «étranger» en France

«Ah! Vous êtes algérien!
La chambre est déjà
louée . . .»

 «Désolée. La chambre est déjà prise. Quelqu'un est venu
avant vous.» Toute rouge, la dame bafouille, avance n'importe

quoi et s'enfuit[1] presque. Partagé entre une fureur impuissante, *l'accablement* et la honte de ne pas crier à son interlocutrice[2] ce qu'il pense d'elle, Salah O. repart sans dire un mot.

despondency

Pourtant, au téléphone, la même dame lui avait assuré que la chambre était libre, qu'elle la lui réservait. Alors? Alors il est algérien. Cela suffit.

Il a débarqué en France, il y a quinze jours. *Prévenu* au dernier moment qu'une bourse était accordée pour aller faire un «troisième cycle»[3] en France, il a quitté l'Algérie en catastrophe. Les *démarches* pour obtenir une autorisation de sortie lui ont pris tout son temps et il n'a même pas eu le loisir de *se munir de* l'adresse d'un parent plus ou moins lointain ou du cousin d'un ami pour se réserver un point de chute.[4] À son arrivée à Orly,[5] il n'avait que 350 francs en poche, beaucoup d'illusions et *un brin de* naïveté: c'est la première fois qu'il *se rendait* à l'étranger. (. . .)

Informé

steps

obtenir

a touch of

allait

Les jours suivants, il fera d'autres expériences du même genre avec des variantes. Il rencontrera d'autres dames qui, elles, ne *rougiront* pas pour refuser de lui louer une chambre parce qu'il est algérien. Certaines lui expliqueront froidement qu'elles ne veulent pas d'Algériens. Tant et si bien que,[6] pour éviter de se déranger pour rien, il commencera par prévenir qu'il est algérien. Presque par défi. Certaines fois, on lui raccrochera au nez.[7]

will not blush

Heureusement, il rencontrera aussi des gens charmants, comme cette vieille dame qui ayant loué ses deux chambres disponibles, l'une à un autre Algérien, l'autre à un Mauricien, fera tout pour l'aider à en trouver une autre. Ou comme ce monsieur qui, proposant un grand studio assez cher, *rabattra* le loyer de 200 francs pour l'obliger.

will lower

Aux dernières nouvelles, Salah est toujours dans son hôtel, mais moins désespéré: des compatriotes travailleurs rencontrés par hasard, ont pris sur leur temps de repos pour lui trouver une chambre.

Extraits de *Jeune Afrique*

1. **bafouille, avance n'importe quoi et s'enfuit:** *stammers, says any old thing and runs away*
2. **interlocutrice:** *the woman to whom he is talking*
3. **«troisième cycle»:** *graduate studies*
4. **point de chute:** *place to stay*
5. **Orly:** *airport outside of Paris*
6. **Tant et si bien que:** *As a result*
7. **on lui raccrochera au nez:** *they'll hang up on him*

COMPRÉHENSION DU TEXTE

1. Comment sait-on que la réponse de la dame est un mensonge?
2. Quelle est la réaction de Salah devant ce refus? Imaginez ce que vous auriez fait à sa place.

3. Pourquoi Salah vient-il en France?
4. Pourquoi a-t-il quitté l'Algérie « en catastrophe»? Qu'est-ce qu'il n'a pas eu le temps de faire?
5. Quelles gens l'aident quand il arrive à Paris?
6. Appuyez ou contredisez les affirmations suivantes en vous référant au texte.
   a. Tous les propriétaires français ont des préjugés contre les Algériens.
   b. Si Salah met si longtemps à trouver un logement, ce n'est pas de sa faute.

ACTIVITÉS

A. Écrivez la lettre que Salah envoie à un(e) jeune cousin(e) qui va aussi venir en France faire des études. Que lui dit-il de ses propres expériences? Quels conseils lui donne-t-il? Employez au moins *six* des expressions suivantes: **être d'origine; les mœurs; étranger; à l'étranger; s'adapter; avoir la nostalgie du pays; se sentir dépaysé; interdire; accueillir**

B. Racontez une expérience personnelle (recherche d'une chambre, d'un job d'été, d'une table au restaurant, etc.) où vous avez rencontré de la discrimination ouverte ou cachée. Quelles en étaient les raisons (race, religion, âge, sexe, classe, autre)?

Être bretonne en France

Interview avec Cécile, qui fait ses études universitaires aux États-Unis.

FRANÇOISE: Alors Cécile, tu te sens plutôt bretonne ou plutôt française?

CÉCILE: Aux États-Unis je me sens française. Mais en France je me sens bretonne. Chez moi, c'est Rennes. Avant, 30 kilomètres avant, c'est pas chez moi, c'est la Normandie, et les Normands et les Bretons, c'est la guerre. Quand je rentre chez moi, même d'Amérique, j'arrive à Paris— c'est bien parce que j'adore Paris—mais quand je prends le train pour rentrer, j'ai hâte de[1] voir le *panneau* Rennes/Bretagne. C'est vraiment chez moi.   *sign*

FRANÇOISE: D'où ça vient, cette identité d'être bretonne? Quels sont les facteurs qui font penser que tu es différente, par exemple, de moi qui suis parisienne et où est-ce que tu les *as acquis?*   *acquired*

CÉCILE: Probablement en voyant les Parisiens en vacances envahir la Bretagne. Puis au lycée, en classe, on nous présente toujours la Bretagne comparée à la France. Enfin on acquiert un sentiment d'identité face à la Bretagne.

1. **j'ai hâte de:** *I'm impatient to*

Vue de la ville d'Auray en Bretagne

FRANÇOISE: C'est une identité culturelle?

CÉCILE: Ça *débute* par une identité culturelle parce qu'il y a   commence
une lutte pour avoir le breton enseigné à l'école et
d'ailleurs on a réussi à l'avoir. **On** a réussi. Voilà, c'est
tout à fait breton ça. On, c'est nous, les Bretons. Et
même au niveau de l'université, on peut avoir une licence de breton. Ça c'est très récent. Et je trouve que
c'est bien parce qu'en fait c'est notre identité.

FRANÇOISE: Dans la vie courante, qu'est-ce qui te rend bretonne? C'est ce que tu manges? C'est ce que tu fais? La
façon dont tu te comportes?

CÉCILE: Non, pas spécialement, non. Je ne suis pas avec la
coiffe et les sabots.[2] Ça c'est ridicule, c'est pour les
touristes. —

FRANÇOISE: Ah bon. Il n'y a personne en Bretagne qui porte
la coiffe et les sabots?

CÉCILE: Peut-être en Basse-Bretagne, tu as les vieilles femmes.
Dans le Finistère peut-être, qui est une des provinces
de Bretagne, la plus éloignée.

---

2. Je ne suis pas avec la coiffe et les sabots.: *I don't wear a lace cap and wooden clogs (the traditional Breton costume).*

FRANÇOISE: Qu'est-ce que c'est que le régionalisme breton? Moi, *en tant que* Parisienne, je ne comprends pas. Je n'ai jamais vécu dans une province française. Je ne comprends pas le régionalisme.

comme

CÉCILE: C'est-à-dire, on ne veut pas l'invasion de tout ce qui est extérieur à la Bretagne. Par exemple, les centrales nucléaires.[3] Bon ça, c'est une idée des Parisiens.

FRANÇOISE: Et quoi d'autre?

CÉCILE: On voudrait se détacher du, du, comment dire . . .

FRANÇOISE: Centralisme?

CÉCILE: Du centralisme, c'est certain. Et puis les gens ne partent pas. On veut rester sur place pour améliorer la Bretagne. Si, par exemple, tu as ton diplôme à Rennes, tu restes après. Alors qu'en Amérique, bon, les gens partent. Ils ne restent pas chez eux. Ils s'installent n'importe où.

FRANÇOISE: Tu dis que la Bretagne veut se détacher de beaucoup de choses en France. Justement alors, comment ferais-tu la différence entre le régionalisme et le séparatisme bretons? Quelle est la différence entre toi et puis un séparatiste?

CÉCILE: Bon, je suis moins . . . passionnée. Tu ne peux pas être vraiment séparatiste. Ce n'est pas possible. À l'échelle mondiale,[4] c'est ridicule de vouloir être séparé. D'abord, on n'a pas les ressources naturelles. On peut pas. Si tu compares avec le Québec, bon, il y a là peut-être des chances parce qu'ils ont des ressources naturelles pour l'électricité. Mais en Bretagne, tu n'en as pas. Tu as la *pêche*, mais c'est rien du tout.

fishing

FRANÇOISE: Il y a les crêpes et les galettes.[5]

CÉCILE: Les crêpes et les galettes!

FRANÇOISE: Le tourisme, le tourisme.

CÉCILE: Avec toutes les catastrophes qu'il y a, le tourisme souffre. L'Amoco Cadiz[6] a vraiment détruit une bonne partie de la côte.

FRANÇOISE: En quoi est-ce que la Bretagne est différente de la Côte Basque, le Berry, la Savoie, par exemple, en tant qu'esprit? Moi, en tant que Parisienne, j'ai l'impression que les Bretons sont beaucoup plus antagonistes vis-à-vis de la France en général, et se sentent très différents

---

3. **centrales nucléaires:** *nuclear reactors*
4. **À l'échelle mondiale:** *When you take the world as a whole*
5. **galettes:** *pancakes smaller and thicker than crêpes, made with potatoes and buckwheat*

6. **L'Amoco Cadiz:** *supertanker that foundered in 1978, heavily polluting more than 100 miles of the Brittany coast*

des Français alors que je n'ai pas la même impression des gens des autres provinces.

CÉCILE: Les autres sont plus intégrés. Nous, il y a toujours eu cette séparation. On se sent *proches* des Basques . . . ou bien, disons, qu'il y a là une affinité, plus ou moins. Avec les Québécois aussi.

similaires

FRANÇOISE: Parce que les Québécois en grande partie sont venus de la Bretagne?

CÉCILE: Oui. Je me rappelle être allée au Québec habillée en Française, tu vois, le stéréotype de la Française, et puis, les Québécois n'étaient pas tellement agréables. Mais je me rappelle avoir mis mon T-shirt avec BRETAGNE écrit dessus. Alors là c'était toujours «Tu es de Bretagne?» Les gens s'arrêtaient pour me parler parce qu'il y a des liens.

FRANÇOISE: Parlons un petit peu juste des idées préconçues qu'on a de la Bretagne. Moi, j'ai grandi avec Bécassine,[7] la *bonne* de Bretagne qui vient à Paris et qui est très gentille mais très *bébête*.

maid
stupide

CÉCILE: Je n'ai pas grandi avec Bécassine, moi. Les stéréotypes de la Bretagne, moi, je ne peux pas les juger. Les Bretons, je les vois, je suis bretonne.

FRANÇOISE: Et moi, si je dis que les Bretons sont superstitieux?

7. Bécassine: *the heroine of a series of children's books first published in the 1920s and still popular*

Bécassine, la bonne de Bretagne

CÉCILE: Superstitieux!

FRANÇOISE: Ils ont des *sorciers*.   *sorcerers*

CÉCILE: Des sorciers!

FRANÇOISE: Ils croient qu'ils sont les meilleurs.

CÉCILE: Ah . . . ô là!

FRANÇOISE: Ils sont têtus. Ils sont pas progressistes. Refus de progrès. Tout le monde a l'impression que les Bretons sont un peuple sous-développé.

CÉCILE: Je ne trouve pas, moi. Têtus, peut-être, oui, parce que c'est dans notre volonté.[8] Mais je ne suis pas du tout d'accord avec toi qu'on ne veut pas progresser.

FRANÇOISE: Quand tu rencontres des gens qui ne sont pas bretons est-ce qu'ils *réagissent* vis-à-vis de toi de façon   *react* différente? Est-ce qu'ils se moquent de toi et *s'attendent à ce* que tu te comportes d'une certaine façon? Est-ce   *expect* qu'ils te demandent tous si tu manges des crêpes tous les jours?

CÉCILE: Ah oui, toujours, toujours.

FRANÇOISE: Et tu manges des crêpes toujours?

CÉCILE: Oui, des crêpes et des galettes. Quand on sort avec des amis on va dans les crêperies. C'est sûr. Parce que c'est notre McDonald's. C'est pas cher. Et puis c'est sympathique. Tu as la musique. Le samedi soir tu as des soirées, ce qu'on appelle des *festou-noz*. Ce sont des danses, des rondes. L'ambiance, c'est indescriptible parce que quand tous les gens chantent, tu as un sentiment d'union. Enfin, je suis très, très nationaliste ou très chauvine. Pas pour la France mais pour la Bretagne.

8. **dans notre volonté:** *part of our strong-minded character*

COMPRÉHENSION DU TEXTE

1. Quand est-ce que Cécile se sent française? bretonne?
2. Selon Cécile, quelles sont les sources de son identité bretonne? Comment est-ce que cette identité se manifeste chez elle? chez les Bretons en général?
3. Comment est-ce que Cécile définit le régionalisme breton? Contre quoi est-ce que les régionalistes se défendent? Qu'est-ce que Cécile pense des séparatistes bretons? Pourquoi?
4. Quel avantage le Québec a-t-il sur la Bretagne?
5. Pourquoi est-ce qu'en Bretagne le tourisme souffre?
6. Pour Françoise, qu'est-ce qui distingue les Bretons des gens des autres régions?

7. Quelles idées préconçues existent en France à propos des Bretons? Est-il surprenant que Cécile ne connaisse pas ces idées préconçues? Quelle question lui pose-t-on tout le temps?

8. Quelle était l'expérience de Cécile au Québec?

9. Que représente la crêperie pour Cécile? À votre avis, est-ce que Cécile comprend la fonction de McDonald's dans la culture américaine? Expliquez. Qu'est-ce qu'il y a dans votre vie qui correspond à la crêperie telle que Cécile la décrit?

10. Est-ce que Cécile semble avoir des préjugés contre les Parisiens? Expliquez.

11. «. . . une communauté d'idées, d'intérêts, d'affections, de souvenirs et d'espérances. Voilà ce qui fait la patrie.» Comparez l'expérience d'être bretonne de Cécile et cette définition de l'identité nationale de Fustel de Coulanges (p. 62).

ACTIVITÉS

A. *Le Régionalisme américain.*

Voici des questions à vous poser les un(e)s aux autres.

1. Quelles sont les régions des États-Unis? Quelles sont les idées préconçues associées aux habitants de chaque région? Sont-elles valables?

2. As-tu toujours ou surtout vécu dans la même partie des États-Unis? As-tu un sentiment d'identité régionale? Expliquez.

3. Si tu as habité dans plusieurs régions, as-tu fait l'expérience des préjugés régionaux? Si oui, raconte ton expérience. As-tu trouvé un mode de vie différent? Si oui, quelles étaient les différences? Est-ce que tu te sentais dépaysé(e)?

4. Existe-t-il maintenant des mouvements régionalistes ou séparatistes aux États-Unis? Pourquoi, à ton avis? Et dans le passé?

B. *Rôles: Vive la Californie libre!*

Vous faites partie d'un mouvement séparatiste en Californie (ou dans votre état d'origine). Essayez de convaincre un(e) de vos sénateurs que la Californie doit devenir indépendante des États-Unis. Vous pouvez avancer des arguments politiques, économiques, écologiques, culturels, etc. Votre sénateur s'oppose à vos arguments.

Les Français à l'étranger

«J'ai grandi au Sénégal»

Interview avec Francine, étudiante, 23 ans.

ANNE: Alors Francine, tu as grandi au Sénégal?

FRANCINE: Oui, mes parents sont venus au Sénégal en 1950 ou 51. Mon père est ingénieur. Il installait des *centrales* électriques pour le gouvernement français dans plusieurs pays de l'Afrique de l'Ouest.

generating stations

ANNE: À cette époque le Sénégal était une colonie?

FRANCINE: Oui, le Sénégal est devenu indépendant de la France en 1960. Et mon père a continué après l'indépendance à travailler pour la même compagnie mais qui était devenue compagnie privée.

J'habitais Dakar, la capitale. C'est une ville très moderne. Tout le centre de la ville était construit par des Français. J'y ai fait toutes mes études jusqu'à la *seconde*. L'école dans laquelle j'étais, c'est une école qui se situe dans le quartier français. Il y a ségrégation assez *nette* entre les quartiers français et les quartiers sénégalais. Les Français habitent le centre de la ville moderne, les Sénégalais habitent autour. Donc, c'est une école qui, comparée aux autres écoles, avait beaucoup plus de Français, mais quand même plus de la *moitié* de la classe était sénégalaise. Tous les cours étaient en français, et à l'époque où j'y étais, les enseignants étaient tous français. La plupart des livres étaient français. On avait donc des livres de mathématiques avec des exemples de pommes, de poires, de raisins, tous des fruits qui n'existaient pas à l'état naturel au Sénégal. Les livres de lecture étaient en grande partie français, des descriptions de l'hiver, de l'automne. Il faut dire qu'au Sénégal, il n'y

tenth grade

évidente

half

Dakar: la ville moderne

a ni printemps ni automne ni hiver; il y a une saison des pluies et une saison plutôt sèche. La température varie très peu entre les deux.

ANNE: Ah bon.

FRANCINE: Donc, même moi, bien que ma famille soit française, les vendanges, la récolte du raisin[1] dans les vignes en automne dans le sud de la France qui m'étaient décrites dans mes livres, ne me voulaient rien dire.[2] Pendant très longtemps aussi l'histoire était l'étude de l'histoire des rois français. Alors vous avez des petits Sénégalais qui ne savaient rien de la France, qui devaient étudier l'histoire de la France et la géographie de la France.

Comme j'ai commencé l'école juste après l'indépendance, j'ai donc vécu beaucoup de l'évolution du système d'éducation sénégalais. C'est-à-dire qu'à partir d'un certain moment j'avais un livre de lecture français et aussi un livre de lecture sénégalais qui était des contes et des légendes sénégalais, des histoires d'animaux africains qui avaient lieu dans la savane africaine avec des Africains, avec des images africaines. Et, en géographie aussi on a commencé à étudier le Sénégal et l'histoire de l'Afrique d'avant la colonisation. Ce mélange a duré jusqu'à ce que je sois partie, sans prédominance de l'enseignement sénégalais. Un exemple très net: un de mes professeurs français qui était là en tant que coopérant[3]—donc il connaissait très peu de choses sur l'Afrique—était un Breton qui croyait au régionalisme. Il nous expliquait en classe comment il fallait garder sa langue maternelle et sa culture. C'était magnifique! Mais il nous a donné comme devoir de commenter une peinture de Van Gogh, une peinture d'un paysan français. Il a demandé à une classe qui était en grande majorité sénégalaise de décrire nos impressions d'une peinture d'un paysan français! Moi, je ne connaissais pas de paysans français. Les Sénégalais n'en avaient aucune idée. La façon de s'habiller, tout le symbolisme étaient français. Ce prof, bien qu'il soit régionaliste et conscient d'être minoritaire en France, ne pouvait pas concevoir que ce soit *pire* pour des Sénégalais que pour lui quand *worse* il était en France. Et ça m'a vraiment choquée.

---

1. **les vendanges, la récolte du raisin:** *the grape harvest*
2. **ne me voulaient rien dire:** *meant nothing to me*
3. **coopérant:** *volunteer paid by the French government, often doing alternate service*

ANNE: Tu avais le sentiment d'être française, alors?

FRANCINE: Au Sénégal? Oui, oui. Il y avait les Français et les autres. Tout le temps que j'ai grandi au Sénégal, on faisait une distinction très, très, très nette entre les Français et les Sénégalais, les Européens et les Noirs.

ANNE: Tu n'avais donc pas d'amis sénégalais?

FRANCINE: Si, j'en avais quelques-uns. Voyez, il y avait deux genres de Sénégalais: d'une part, les Sénégalais intégrés au système français qui avaient fait leurs études en France.

ANNE: Les évolués.

FRANCINE: Oui, on les appelait les Sénégalais progressistes, les Sénégalais évolués—eux étaient des êtres humains. Et puis il y avait les autres. J'avais donc des amis sénégalais parmi les deux groupes. Mais à l'école uniquement. J'avais une amie sénégalaise mais dont la mère était française et dont le père était juge, et elle, je la voyais en dehors de l'école. Mais tous mes autres amis qui étaient des camarades, je ne les voyais pas en dehors de l'école. Ils vivaient dans un endroit de la ville différent. Leurs parents pour la plupart ne parlaient pas

Des Sénégalaises dans la banlieue de Dakar

français. Ils ne faisaient pas du tout la même chose que moi. En fait, s'il n'y avait pas de ségrégation officielle, il y avait une ségrégation de fait, économique. C'est-à-dire que moi, le samedi j'allais au club de cheval ou au club de tennis. Le dimanche j'allais à la plage payante.[4] Tout ça, c'était cher comparé au standard de vie normal.

ANNE: C'était pour les Européens alors?

FRANCINE: C'est ça. Tous les clubs étaient pour les Européens.

ANNE: À *part* l'éducation, comment est-ce que les Français importaient la France et les traditions françaises au Sénégal? À l'exception de

FRANCINE: Les Français à l'étranger sont très drôles, tu sais. Ils se sentent supérieurs aux Français de France. Ils se disent: «Mais nous, on ne vit pas comme des Français parce qu'on sait s'adapter à une situation différente.» Mais je crois que la plupart des Français n'apprenaient rien du Sénégal quand ils y étaient. Alors que certains Français venaient en Afrique parce qu'ils s'y intéressaient—les profs d'université qui étaient progressistes, par exemple—la majeure partie des Français y était parce qu'il y avait du soleil. Enfin, ils aimaient la vie facile là-bas comme ils auraient pu l'aimer sur la côte d'Azur de la France. Mes parents étaient exactement comme ça. On considérait que tout ce qui était intéressant devait être importé. Ça prenait des formes ridicules. On importait des arbres de Noël, des sapins, par avion. On importait du muguet pour le premier mai,[5] on importait, bon, la viande, tous les produits de consommation, le plus possible.

ANNE: Le vin, le fromage, le yaourt . . .

FRANCINE: Oui, tous les produits de nettoyage aussi. Les habits surtout et, bien sûr, les livres, les films. Une autre chose qui était frappante, c'est que les gens se séparaient par région. Il y avait un club de Corses, un club de Bretons, un club de Basques, en plus de tous les autres clubs de sports.

ANNE: Tu as l'impression d'avoir grandi dans une atmosphère quand même assez typiquement française? Est-ce qu'on a créé autour de toi un petit monde français, dans la mesure du possible?

FRANCINE: On a essayé, oui. J'ai grandi en lisant tous les journaux qui venaient de Paris. Mes parents les achetaient tous et ils *commandaient* toujours des livres qui *would order*

4. plage payante: *beach with an entry fee*

5. du muguet pour le premier mai: *lilies of the valley for May Day*

venaient de France. Mais en même temps, moi, je con-
sidérais la France un peu comme un pays étranger.

ANNE: Comment cette expérience au Sénégal a-t-elle changé
ta perspective sur la France?

FRANCINE: Cela m'a formée différemment parce que je n'ai
jamais connu la France. La France pour moi, ça n'a
jamais été vraiment *home*, l'endroit d'où je venais. Et
quand je suis retournée en France, j'avais conscience
qu'il existait quelque chose de différent. Je sais que la
France n'est pas le centre du monde. Alors que (*rires*)
beaucoup de Français le croient.

COMPRÉHENSION DU TEXTE

1. Pourquoi Francine a-t-elle vécu au Sénégal? Que faisait son père?
2. Quand est-ce que le Sénégal est devenu indépendant?
3. Comment Francine décrit-elle Dakar?
4. Décrivez l'éducation que les enfants recevaient à l'époque. Quelles matières étaient enseignées? quels livres utilisés? Quels changements ont eu
   lieu au cours des années 60?
5. Résumez l'anecdote de l'instituteur breton. Pourquoi est-ce que cette
   anecdote est ironique?
6. Est-ce que la description que fait Francine de l'éducation des Sénégalais
   est neutre? Justifiez votre impression.
7. D'après Francine, quelle était l'attitude de la communauté française envers
   le Sénégal et les Sénégalais? Comment est-ce que cette attitude a influencé
   la vie personnelle de Francine?
8. Par quels moyens les Français vivant au Sénégal ont-ils maintenu leur
   identité culturelle?
9. Relevez les contradictions entre le comportement de ces Français et l'image
   qu'ils se faisaient d'eux-mêmes.
10 Comment le fait d'avoir grandi à l'étranger a-t-il influencé la perspective
   de Francine sur la France?
11. Quelles autres questions aimeriez-vous poser à Francine?

ACTIVITÉ

La Présence des étrangers aux États-Unis.
Voici des questions à vous poser les un(e)s aux autres.

1. Quels groupes ethniques étrangers vivent aux États-Unis? Y en a-t-il dans
   votre ville d'origine ou dans votre ville universitaire?
2. Comment ces étrangers sont-ils accueillis par les gens du pays?
3. Entends-tu parler des langues étrangères? Si oui, lesquelles? et où?
4. Dans quelle mesure ces étrangers semblent-ils s'adapter aux mœurs
   américaines? Dans quelle mesure semblent-ils rester fidèles à leur propre
   culture?
5. Quelle influence est-ce que ces étrangers ont sur les États-Unis? sur la
   communauté où ils habitent?

Un Mariage domino

À *propos du roman:* **La Fête des sacrifices** (1959), par Christine Garnier, est
l'histoire d'un mariage mixte. Les deux époux sont Thierno, jeune Sénégalais,
spécialiste en art africain, et Irène, jeune Européenne qu'il rencontre au cours d'un
séjour à Bruxelles. La scène se situe dans un Sénégal qui, juste avant
l'indépendance, essaie de rétablir son équilibre. Le couple n'est intégré ni à la
communauté africaine ni à la communauté européenne. Après leur mariage à Dakar,
les différences culturelles créent d'énormes problèmes. L'épisode qui suit raconte
la première rencontre entre Irène et sa belle-mère, le jour de son mariage. Les
parents de Thierno habitent la Médina, le vieux quartier musulman de Dakar.

Voici la maison de mes parents, *fit-il*. Veux-tu entrer?   dit-il
   Jamais encore Irène n'a pénétré dans une maison
africaine. Frappée par le lugubre décor environnant, elle franchit ce seuil[1] avec appréhension, presque avec angoisse. Elle
voit des *rideaux* et des *nappes* en nylon, un lit recouvert de   *curtains / table cloths*

1. **franchit ce seuil:** *crosses this sill*

cotonnade soudanaise,[2] des fleurs artificielles, une photo de Thierno du temps où il était étudiant, et sa propre photo, celle qui a été prise au cours d'un récent voyage en Grèce. L'image d'Irène souriante devant l'Acropole[3] *orne* donc cette *demeure* inconnue qu'habitent des Noirs . . . Elle a envie d'*arracher* ce portrait, de s'enfuir. Un *crissement* de tissu annonce une présence toute proche. Poussant la porte de la cour, la mère de Thierno apparaît.

    «Ces lèvres lourdes, ces *anneaux* aux oreilles, ce pagne[4] . . . Une vieille négresse, une énorme négresse!» La femme s'avance, souriante, mains tendues dans un geste d'accueil. Et Irène découvre sur ce visage la bonté, une mélancolie assez noble . . .

    «On juge toujours trop vite! . . . Moi, je suis prête à vous aimer, puisque vous êtes la mère de Thierno!» Les deux femmes parlent maintenant avec volubilité, chacune en sa langue, échangeant des phrases aimables que l'interlocutrice ne peut comprendre. Elles *s'obstinent* quand même, tentant désespérément de franchir la barrière des mots. Elles se sont prises par les épaules. Irène se penche, elle va poser ses lèvres sur cette joue noire, quand soudain elle *se retient:* Thierno lui a appris que chez les musulmans on ne s'embrasse pas.

    Désorientée, elle se tourne vers lui:

—Je voudrais pouvoir dire à ta mère . . . Explique-lui que déjà je *ressens* pour elle beaucoup d'affection.

    Thierno traduit, puis s'adresse à Irène:

—De l'affection, elle en a aussi pour toi. Et elle ne doute pas de ta sincérité . . . Comme on l'a tant de fois répété, nous sommes des instinctifs. Un échange de regards, une pression de mains, et nous savons si on nous adopte, si on nous aime.

    Elle demande:

—Ton père n'est pas ici?

    Il détourne le regard.[5]

—Un marabout[6] l'a fait appeler. Il n'a pu nous attendre.

—Je regrette . . . Mais je le connaîtrai bientôt, n'est-ce pas?

—Bientôt, oui.

    Il sait pourtant que son père demeurera inflexible, qu'il ne le recevra jamais en compagnie d'Irène. Celle-ci n'est pas musulmane: elle n'est donc pas sa *belle-fille* . . . Il existe encore de ces fanatiques, parmi les vieux de la Médina. Plus

Glossary (right margin):
- décore / maison
- snatch
- rustling
- rings
- persistent
- s'arrête
- feel
- daughter-in-law

---

2. cotonnade soudanaise: *Sudanese cotton*
3. l'Acropole: *the Acropolis, the hill in Athens where the Parthenon stands*
4. pagne: *cloth worn as a skirt*
5. détourne le regard: *looks away*
6. marabout: *Muslim holy man or scholar*

exigeants que Mahomet.[7] Le Coran,[8] en effet, n'autorise-t-il   sévères
pas les musulmans à épouser une *infidèle*, si celle-ci suit les   *non-Muslim*
règles de la religion juive ou de la religion chré-
tienne? . . . Thierno, soucieux, regarde la robe d'Irène et
le pagne de sa mère. Il touche la radio, le frigidaire, offerts
par lui et qui ne sont même pas *branchés*. On ne les a jamais   *plugged in*
utilisés . . . Irène désignant sur le mur les *parchemins* où   *parchments*
s'inscrivent des *versets* coraniques, dit d'une voix courtoise: *verses*

    —Comme c'est joli!

    Elle boit du gingembre,[9] elle questionne:

    —Quelle est la recette de cette exquise *liqueur?*   boisson

    Mais personne ne répond. Une détresse monte en elle.
Elle essuie son front où perle la sueur.[10] Des femmes, des
voisines sans doute, se pressent dans l'encadrement de la
porte,[11] observant Irène avec gravité. Tant d'yeux noirs, de
visages noirs! . . .À la fenêtre, derrière une *caisse* emplie de   *box*
fleurs, qui a dû naguère servir d'emballage[12] à des boîtes de
conserve et sur laquelle il est écrit: «*Craint* la chaleur et   ici, *Avoid*
l'humidité,» des enfants *chuchotent*, rient. «Que disent-ils, se   *whisper*
moquent-ils de moi?» L'air lui manque;[13] elle *étouffe*.   *is suffocating*

    —Il fait si chaud, murmure-t-elle.

    Plainte, appel à l'aide. Thierno pose sur l'épaule d'Irène
une main protectrice.

    —Partons, dit-il.

7. **Mahomet:** *Mohammed, the founder of Islam*
8. **Le Coran:** *The Koran, the Muslim book of divine revelation*
9. **du gingembre:** *a ginger-flavored drink*
10. **essuie son front où perle la sueur:** *wipes beads of sweat from her brow*
11. **l'encadrement de la porte:** *the doorway*
12. **a dû naguère servir d'emballage:** *must have been a packing case once*
13. **L'air lui manque:** *She needs air*

COMPRÉHENSION DU TEXTE

1. Quelles sont les premières choses qu'Irène remarque? Quelles sont ses premières émotions?
2. Comment la mère de Thierno accueille-t-elle sa belle-fille?
3. Que savons-nous de la mère de Thierno?
4. Comment Thierno explique-t-il l'absence de son père? Pourquoi ce mensonge? Que pense Thierno de l'attitude de son père?
5. Quels détails de la scène évoquent le milieu musulman? le monde africain? Quels objets sont plutôt associés à l'Europe? Est-ce que les cultures représentées ici semblent s'opposer ou se complémenter? Expliquez.

6. Qu'est-ce qui sépare Irène et sa belle-mère? Qu'est-ce qui les rapproche?
7. Décrivez et expliquez le comportement et les émotions d'Irène tout le long de cette scène.
8. À quels moments voyons-nous la scène par les yeux d'Irène? par les yeux de Thierno? Comment la perspective d'Irène colore-t-elle la représentation de la «réalité» ici?
9. Imaginez les réactions de la mère de Thierno envers Irène.
10. À votre avis, cette première rencontre est-elle un succès ou un échec?

ACTIVITÉ

Votre frère/ sœur/ cousin(e) annonce qu'il/elle va épouser un(e) Mexicain(e)/ un(e) Noir(e)/ un(e) Japonais(e)/ un juif (une juive)/ un(e) catholique. Décrivez et expliquez les réactions de vos parents et vos propres réactions. Est-ce que ces réactions dépendraient de la situation socio-économique de la personne?

Vignette: Sanche de Gramont = Ted Morgan

—*What's in a name?*
—*Everything*! vous répondrait Ted Morgan, né comte Sanche de Gramont en 1932. À la différence de beaucoup de Français qui vivent en permanence aux États-Unis, Ted Morgan s'est fait naturaliser. Au moment de sa naturalisation la loi exige qu'il renonce à son titre, aussi bien qu'à sa nationalité française, les États-Unis *étant* un pays sans noblesse. Mais *being* Sanche de Gramont va plus loin encore. Il demande à un ami de lui fabriquer tous les acronymes possibles du nom *de Gramont*. D'une liste comprenant une vingtaine de noms dont Tod German et Tom Danger, il choisit Ted Morgan. Son rebaptême semble inspiré en partie par un désir de quitter son nom illustre, en partie par l'envie de s'américaniser. Porter un nom *à particule* signifie pour lui être relique.[1] Alors qu'en *aristocratique* France le nom fait partie de l'héritage culturel, surtout un nom comme le sien, Morgan pense qu'aux États-Unis c'est changer de nom qui est plutôt typique.

1. **relique:** *a relic from the past*

Mais sa métamorphose est plus profonde. Car en changeant de nom, il *se défait* aussi de sa personnalité et de ses habitudes françaises. Selon lui, Sanche de Gramont époux et père de famille est archifrançais: sévère avec ses enfants qui doivent se coucher *infailliblement* à une heure fixe, exigeant avec sa femme américaine à qui il apprend à laver chaque feuille de *laitue*. Ted Morgan, lui, est indulgent avec ses enfants, permettant même à son fils de cultiver une plante de marijuana à la maison. Il s'aventure lui-même dans le supermarché pour acheter les provisions et va jusqu'à *louer* la cuisine américaine self-service.

rids himself

sans exception

lettuce

to praise

Assimilation exceptionnelle? Sans doute, et sûrement facilitée par une adaptation *préalable*. Sanche enfant, fils de diplomate, a fait de nombreux et longs séjours aux États-Unis et s'est toujours considéré comme un hybride culturel.

previous

La famille en France le trouve quelque peu excentrique.

Avant

Après

COMPRÉHENSION DU TEXTE

1. Pourquoi est-ce que le cas de Ted Morgan n'est pas typique de la plupart des Français qui résident aux États-Unis?
2. À quoi doit-il renoncer? Pourquoi?
3. Que fait Sanche de Gramont pour trouver un nouveau nom? Que pensez-vous de sa méthode?
4. Pour quelles raisons a-t-il choisi de changer de nom?
5. Décrivez et comparez son comportement français et son comportement américain. Quelles valeurs culturelles différentes s'y reflètent? (Considérez, par exemple, l'importance de la nourriture.)

DEMANDE POUR UN VISA DE PLUS DE TROIS MOIS

(à remplir très lisiblement en français)

APPLICATION FOR A VISA EXCEEDING THREE MONTHS (To be written clearly in *FRENCH*)

(N° de série annuelle)
(Yearly series number)

NOM (en capitales) *SURNAME (capital letters)*   PRÉNOMS (en minuscules) *CHRISTIAN NAMES (small letters)*

NOM de jeune fille (en capitales) *MAIDEN NAME (capital letters)*

Né le .... à ....
(Date of birth)   *(place of birth)*

Nationalité : actuelle .... d'origine : ....
(Present nationality)   *(of origin)*

Domicile habituel ....
(Home address)

Résidant actuellement à ....
(Present address, street, etc)

Profession ou qualité ....
(Profession)

Photographie
(Photograph)

À la Réflexion

1. D'après vos lectures, quels sont les facteurs qui facilitent l'assimilation à une culture différente? ceux qui y font obstacle? Expliquez le rôle que joue chacun de ces facteurs. Choisissez un texte de chaque section de ce dossier pour illustrer votre discussion.
2. Que répondriez-vous à un sociologue français qui vous poserait cette question: «Décrivez les facteurs qui font que vous êtes américain(e)»? Considérez votre mode de vie, vos traditions, votre attitude vis-à-vis des étrangers, vos sentiments patriotiques, votre langue, votre origine ethnique, votre éducation, etc.
3. Voudriez-vous travailler dans le *Peace Corps* en Afrique francophone ou en Amérique Latine? Pourquoi? Quelles habitudes américaines vous manqueraient le plus? Si vous ne pouviez apporter avec vous que deux objets pour vous rappeler l'Amérique, quels seraient-ils? Expliquez votre choix.

Note au vocabulaire

The *Vocabulaire* includes all words and expressions glossed in the margin as well as most common nouns and verbs. It does not include the expressions translated in the footnotes. Only those definitions that reflect the specific context(s) of the reading(s) are provided.

Vocabulaire

A

abaissement *m.* humbling, decline

abîme *m.* mass

abîmé/e ruined

aborder to approach; **— une question** to tackle a question

abreuver to quench

accablement *m.* despondency

accéder (à) to have access to

accélérer to speed up

accent *m.* : **— tonique** stress

accord *m.* agreement

accourir to run, to flock

accroître: s'— to grow, to increase

accueillir to welcome

achevé/e perfect

acquérir to acquire

admis/e allowed

adonner: s'— à to engage in

adossé/e à leaning one's back against

adresser: — une révérence to bow; **s'— à** to speak to, to address

advenir *impers. verb* to occur

affaiblir to weaken

affecté/e transferred

affirmer: s'— to assert, to declare oneself

affolement *m.* turmoil

agent *m.*: **— de travaux** inspector

agglomération *f.* concentration

agir de: s'— *impers. vb.* to be a question of **il s'agit de** it is a matter of, it is about

agneau *m.* lamb

ahurissant/e incredible, bewildering

aide: à l'— de using, with the help of

aigri/e irritable

ailleurs elsewhere; **d'—** moreover

aîné/e the older one

ajouter to add

ajusté/e fitted

alléger to lighten

allongé/e stretched out

alourdir to make oppressive

améliorer to improve

amuser: s'— (à) to have fun

ancêtre *m. or f.* ancestor

ancien/ancienne former

ancienneté *f.* antiquity

ange *m.* angel

anglophone *m. or f.* English-speaking

angoissant/e anxiety-producing

angoisse *f.* anguish

anneau *m.* ring

annonce publicitaire *f.* ad; **petites —s** want ads

apercevoir: s'— de to notice

aperçu *m.* judgment, insight

apôtre *m.* apostle

apparaître to appear, to seem

appartenir (à) to belong to

appeler to call

applaudir to applaud

appliquer: s'— à to apply to

apporter to bring

appréciation *f.* evaluation

apprendre (à) to teach

approbateur/approbatrice approving

appuyer to support

arc-en-ciel *m.* rainbow

argot *m.* slang

arrache-pied: d'— non-stop

arracher to snatch

arrêté *m.* decree

arrière: en — backwards

arriver au bout to finish

art *m.*: **les —s plastiques** visual arts

assaisonnement *m.* seasoning

assommer to knock out

atelier *m.* studio, workshop

atteindre to attain, to achieve

attendre (de) to expect (from); **s'— à ce que** to expect

atténuant/e extenuating

atterrir to land

attirer to attract, to draw upon

attribut *m.* characteristic

augmenter to increase

auprès de to

auréole *f.* halo

aussi therefore

autant: d'— plus all the more; **— que** as much as

autour de around

avoir: — à to have to; **— besoin de** to need; **— de la chance** to be lucky; **— honte de** to be ashamed of; **— lieu** to take place; **— du mal à** to have trouble; **— les moyens** to be financially able to;

— **un parti pris (contre)** to be prejudiced (against); — **peine à** to have difficulty; — **raison** to be right; **ne rien —** to be intact

avortement *m.* abortion
avorter to abort

B

bande dessinée *f.* comic strip
banlieue *f.* suburb
baskets *m. pl.* tennis shoes
bâtisse *f.* building
battre des mains to clap
bébête *m. or f.* stupid
belle-fille *f.* daughter-in-law
belle-mère *f.* mother-in-law
besoin *m.* need
bêta *m., f.* dummy
bien des many
Bigre! Gosh!
bis repeat
bistrot *m.* café
bois *m. pl.* woods
bonne *f.* maid
bonnement simply
boudin *m.* blood sausage
bouleversement *m.* overthrow, upheaval
boulonner to work hard
boulot *m.* work
bouqueté/e aromatic
bouquin *m.* book
bourg *m.* town
bourgeois/e middle class
bousculer to throw into disorder
brancher to plug in
break *m.* station wagon
briller to shine
brin (de) *m.* touch (of)
brosser: se — les dents to brush one's teeth
bruit *m.* noise
buste *m.* torso
but *m.* goal
buter to stumble over

C

cabinet de toilette *m.* washroom

cacher: se — to hide
caisse *f.* box
cambouis *m.* grease
cannelle *f.* cinnamon
cantine *f.* cafeteria
capter to capture
car because
caractériser to describe, to characterize
carnet *m.* notebook
carreau *m.* tile
casquette *f.* cap
casser to break, to interrupt
causer to chat, to talk
centaine (de) *f.* about one hundred
centrale (électrique) *f.* generating station
centre *m.* downtown
cerveau *m.* brain
chaîne *f.* channel
chaleur *f.*: **il fait une de ces —s:** it is terribly hot
chalouper to sway
chambré/e at room temperature
champ *m.* field
chargé/e: être — de to be instructed to
chemin *m.* route, road
cheville *f.* ankle
chinois *m.* Chinese
choisir to choose
choquer to shock
chouette *m., f.*: **le —** the neat one
chuchoter to whisper
chute *f.* downfall
ciel *m.* heaven
cinéaste *m.* film-maker
circuler to go around
citoyen/ne *m., f.* citizen
cliché *m.* stereotype, preconceived idea
cœur: de bon — enthusiastically
coiffer: se — to wear one's hair
coincer to wedge
col *m.* neck (of a bottle)
colon *m.* colonist
combinaison *f.* maneuver
commander to order
commerçant/e *m., f.* merchant
commode *m. or f.* useful
comporter: se — to behave, to act
composer: se — de to be made up of
compositeur/compositrice *m., f.* composer
comprenant including

compris: y — including
compte *m.* en fin de — in the final analysis;
— rendu encounter
compter to number
comte *m.* count
concevoir to understand, to conceive
concilier to reconcile
concitoyen/ne *m., f.* fellow citizen
conclure to conclude
concurrence: en — in competition
condition *f.*: à — que on the condition that
conduire: se — to act
conférencier/conférencière *m., f.* speaker,
lecturer
conformisation *f.* patterning, modeling
conjurer to ward off
connaissance(s) *f.* facts, knowledge
connaisseur: en — as an expert
connerie *f.* stupidity, crap
conscient/e (de) aware (of)
conseil *m.* advice
considérer to believe
consommateur *m.* drinker, buyer
consommation *f.*: société de — consumer
society
consommer to use, to consume
constater to establish (as a fact), to observe,
to find
conte *m.* story, fairy tale
contenir to contain
contenter: se — de to make do with
contenu *m.* contents
contestation: chanson de — protest song
contraint/e obliged to
contraire *m. or f.* opposite
contredire to contradict, to refute, to
disprove
contresigné/e countersigned
controverse *f.* controversy
convaincre to convince
convaincu/e convinced
convenable *m. or f.* decent
copie *f.* essay, paper
coquillage *m.* shellfish
corriger to edit, to correct
corsé/e hearty
couloir *m.* corridor
coup *m.*: — de rouge glass of red wine
couper to interrupt; to cut
courir to run

cours *m.*: au — de during
course cycliste *f.* bicycle race
couture *f.* sewing
craindre to fear
créer to establish, to create
crever: se — to kill oneself
crissement *m.* rustling
critère *m.* criterion, test
critique *m. or f.* critical
croire to believe
croiser to cross
croissance *f.* growth
crustacé *m.* shellfish
cueillir to pick
cuisinier/cuisinière *m., f.* chef

D

débit *m.* speech
débiter to spout
débordé/e overwhelmed
débouché *m.* outlet, market
débuter to start out
déchausser: se — to take off one's shoes
découvrir to discover, to disclose
décrire to describe
décupler to greatly increase
dédaigner to disdain
défaire: se — de to get rid of
défiler to walk by, to parade by
définir to define
dégager to pick out, to find
déguster to taste wine; to enjoy
délimiter to define as
délivrer (de) to free (from)
demander to ask, to require
démarche *f.* step
déménager to move
demeure *f.* dwelling
demeurer to remain, to continue to be
dentelle *f.* lace
dépasser to last longer than
dépaysé/e disoriented, homesick
déplacé/e out of place
déplaire (à) to displease
dépourvu/e de lacking in
déprimant/e depressing

déranger: se —   to bother oneself, to take the trouble
dès   starting from, ever since
désagrégation *f.*   disintegration
désolé/e   sorry
désormais   henceforth
dessin *m.*   drawing
détourner les yeux   to look away
détruire   to destroy
devenir   to become
devise *m.*   motto
devoir   to have to
différer (de)   to be different (from)
dilection *f.*   pleasure
diplômé/e de   (a) graduate of
diriger   to direct
discours *m.*   speech, discourse
discuter (de)   to discuss, to talk about
disloqué/e   broken up
disparition *f.*   disappearance, death
disponible *m. or f.*   available
disposer   to arrange; **— de**   to own
disserter sur   to hold forth upon
dites: *inf.* **dire: — donc**   (I) say
diviser   to divide
donner   to give; **— la parole à quelqu'un**   to allow someone to speak; **— sur**   to open onto
dont   including
dortoir *m.*   dormitory
dresser une liste (de)   to make a list (of)
droite *f.*   the (political) right
durer   to last

E

ébaucher   to sketch
écarté/e   spread out, apart
écarter: s'—   to move away
échafaudage *m.*   scaffolding
échange *m.*   exchange
échapper   to escape
échec *m.*   failure
écœurant/e   disgusting, nauseating
écossais/e   plaid
écrevisse *f.*   crayfish
effacer: s'—   to make way
effarer   to frighten
effectuer   to carry out

efficace *m. or f.*   effective
effondrer: s'—   to collapse
efforcer: s'— de   to endeavor to
égal/e, égaux   equal
également   also
égard: à l'— de   toward, with respect to
égaré/e   lost
égorger   to slit the throat of
élu/e   elected
embêté/e   upset, bothered
embrouillé/e   confused, snagged
émission *f.*   program
emmener   to take (away)
emplacement *m.*   site
employer   to use
encontre: à l'— de   unlike
endroit *m.*   spot, place
enfermer   to comprise, to include
enfouir   to bury
enfuir: s'—   to flee
engager   to begin
enlever   to take off
ennui *m.*   boredom
ennuyer: s'—   to be bored
enquête *f.*   study, survey
enrichissant/e   enriching
enseignement *m.*   education, educational system
enseigner   to teach
entendre   to hear
entourer   to surround
entr'acte *m.*   intermission
entraîner   to bring about, to cause
entretenir   to maintain
entrevoir   to glimpse
envahi/e   occupied
envers: à l'—   backwards
environ   about, nearly
envoyer   to send
épais/se   thick
époque *f.*   era; **à l'—**   at the time
éprouver   to feel
épuration *f.*   purge
équivaloir   to equal
espèce *f.*   sort, kind
espoir *m.*   hope
esprit *m.*   wit
et . . . et   both
établir   to establish, to make; **— un con-**

traste to contrast; — **un rapport** to make an analogy

étalage *m.* display

étant: *inf.* **être** being

éteindre: s'— to go out

étendre to spread; **s'—** to take over, to spread

étendue *f.* vastness

étincelle *f.* spark

étiquette *f.* label

étonner to surprise

étouffer to suffocate

être to be; — **conscient/e de** to be aware of; — **issu/e de** to come from; — **une raison** to be an excuse; — **de retour** to be back; — **vieux jeu** to be behind the times

étudier to study

éviter to avoid

évoluer to evolve

exigeant/e demanding

exiger to require, to demand

exigu/ë small, cramped

exiler: s'— to go into exile

exister to be; **il existe** there is

expédier to send

expirant/e dying

expliquer to explain

exprès on purpose

exprimer to express; **s'— en** to speak

extérieur: travailler à l'— to work outside of the home

extrait *m.* excerpt

F

fabriquer to invent, to make, to make up

face à faced with, relative to, with respect to

fâché/e angry

fâcher: se — to get angry

faciliter to facilitate, to make easier

faillite *f.* bankruptcy

faire to do; to eat, to put away; — **allusion à** to refer to; — **le bilan de** to evaluate, to assess; — **face à** to face, to confront; — **un geste de la main** to gesticulate, to make a gesture; — **nuit** to be night, dark;

— **obstacle à** to be an obstacle, to impede; — **partie de** to be a part of, to belong to; — **le portrait de** to describe; — **preuve de** to prove, to show, to display; — **ressortir** to bring out, to accentuate; — **son service** to serve in the army; **se —** to be done, to take place

fait *m.* fact; **de —** de facto

falloir to be necessary

farci/e stuffed

fassent: *inf.* **faire** do, make

fausseté *f.* falseness

feuilleter to leaf through

fier/fière proud

figer: se — to freeze, to come to a halt

fil de plomb *m.* plumb line

filer to slip

filière *f.* network

fit: *passé simple of* **faire** said

fixer to set

fleuve *m.* river

foi *f.* faith

fois: à la — both, at the same time

fonctionnaire *m.* civil servant

fond: au — basically, fundamentally

fonds *m. pl.* funds

force: à — de by

former *m.* to train

foule (de) *f.* host (of)

fournir to furnish

foutre: se — de not to give a damn about

foyer *m.* home

frais/fraîche chilled

frais *m. pl.* expenses

franciser to Frenchify

francophile *m. or f.* pro-French, lover of French

francophone *m. or f.* French-speaking

frappant/e striking

frapper to strike

fraternel/le brotherly

fric *m.* dough, money

fronton *m.* front wall

fructueux/fructueuse fruitful

fruste *m. or f.* unpolished, rough

fugace *m. or f.* fleeting

fuir to flee

fumer to smoke

fusil *m.* rifle

fut: *inf.* **être**   was

G

gagner   to win — **sa vie**   to earn a living
gamin/e   *m., f.*   child
garantir   to guarantee
garniture   *f.*   garnish
gars   *m.*   guy
générateur/génératrice   causing
genre   *m.*   type, sort
giser   to lie
glacé/e   freezing, chilly
glisser   to slide
gosse   *m. or f.*   kid
goût   *m.*   taste
goûter   to know, to taste
grâce à   thanks to
grandir   to grow up
gratte-ciel   *m.*   skyscraper
gratuit/e   free
gravir   to climb
gré: de son propre —   willingly
grignoter   to nibble
gronder   to scold
grossesse   *f.*   pregnancy
grotesque   *m. or f.*   ridiculous
guerrier   *m.*   warrior
gui   *m.*   mistletoe
guignol   *m.* : **avoir l'air d'un —**   to look ridiculous

H

habitation   *f.*   dwelling
haine   *f.*   hatred
hardi/e   audacious, courageous
hardiesse   *f.*   boldness, courage
hausse   *f.*   increase
hausser les épaules   to shrug
haut: tout —   aloud
hautement   highly
hâvre   *m.*   port
hécatombe   *f.*   massacre
hélice   *f.*   propeller
hivernage   *m.*   rainy season
humoristique   *m. or f.*   humorous, funny

I

idée   *f.*   idea; — **toute faite**   preconceived idea; — **préconçue**   stereotype, preconceived idea
imaginer   to invent, to make up
immeuble   *m.*   apartment building
impératif   *m.*   need, imperative
imprimé/e à fleurs   flowered
inaperçu/e   unnoticed
inavoué/e   unacknowledged
incompréhension   *f.*   lack of understanding
inconscient/e (de)   unaware (of)
inculper   to indict
indigène   *m. or f.*   native
indigné/e   indignant
indiscuté/e   unquestionable
individuel/le: une chambre —   private, single room
infailliblement   without fail
infidèle   *m., f.*   infidel, non-Muslim
insaisissable   elusive
inscrit/e   signed up, registered
insensé/e   crazy
interdire à   to forbid
intéresser: s'— à   to be interested in
interlocuteur/interlocutrice   *m.,f.*   person someone is speaking to
interpréter   to interpret
interroger   to ask
intervenir   to intervene
interviewer   to interview
intrinsèque   *m. or f.*   intrinsic, inner
investissement   *m.*   investment
invraisemblable   unbelievable
issue   *f.*   outlet
ivresse   *f.*   exhilaration

J

jadis   in the past
jalonné/e   punctuated
jeter un coup d'œil sur   to glance at
jouer à la marchande   to play store
jouet   *m.*   toy
jurer   to swear
jusqu'à ce que   until
jusque dans   down to
justement   just so

L

lâcher   to let go
laïque   lay
laisser   to let, to allow, to leave
laitue *f.*   lettuce
lancer   to launch; **se — dans**   to launch oneself into
lapin *m.*   rabbit
larme *f.*   tear
lavande *f.*   lavender
legs *m.*   legacy
léguer   to leave as a legacy
lendemain: au — de   right after
lessiveuse *f.*   washtub
lettres et sciences humaines *f. pl.*   liberal arts
Levantin/e *m.,f.*   Middle Easterner
libérer   to free, to liberate
lien *m.*   tie, bond
lieu: au — de   instead of
linteau *m.*   lintel
liqueur *f.*   drink
lisière *f.:* **à la — de**   at the edge of
livrer   to deliver
locataire *m.*   renter, tenant
loger   to lodge
logis *m.*   apartment
lointain/e   faraway
long: le — de   along
longueur *f.:* **à — de journée**   all day long
lorsque   when
lotissement *m.*   housing development
louer   to praise; to rent
loup *m.*   wolf

M

mâcher   to chew
madone *f.*   Madonna
maire *m.*   mayor
mairie *f.*   town hall
maison *f.*   company
maître *m.*   teacher
maîtriser   to master
majeur *m.*   middle finger
mal: pas — de   many
mâle   manly
malgré   in spite of

malveillance *f.*   ill will
manifestation *f.*   demonstration
manquer (à)   to lack; to miss
maquette *f.*   model
marche *f.*   step
marcher   to work
marier   to blend
marin *m.*   sailor
marquer   to show; to engrave
masse *f.*   mass
matière *f.*   subject; **— première**   raw material
Maure *m. or f.*   Moor (Arab)
maussade   sullen, unpleasant
mazette   good grief
méandre *m.*   detour
mélange *m.*   mixture
même: de — que   just as
mener   to lead; **— le jeu**   to be in control
mentir (à)   to lie (to)
mesure *f.*   moderation
métèque *m. or f.*   damned foreigner
métier *m.*   profession
mettre: — l'accent sur   to accentuate, to emphasize; **— fin à**   to put an end to; **— à mort**   to kill; **— en valeur**   to highlight; **se — en ménage avec**   to move in with; **se — en tête de**   to decide to
meublé/e   furnished
mi-joint/e   parted
minable   pitiful
minceur *m.:* **la cuisine —**   low-calorie cooking
mixité *f.*   coeducational schooling
mobile *m.*   motive
mœurs *f. pl.*   life-style
moignon *m.*   stump
moindre *m. or f.*   lesser
moitié (de) *f.*   half; **à —**   half
moment *m.:* **par —**   sometimes
monde *m.:* **du —**   company, people
moqueur/moqueuse   mocking
mourir   to die
mugir   to bellow
munir: se — de   to arm oneself with

N

naître   to be born

nappe *f.*   tablecloth
natte *f.*   braid
net/te   evident, clear cut
nettoyer: se —   to wash up, to clean oneself
ni . . . ni   neither . . . nor
nier   to deny
n'importe quel/le   any
niveau *m.*   level
nom de plume *m.*   pseudonym, pen name
nombreux/nombreuse: une famille —   a large family
nommer: se —   to be called, named
note *f.*   grade, mark
nourrir   to harbor, to nourish
nul/le *m., f.*   no one
nul/le   not any

O

obstiner: s'—   to persist
offert/e   given
or   but
ordre *m.*: **être d'— financier**   to be of a financial nature
orgueil *m.*   pride
orientateur/orientatrice *m., f.* career counselor
orthographe *f.*   spelling
oser   to dare
ôter   to take off
ouille   ouch
ours en peluche *m.*   teddy bear
outre-Rhin   in Germany; *lit.,* beyond the Rhine
ouvrier/ouvrière *m., f.*   worker

P

paie de fin de mois *f.*   monthly paycheck
palais *m.*   palate
panne *f.*: **en —**   stuck, broken down
panneau *m.*   sign
pantouflard *m.*   stay-at-home
paraître   to appear, to seem; to be published
parchemin *m.*   parchment
parcourir   to travel through
pareil/le   similar, same as
parfois   sometimes
parmi   among
part: à — que   except that

participer (à)   to participate (in)
particule: un nom à —   an aristocratic name
partir: à — de   starting with
pas *m.*   step
passer   to spend; **— du temps**   to spend time; **se —**   to take place, to occur
patrimoine *m.*   heritage
patrouille *f.*   patrol
pavillon *m.*   small detached house
paysan *m.*   peasant
pêche *f.*   fishing
peindre   to paint, to describe
pencher: se —   to lean down, forward
percevoir   to perceive
perdre: se — dans la nuit des temps   to date from time immemorial
pérennité *f.*   perennial nature
permettre (à)   to allow
perpétuer: se —   to be perpetuated
personnifier   to personify
perte *f.*   loss
pertinemment   for a fact
pester contre   to curse at, to storm at
pétrolier: le secteur —   the oil industry
peuple *m.*   people, the masses
phénomène de contestation *m.*   confrontation
pièce *f.*   room; **— invisible**   patch
pieds nus *m. pl.*   barefoot
piège *m.*   trap
piment *m.*   hot pepper
pire *m. or f.*   worse
placard *m.*   cupboard
plaindre: se — de   to complain about
plaire (à)   to please
plaisanterie *f.*   joke
plateau *m.*   tray
plomb *m.*: **de —**   leaden
plutôt   more or less
point: ne . . . —   not at all
pointu/e   shrill
pointure *f.*   shoe size
politisé/e   politicized
pompe à essence *f.*   gas pump
populaire *m. or f.*   working-class
populariser: se —   to become popular
portail *m.*   portal, doorway
porte-parole *m.*   spokesman
porter: to wear; — un jugement   to pass judgment
poser (une question)   to ask (a question)

posséder   to own, to have
poste *m*. employment, job
pouce *m*. inch
pourtant   nonetheless
pourvu que   if only, provided that
poussé/e   far-reaching
pousser   to push
poussiéreux/poussiéreuse   stuffy
poussin *m*. darling child, chick
pouvoir   to be able to
préalable *m. or f*. previous
précipiter: se —   to rush
prédire   to predict
prendre   to take; **— conscience (de)**   to become aware (of), to take stock (of); **— de court**   to take aback; **— une décision**   to make a decision; **— une douche**   to shower; **— place**   to take place; **— position**   to take a stand
pression *f*. pressure
preuve *f*. proof
prévenir   to inform
prise *f*. storming; **— de position**   stand, stance
prix: à — fixe   fixed price
proche (de)   like, similar, close to
produire   to produce
produit *m*. product
profiter (de)   to take advantage (of)
progéniture *f*. offspring
promettre   to promise
propos: à — de   about, as for
propre *m. or f*. own; clean
propreté *f*. cleanliness
protéger   to defend
protestation *f*. protest
prouver   to prove
provenir de   to come from
provoquer   to provoke, to bring about
puiser   to draw from
puissance *f*. power; **— du travail**   drive
puissent: *inf*. **pouvoir**   might
pupitre *m*. (student's) desk
put: *passé simple of* **pouvoir**   could

Q

quand même   nonetheless, still
quant à   as for

quartier *m*. neighborhood
quelconque   ordinary
quel/le que (soit)   whatever
quelqu'un de   someone
querelle *f*. quarrel, feud
quotidiennement   every day, daily

R

raccrocher   to keep in contact
raconter (une histoire)   to tell (a story)
raffinement *m*. refinement
ragoût *m.:* **en —**   stewed
raide *m. or f*. stiff
railler   to make fun of
raisonnement *m*. line of argument
ramener   to bring home
rang *m*. rank, place
rappeler   to recall, to bring to mind
rapport *m*. relationship
rapprocher   to bring together
ras: à — bord   to the brim
raté/e *m.,f*. failure
rayon *m*. shelf
rayonnement *m*. influence; radiation
réagir (à)   to react (to)
recette *f*. recipe
recevoir   to receive
recherche *f*. research
réclamer   to demand, to require
reconnaissance *f*. debt of gratitude
reconnaître   to recognize
recourir   to resort to
reculer   to fall behind
récupérer   to use, to retrieve
rédiger   to write up
redouter   to fear
réduit/e   reduced
réécrire   to rewrite
référer: se — à   to refer to
réfléchir   to reflect, to think
refléter   to reflect
refoulé/e *m., f*. inhibited person
règle *f*. rule
règlement *m*. regulation
régner   to rule
regorger de   to overflow with
relayer: se —   to take turns
relever   to pick out, to find

rembourser to reimburse
remettre en question to call into question
remonter to go back; to wind up
remplacer to replace
remporter: — une victoire to win a victory
remuer: — un doigt to lift a finger
rencontre *f.* encounter
rendre: to make; **— publique** to make public; **se —** to go; **se — compte de** to realize, to understand
renforcer to reinforce, to accentuate
renifler to sniffle
rentrer to go home
renversement *m.* reversal
répandre to spread; **se —** to be created; to spread
répandu/e widespread
répercuter: se — to reverberate
répondre (à) to answer, to fulfill
reporter: se — à to refer to
résider to lie, to rest
résistant/e *m., f.* Resistance fighter
résonner to resound, to ring, to echo
ressentir to feel
rester to remain, to stay
restreint/e restrained, limited
retenir to retain, to restrain, to prevent; **se — ** to restrain oneself
retrouver: se — to get oneself together, to find oneself
réussir to carry off, to bring about; **— à** to succeed; to pass (an exam)
révéler: se — to show oneself
rêver to dream
revoir to review, to reread
ricanement *m.* sneer, laugh
rideau *m.* curtain
rigoler to joke around
risquer to run the risk of; to be likely
Rital Wop
rivaliser to compete
rompre to break
ronger to eat away at, to weaken
rouiller to rust

S

sac à dos *m.* backpack

salamandre *f.* portable heater
salut *m.* salvation
sanglant/e bloody
satisfaire to satisfy
saucisson *m.* sausage
sauf except (for)
saurait: *inf.* **savoir: on ne saurait** one could not
sauvegarder to protect
savant *m., f.* scientist
sec/sèche dry
secondaire *m.* secondary school
seconde *f.* tenth grade
séjour *m.* visit
selon according to
semblable *m. or f.* similar
sens: à mon — in my opinion
sentir to feel
serpe *f.* sickle
serrer: — la main to shake hands
si bien que so that
siffler to hiss
sillon *m.* field, plowed furrow
singe *m.* monkey
singer to imitate
sinon if not
situation *f.* job
sociologue *m., f.* sociologist
soigneusement carefully
soit . . . soit either . . . or
sondage *m.* survey, opinion poll
sorcier *m.* sorcerer
sorte: de — que so that
souci *m.* care, desire, obsession
soucieux/soucieuse de concerned about, anxious about
souder to solder
souffrir to suffer, to undergo
souhaiter to call for, to hope to
souillon *m. or f.* filthy
souligner to emphasize
soumettre to submit
soupçonner to suspect
soupirer to sigh
sourire to smile
soutenir to maintain
subir to undergo; to accompany; to be more important than; **— la chanson** to go through the number
suffire to be sufficient

suggérer to suggest
suite *f.* continuation
superficie *f.* surface, size
supporter to stand
sur: un — cent one out of one hundred
surcroît: par — in addition
surgir to rise up
surprenant/e surprising
sursauter to jump
susceptible de capable of
susciter to provoke, to cause

T

tabouret de bar *m.* barstool
tâcher to try
taille *f.* size
talon *m.* heel
tandis que while
tant: en — que as (a), for (a)
tard: sur le — late
tas (de) *m.* pile, heap (of)
tatillon/ne meddling
temps: à plein — full time; **à — partiel** part time
tendu/e extended, held out
tenir to last; **se —** to stand; **— compte de** to take into account
tentative (de) *f.* attempt (at)
tenter to attempt
terminer: se — par to end (up) with
terrible *m. or f.* terrific, great
tirer to draw, to take (from)
tiret *m.* blank
tiroir *m.* drawer
tissu *m.* fabric
toto louse
tour: à ton — in your turn
tout de même all the same
traduire to express; to translate, to interpret
traîner to drag
traiter (de) to deal with, to treat
traîteur *m.* caterer
tranche *f.* slice
transmettre to transmit
traqué/e obsessed
travers: à — by means of
traverser to undergo
trinquer to drink, to toast

tripoter to fiddle with
trouvaille *f.* invention, find
trouver: se —: *impers. verb* to happen; to be located, found
truc *m.* trick
tut: *passé simple of* **se taire** stopped talking
type *m.* guy

U

unir: s'—à to join

V

vachement terribly
vaincre to defeat
vaincu/e defeated
valable *m. or f.* valid
valeur *f.* value; **— -clé** key value
valoir mieux to be better, preferable
vanter to praise
varier to vary
vécu/e: *inf.* **vivre** experienced
velours *m.* velvet
vendre to sell
venir to come; **— à l'idée de quelqu'un** to think of; **en — à** to come around to, to get at
vent du large *m.* sea breeze, open air
vestale *f.* chaste woman
veuve *f.* widow
vexer: se — to get angry
vif/vive lively, heated
vigne *f.* grapevine
vignoble *m.* vineyard
vin de pays *m.* local wine
vis-à-vis de toward, with respect to
viser to seek, to aim to
viticole *m. or f.* relating to wine
vitre *f.* pane of glass
vivre to live
vocable *m.* term, word
voie *f.* route
voilier *m.* sailing ship
voir to see
volaille *f.* poultry
vouloir: ne pas — d'histoires to not want any trouble

Photo and illustration credits (by page number):

Mark Antman: 1, 48, 118, 123, 132; Kenneth R. Hules: 9, 10, 18, 99, 139; Éditions Hachette: 15, 16; Christian Dior: 22 (*left*); Peter Menzel: 22 (*right*), 104, 194; Le Terrain Vague, publishers, in *L'Imagination au pouvoir* by Walter Lewing: 23 (*left*); Éd. R. Morel, publishers, in *Barricades 68* by Joseph Henz: 23 (*right*); Dorka Raynor: 27, 50, 58, 90, 214; La Documentation française: 33, 79, 155; French Embassy Press and Information Division: 36; Simone Oudot, Editorial Photocolor Archives: 38; *L'Express:* 41, 44, 185, 186; Pierre Michaud, Kay Reese and Associates: 51; *Les Dossiers de l'Etudiant:* 53, 67, 117 (*top*), 119; Helena Kolda: 55, 133; L'Institut Charles de Gaulle, Paris: 64; Fratelli Alinari, Editorial Photocolor Archives: 65; De Sazo-Rapho, Kay Reese and Associates: 77; Dorsneau-Rapho, Kay Reese and Associates: 83; Howard C. Rice, in *France 1940–42, A Collection of Documents and Bibliography:* 88 (*left and right*); *Pariscope:* 91; *Guide Michelin:* 95; *Jacinthe:* 96; SOPEXA (Society for the Promotion of Sales of Food and Agricultural Products) and F.N.C.R.A. (Comité National des Vins de France), in *La France à votre table:* 102; *Le Nouvel Observateur:* 105, 112; Villeneuve-Rapho, Kay Reese and Associates: 117 (*bottom*); *Plaisirs de la Maison:* 138; Rapho, Kay Reese and Associates: 140; Daniel Simon, Gamma/Liason: 146; Stephen Baier: 150; Holt, Rinehart and Winston: 152, 155; Niépce-Rapho, Kay Reese and Associates: 157; Hervé Donnegan, Kay Reese and Associates: 176; Patrick Frilet, Sipa-Press, Kay Reese and Associates: 182; *Cahiers français:* 188; Alain Keler, Editorial Photocolor Archives: 190; P. Charliat, Kay Reese and Associates: 201; *Jeune Afrique:* 203; Georges Viollon, Kay Reese and Associates: 206; Beryl Goldberg: 210; Éditions Gaulter-Languereau: 216; Georges Galmiche, Kay Reese and Associates: 219; Dominique Jassin, Kay Reese and Associates: 221; Richard Frieman, Kay Reese and Associates: 224.

Permissions

We wish to thank the authors, publishers, and holders of copyright for their permission to reprint the following:

Wolinski: "Un Abîme de contradictions" and "Monsieur" from *Les Français me font rire,* © 1978 by Wolinski. Reprinted by permission of the author.

François Nourissier: "La Présence du passé" from *Les Français,* © 1968 by Éditions Rencontre, Lausanne.

Gérard Vincent: "Le Poids du passé" from "Les Jeux français", *L'Express,* 20–26 Mars 1980.

Pierre Daninos: "Les Français et l'Étranger" and "Les Français entre eux" from *Les Nouveaux carnets du major Thompson,* © 1973 by Éditions Hachette, Paris, and *Les Carnets du major Thompson,* © 1954 by Éditions Hachette, Paris.

Jacques Kosciusko-Morizet: "Les Grandes Traditions et . . .", excerpt from an interview published in *Contemporary French Civilization,* vol. 2, no. 1, Fall 1977. Reprinted by permission of the publishers.

Stanley Hoffmann: "Les Monologues juxtaposés" and "L'Individualisme" from "Entretien avec Stanley Hoffmann", *Tel Quel,* August 1977, no. 71/73.

Françoise Giroud: "Les Rapports franco-américains" from "La Renaissance américaine", *L'Express,* 17–23 Mai 1976.

"L'Amérique vue par Anne, 12 ans" from *L'Express*, 17–23 Mai 1976.

Raymond Cartier: "L'Américain, un être profondément normal" from *Les Cinquante Amériques*, © 1961 by Librairie Plon, Paris.

Alfred Grosser: "Une Présentation unilatérale" from "L'antiaméricanisme en France", *L'Express*, 4–10 Septembre 1978.

Charles de Gaulle: "Une Certaine Idée de la France" from *Mémoires de guerre*, vol. 1: *L'Appel*, © 1954 by Librairie Plon, Paris.

Annie-Marguerite Garnier: "Le Patriotisme est-il une vertu de paix?" from "Les meilleures copies du baccalauréat", *Le Figaro Littéraire*, 21 Juillet 1966.

René Goscinny and Albert Uderzo: "Nos Ancêtres les Gaulois" from *Astérix le Gaulois*, © 1961 by Dargaud Éditeur, Paris.

Marianne Sergent: "J'm'en fous d'la France", © 1973 by Éditions de la Misère, 28 rue du Petit Musc, 75004, Paris.

Marcel Ophuls: "Les Anciens Maquisards d'Auvergne" from *L'Avant-scène du cinéma*, no. 127.

Vercors: "La Résistance passive" from *Les Silences de la mer*, © 1942 by Éditions de Minuit. Reprinted by permission of Pantheon Books, a Division of Random House, Inc.

"La Pause de Midi" from *Les Français tels qu'ils sont* by Patrick Miler, Patrick Mahé, and Richard Cannaro. © 1975 by Librairie Arthème Fayard, Paris.

"Le Gouvernement francise les mots techniques" from "Les Mots techniques" by J. L. Lavallard, *Le Monde*, 19 Janvier 1973.

Jean-Jacques Sempé: "Le Parisianisme" (cartoon) © *Le Nouvel Observateur*. Drawing by Sempé.

Laurence Wylie: "Quelques Gestes français", photos and captions from *Beaux Gestes: A Guide to French Body Talk* by Laurence Wylie and Rick Stafford. © 1977 by The Undergraduate Press. Reprinted by permission of the publisher, E. P. Dutton.

Simone de Beauvoir: "L'Appartement de Simone" from *Mémoires d'une jeune fille rangée*, © Éditions Gallimard.

"Des Tours Pendables" from an article of the same name by François Dupuin, *Le Nouvel Observateur*, 15 Mars 1976.

Claire Bretécher: "Un Couple" from *Les frustrés 3*, © 1978 by Éditions Claire Bretécher, and "On ne voit plus . . ." (cartoon, page 180) from *Les Frustrés 2*, © 1978 by Éditions Claire Bretécher.

René Goscinny and Jean-Jacques Sempé: "Louisette" from *Le Petit Nicolas*, © 1960 by Éditions Denoël.

Christiane Rochefort: "La Rencontre" from *Printemps au parking*, © 1979 by Éditions Bernard Grasset.

Denise Miège: "J'aime", reprinted by permission of the author.

Georges Moustaki: "Elle est elle . . ." from the record *Georges Moustaki*, © 1979 by Polydor.

"L'Homme au foyer" from *L'Express*, 20–25 Mars 1978.

Cheikh Hamidou Kane: "L'École des nouveaux venus" from *L'Aventure ambigüe*, © 1961 by Éditions René Julliard, Paris.

"Ah! Vous êtes algérien! La chambre est déjà louée . . ." from "Étudiants africains: vivre en France", *Jeune Afrique*, 11 Novembre 1977.

Christiane Garnier: "Un Mariage domino" from *La Fête des sacrifices*, © 1959 by Éditions Bernard Grasset.